电子商务新媒体营销

IMS天下秀　主编

清华大学出版社
北 京

内容简介

在互联网信息技术的推动下,"新媒体、新经济、新未来"已经成为全球新经济发展的主题。新媒体与电子商务之间开始形成一个完整的价值链,电子商务迎来了新媒体营销时代。

本书由有着电子商务项目建设经验、新媒体营销项目实施经验的一流专家团队IMS天下秀编写。本书共分为7章,详细介绍新媒体营销的基础知识与实战技巧,包括新媒体营销基础、电子邮件营销、论坛营销、博客营销、微博营销、微信营销、自媒体平台营销、网络视频营销和直播营销等内容。本书从新媒体营销实用基础知识出发,带领读者掌握营销技巧,了解经典案例,进一步开展不同新媒体形式的营销实践活动,循序渐进地完成学习任务。

另外,本书赠送课程标准、讲义、PPT课件以及习题答案,方便读者学习和教师授课,读者可根据个人需求下载使用。

本书实例丰富、讲解细致,注重理论与实践相结合,适合电子商务、网络营销等方面的从业人员学习与参考,也可用作本科院校或高职高专院校电子商务及相关专业的教学用书。

本书封面贴有清华大学出版社防伪标签,无标签者不得销售。
版权所有,侵权必究。侵权举报电话: 010-62782989 13701121933

图书在版编目(CIP)数据

电子商务新媒体营销 / IMS天下秀主编. —北京: 清华大学出版社, 2020.10
ISBN 978-7-302-55885-9

Ⅰ.①电… Ⅱ.①I… Ⅲ.①电子商务—网络营销 Ⅳ.①F713.365.2

中国版本图书馆CIP数据核字(2020)第109145号

责任编辑: 张　敏
封面设计: 杨玉兰
责任校对: 胡伟民
责任印制: 杨　艳

出版发行: 清华大学出版社
网　　址: http://www.tup.com.cn, http://www.wqbook.com
地　　址: 北京清华大学学研大厦A座　　邮　编: 100084
社 总 机: 010-62770175　　邮　购: 010-83470235
投稿与读者服务: 010-62776969, c-service@tup.tsinghua.edu.cn
质量反馈: 010-62772015, zhiliang@tup.tsinghua.edu.cn

印 装 者: 北京博海升彩色印刷有限公司
经　　销: 全国新华书店
开　　本: 170mm×240mm　　印　张: 14.5　　字　数: 375千字
版　　次: 2020年10月第1版　　印　次: 2020年10月第1次印刷
定　　价: 89.00元

产品编号: 087724-01

推荐序

过去 5 年，我们看见越来越多的人有了更多的选择，除了传统零售、传统媒体甚至传统电商外，在努力挤入投资、创业、红人经济等新领域。这是时代的趋势吗？是，但不全是。这更是这个时代年轻人、创业者认知系统的一次整体升级。

现今，中国的新媒体商业已经做得足够好，但我们仍需探索。我们希望跟大家分享我们所发现的任何问题、任何迹象、任何可能的引爆点和转折点。我们希望更多的品牌、更多的内容创作者，更好地融入一个不断进化迭代的新媒体商业生态。只有别人越好，更多人做得更成功，我们才会更好！

所以，IMS（天下秀）将多年沉淀的优势数据资源、优势算法资源，转化成为一个覆盖广泛的方法论体系，成为这个时代的宝贵商业思想财富。这本书就是一个好的开始。希望本书融合的商业世界观、方法论，可以成为大家进一步积累、探索的起点，充分拓展大家的眼界和思路。

IMS（天下秀）新媒体商业集团　创始人兼 CEO

李　檬

序 言

现如今依托内容创新、精细化运营与玩法迭代，并在算法、5G 网络、云计算设备等技术的加持下，新媒体领域早已脱离了"野蛮生长"的阶段；从新媒体平台不断变换创新到顶流主播惊人的带货能力，也侧面佐证了产业链走向成熟及规范，尤其新媒体电商直播行业逆势崛起迅速形成了巨大人才缺口，相关岗位人才需求直线上升。

新媒体行业的相关人才已不再是"新物种"，但新媒体人才的相关技能与培训需要进一步完成系统化，从而成为新商业人才可提升的竞争力。例如新媒体主播，看似风光的工作背后，是对人才综合能力的考量。直播需要了解新媒体营销的演变，熟悉和掌握招商能力、场控管理能力、互动能力、带货能力、官方活动运营能力等多方面的要求。多数企业虽然不强制规定主播人才的学历和工作经验，但实则是通过隐性能力来严格筛选综合能力强的高效性人才。

基于此，本书从行业及用人企业需求出发，用理论指导实践，用实践巩固理论，采用"大项目，小任务"的教学模式，让读者了解并掌握新媒体营销玩法及运用，全面提高行业系统化培训质量、深化人才培养模式，为新媒体行业输送规范化、专业化、职业化的优质从业人才。

IMS（天下秀）IRED 教育总经理

王颖惠

前言

随着5G时代的到来，各类新媒体形式已经为大众津津乐道，尤其是社交化营销、网络视频营销以及直播营销等新媒体营销模式早已成为电子商务活动中的必备工具。不论是找工作还是创业，乃至日常生活，掌握新媒体营销活动的理论知识与实战技巧，都是一个重要的机会与方向。

本书章节安排

本书内容浅显易懂，案例丰富，详细讲述了电子商务新媒体营销的基础知识与理论技巧，指导读者开展相对应的实践活动，帮助读者边学习边理解边实践，使学习过程不再枯燥乏味，学以致用。本书各章内容安排如下：

第1章主要介绍新媒体营销的基础知识，包括网络营销的概念、产生、特点、发展趋势和前景；新媒体营销的概念、特点、优势和未来发展趋势；中国新媒体营销的发展现状、主要挑战以及问题分析。同时本章还设计制作了两个任务，分别是晨光中性笔产品调研和区域内数字新媒体营销现状调研。

第2章主要介绍早期的新媒体模式，包括电子邮件营销、论坛营销和博客营销。同时本章还设计制作了3个任务，分别是设计用于网络营销的电子邮件、撰写论坛营销的推广文章和策划博客营销活动。

第3章主要介绍微博与微博营销的相关知识，包括微博的概念、发展历程、知名平台以及博客与微博的区别；微博营销的概念、分类和特点；微博营销的经典案例。同时本章还设计制作了3个任务，分别是走进新浪微博的世界、打造个人微博账号和微博内容建设与运营。

第4章主要介绍微信与微信营销的相关知识，包括微信的概念、功能服务、使用方式以及微信公众平台的种类与功能；微信营销的类型、优势和模式；微信营销的经典案例。同时本章还设计制作了3个任务，分别是打造有热度的微信个人号、创建微信公众平台和微信公众号推文实战。

第5章主要介绍自媒体与自媒体平台营销的相关知识，包括自媒体的概念、主要特征、商业模式和运营原则；自媒体平台营销的概念、分类和营销价值；自媒体与新媒体的区别和联系。同时本章还设计制作了3个任务，分别是自媒体写作平台的选择策略、自媒体平台——"头条号"营销实战和自媒体平台——"百家号"营销实战。

第6章主要介绍网络视频营销的相关知识，包括网络视频营销的含义、特点和表现形式；网络视频营销活动的平台、发布流程和营销策略；短视频的含义、类型和优质短视频的五要素；网络视频营销的经典案例。同时本章还设计制作了5个任务，分别是短视频文案写作、短视频的拍摄、短视频的剪辑、短视频平台营销实战之"快手"和短视频平台营销实战之"抖音"。

第 7 章主要介绍直播营销的概念、四要素、特点、优势和新趋势；直播营销的常用活动方式、内容安排和互动设计；直播营销与电商运营的关系。同时本章还设计制作了 5 个任务，分别是熟悉直播平台的运作法则、直播前期准备之硬件配置、直播前期准备之职业优化、模拟直播和淘宝直播实战操作。

本书特点

本书内容丰富、体系完善，全面、系统地向读者介绍了新媒体营销的基础知识和操作技巧，根据不同的理论教学内容，有针对性地加入丰富多样的实训环节，运用理论知识指导实践活动，在实践中强化理论知识学习，使知识融会贯通。

- 语言通俗易懂，图文精美，体系完善，覆盖了从早期到时下流行的多种新媒体营销模式，帮助读者全面、系统地了解电子商务新媒体营销的相关知识。
- 实操性强。很多新媒体营销书籍侧重于基础知识的介绍，体系完备，但是缺乏操作细节。本书定位于培养应用型人才，注重理论与实践的结合，帮助读者在基础知识学习完成后快速投入实践活动，加深记忆，提升运用效果。
- 本书采用任务法讲解，着重讲解电子商务下新媒体活动的操作方法与营销技巧，将知识点讲解穿插于任务实际操作过程中，使读者更好地对知识点进行归纳吸收，帮助理解。
- 多专业运用。本书既可以作为电子商务类、营销类专业的从业人员学习和参考，也可以作为新媒体相关课程的教学用书，对于一些想从事新媒体营销工作的人员，同样可以选择本书帮助你的事业更上一层楼。

本书资源

本书赠送资源包包括课程标准、讲义、PPT 课件以及答案资料，以便读者学习和教师授课，读者可根据个人需求扫描下方二维码下载使用。

课程标准　　　　　讲义　　　　　PPT 课件　　　　　答案

在本书的写作过程中力求严谨，但由于时间有限，疏漏之处在所难免，望广大读者批评指正。

编　者

目 录

第1章 新媒体营销基础 ... 001

1.1 网络营销概述 ... 001
1.1.1 网络营销的概念 ... 001
1.1.2 网络营销的产生与发展 ... 002
1.1.3 网络营销的特点 ... 004
1.1.4 网络营销的发展趋势与前景 ... 005

1.2 新媒体营销概述 ... 006
1.2.1 新媒体营销的概念 ... 006
1.2.2 新媒体营销的特点 ... 006
1.2.3 新媒体营销的优势 ... 007
1.2.4 新媒体营销未来发展趋势 ... 009

1.3 新媒体营销发展情况 ... 010
1.3.1 新媒体营销发展现状 ... 010
1.3.2 新媒体营销面对的主要挑战及问题分析 ... 011

1.4 晨光中性笔产品调研 ... 012
1.4.1 任务描述——掌握产品调研的方法 ... 012
1.4.2 技术引进——产品调研的步骤 ... 014
　　※ 课堂练习　编写调查晨光中性笔测评问卷 ... 015
1.4.3 任务实施——撰写产品测评报告 ... 016
　　※ 举一反三　对竞争者与合作者进行调研 ... 016

1.5 区域内数字新媒体营销现状调研 ... 016
1.5.1 任务描述——掌握调研报告的写作技巧 ... 017

1.5.2　技术引进——调查问卷的设计原则 017
　　　　　※ 课堂练习　问卷编写 018
　　　1.5.3　任务实施——完成新媒体营销的调研报告书 018
　　　　　※ 举一反三　谁能成为"网络红人" 019
　1.6　本章小结 019
　1.7　课后习题 019
　　　1.7.1　选择题 019
　　　1.7.2　填空题 020
　1.8　创新实操 020

第2章　电子邮件营销、论坛营销和博客营销　021

　2.1　电子邮件营销 021
　　　2.1.1　电子邮件营销概述 021
　　　2.1.2　电子邮件营销的特点 021
　2.2　论坛营销 023
　　　2.2.1　网络论坛营销的特点 024
　　　2.2.2　网络论坛营销的步骤 024
　2.3　博客营销 025
　　　2.3.1　博客与博客营销概述 025
　　　2.3.2　博客营销的优势 026
　　　2.3.3　博客营销活动的具体策略 027
　2.4　设计用于网络营销的电子邮件 028
　　　2.4.1　任务描述——电子邮件营销的核心技巧 028
　　　2.4.2　技术引进——电子邮件营销的注意事项 029
　　　　　※ 课堂练习　星巴克（Starbucks）的邮件营销案例 031
　　　2.4.3　任务实施——编写用于网络营销的电子邮件 032
　　　　　※ 举一反三　收集电子邮件营销的成功案例 032
　2.5　撰写论坛营销的推广文章 032
　　　2.5.1　任务描述——掌握论坛文案的写作技巧 032
　　　2.5.2　技术引进——论坛营销的技巧 033
　　　　　※ 课堂练习　打造论坛个人账号 035
　　　2.5.3　任务实施——家居用品论坛推广 035
　　　　　※ 举一反三　思考论坛营销中标题的重要性 036

目 录

- 2.6 策划博客营销活动 036
  - 2.6.1 任务描述——博客营销的优化和推广 036
  - 2.6.2 技术引进——营销类博客的写作技巧 037
    - ※ 课堂练习 博客的营销案例分享 038
  - 2.6.3 任务实施——博客营销策划及推广实践 039
    - ※ 举一反三 博客营销的创意活动 040
- 2.7 本章小结 040
- 2.8 课后习题 040
  - 2.8.1 选择题 040
  - 2.8.2 填空题 041
- 2.9 创新实操 041

第 3 章 微博营销 042

- 3.1 微博概述 042
  - 3.1.1 微博的概念与发展历程 042
  - 3.1.2 知名的微博平台 043
  - 3.1.3 博客与微博的区别 044
- 3.2 微博营销概述 045
  - 3.2.1 微博营销的概念 045
  - 3.2.2 微博营销的分类 045
  - 3.2.3 微博营销的特点 045
- 3.3 微博营销的经典案例 047
- 3.4 走进新浪微博的世界 049
  - 3.4.1 任务描述——掌握微博的传播特征 049
  - 3.4.2 技术引进——微博账号的分类 050
    - ※ 课堂练习 归纳总结不同种类微博的特点 051
  - 3.4.3 任务实施——热门微博考察调研 051
    - ※ 举一反三 回顾各门户网站的微博之争 051
- 3.5 打造个人微博账号 051
  - 3.5.1 任务描述——了解微博营销的价值 052
  - 3.5.2 技术引进——个性化微博装饰 053
    - ※ 课堂练习 对微博账号进行分类 055
  - 3.5.3 任务实施——调研微博账号并发表微博 055

　　　　※ 举一反三　探究积累粉丝的方法 ·· 055
　3.6　微博内容建设与运营 ·· 056
　　3.6.1　任务描述——学习微博的营销定位 ·· 056
　　3.6.2　技术引进——微博营销技巧 ··· 057
　　　　※ 课堂练习　发布"头条文章" ·· 059
　　3.6.3　任务实施——个人微博运营初体验 ·· 060
　　　　※ 举一反三　微博营销案例分析 ··· 061
　3.7　本章小结 ·· 061
　3.8　课后习题 ·· 061
　　3.8.1　选择题 ·· 062
　　3.8.2　填空题 ·· 062
　3.9　创新实操 ·· 062

第 4 章　微信营销　063

　4.1　微信概述 ·· 063
　　4.1.1　微信的概念 ··· 063
　　4.1.2　微信的功能服务 ·· 063
　　4.1.3　微信的使用方式 ·· 065
　　4.1.4　微信公众平台的种类与功能 ·· 067
　4.2　微信营销概述 ··· 068
　　4.2.1　微信营销的类型 ·· 068
　　4.2.2　微信营销的优势 ·· 069
　　4.2.3　微信营销的模式 ·· 071
　4.3　微信营销经典案例 ·· 073
　4.4　打造有热度的微信个人号 ··· 075
　　4.4.1　任务描述——微信个人号设置 ··· 075
　　4.4.2　技术引进——朋友圈内容更新技巧 ·· 076
　　　　※ 课堂练习　课堂问题讨论 ··· 077
　　4.4.3　任务实施——打造个人微信账号 ·· 077
　　　　※ 举一反三　总结朋友圈营销方式 ··· 078
　4.5　创建微信公众平台 ·· 078
　　4.5.1　任务描述——微信公众平台的定位 ·· 078
　　4.5.2　技术引进——微信公众号的信息设置 ·· 078

※ 课堂练习　微信、微信公众平台与微博的对比 　080
　　4.5.3　任务实施——注册微信公众账号（注册订阅号） 　080
　　　　※ 举一反三　订阅号"涨粉"计划 　082
4.6 微信公众号推文实战 　082
　　4.6.1　任务描述——提升微信公众号的阅读热度 　082
　　4.6.2　技术引进——微信公众号排版技巧 　084
　　　　※ 课堂练习　微信公众号文案写作 　085
　　4.6.3　任务实施——编辑并发送一篇微信推文 　086
　　　　※ 举一反三　微信公众号如何"变现" 　087
4.7 本章小结 　088
4.8 课后习题 　088
　　4.8.1　选择题 　088
　　4.8.2　填空题 　088
4.9 创新实操 　089

第 5 章　自媒体平台营销　090

5.1 自媒体概述 　090
　　5.1.1　自媒体的概念 　090
　　5.1.2　自媒体的主要特征 　091
　　5.1.3　自媒体的商业模式 　091
　　5.1.4　自媒体的运营原则 　092
5.2 自媒体平台营销概述 　093
　　5.2.1　自媒体营销的概念 　093
　　5.2.2　自媒体平台的分类 　094
　　5.2.3　自媒体平台的营销价值 　096
5.3 自媒体与新媒体的区别和联系 　097
5.4 自媒体写作平台的选择策略 　098
　　5.4.1　任务描述——认识九大主流自媒体写作平台 　098
　　5.4.2　技术引进——优质自媒体平台与自媒体人的特征 　101
　　　　※ 课堂练习　自媒体人与自媒体平台的讨论 　103
　　5.4.3　任务实施——制定平台运营选择攻略 　103
　　　　※ 举一反三　自媒体平台如何"变现" 　104
5.5 自媒体平台——"头条号"营销实战 　104

   5.5.1　任务描述——了解自媒体平台"头条号" ·· 104

   5.5.2　技术引进——"头条号"的运营技巧 ··· 105

     ※ 课堂练习　申请"今日头条"账号 ··· 107

   5.5.3　任务实施——使用"头条号"的后台功能 ······································ 109

     ※ 举一反三　"创作能力证明"功能使用 ··· 112

  5.6　自媒体平台——"百家号"营销实战 ··· 112

   5.6.1　任务描述——了解自媒体平台"百家号" ·· 112

   5.6.2　技术引进——"百家号"运营技巧 ··· 113

     ※ 课堂练习　申请"百家号"账号 ··· 115

   5.6.3　任务实施——"百家号"发布命题内容 ·· 117

     ※ 举一反三　了解"百家号"指数和作者等级体系 ······························ 120

  5.7　本章小结 ·· 120

  5.8　课后习题 ·· 120

   5.8.1　选择题 ·· 121

   5.8.2　填空题 ·· 121

  5.9　创新实操 ·· 121

第6章　网络视频营销 　　　　　　　　　　　　　　　　　　　　　122

  6.1　网络视频营销概述 ··· 122

   6.1.1　网络视频营销的含义 ··· 122

   6.1.2　网络视频营销的特点 ··· 123

   6.1.3　网络视频营销的表现形式 ··· 123

  6.2　网络视频营销活动 ··· 125

   6.2.1　网络视频营销活动平台 ··· 125

   6.2.2　网络视频的发布流程 ··· 127

   6.2.3　网络视频的营销策略 ··· 128

  6.3　短视频概述 ·· 130

   6.3.1　短视频的含义 ·· 130

   6.3.2　短视频的类型 ·· 130

   6.3.3　优质短视频的五要素 ··· 132

  6.4　网络视频营销经典案例 ·· 132

  6.5　短视频文案写作 ··· 136

   6.5.1　任务描述——掌握短视频脚本的编写技巧 ······································ 136

6.5.2　技术引进——短视频脚本高阶技巧 137
　　　　※ 课堂练习　短视频脚本案例分解 139
　　6.5.3　任务实施——命题短视频脚本编写 142
　　　　※ 举一反三　如何通过内容营销打造口碑产品 142
6.6　短视频的拍摄 144
　　6.6.1　任务描述——拍摄设备的基础配置 144
　　6.6.2　技术引进——短视频的拍摄技巧 145
　　　　※ 课堂练习　学习不同的构图方法 147
　　6.6.3　任务实施——拍摄命题短视频 149
　　　　※ 举一反三　了解运动相机 149
6.7　短视频的剪辑 151
　　6.7.1　任务描述——认识剪辑软件 151
　　6.7.2　技术引进——短视频的剪辑技巧 152
　　　　※ 课堂练习　视频转场练习 154
　　6.7.3　任务实施——命题短视频后期制作 154
6.8　短视频平台营销实战之"快手" 155
　　6.8.1　任务描述——走进"快手"平台 155
　　　　※ 举一反三　剪辑技巧高阶练习 155
　　6.8.2　技术引进——"快手"平台营销技巧 157
　　　　※ 课堂练习　注册"快手"账号 158
　　6.8.3　任务实施——命题任务考核：洗发水短视频拍摄 159
　　　　※ 举一反三　"快手"平台经典营销案例 160
6.9　短视频平台营销实战之"抖音" 162
　　6.9.1　任务描述——走进"抖音"平台 162
　　6.9.2　技术引进——"抖音"平台带货技巧 163
　　　　※ 课堂练习　注册"抖音"账号 164
　　6.9.3　任务实施——命题任务考核：美食短视频拍摄 165
　　　　※ 举一反三　"抖音"平台经典营销案例 167
6.10　本章小结 168
6.11　课后习题 168
　　6.11.1　选择题 168
　　6.11.2　填空题 169

6.12　创新实操 ··· 169

第 7 章　直播营销　170

7.1　直播营销概述　170
7.1.1　直播营销的概念 ··· 170
7.1.2　直播营销四要素 ··· 170
7.1.3　直播营销的特点与优势 ·· 170
7.1.4　直播营销模式新趋势 ··· 171

7.2　直播营销活动　172
7.2.1　直播营销的常用活动方式 ··· 172
7.2.2　直播活动的内容安排 ··· 173
7.2.3　直播活动的互动设计 ··· 174

7.3　直播营销与电商运营的关系　175
7.3.1　电子商务的概述 ··· 175
7.3.2　电商运营中直播营销的企业价值与顾客价值 ······················· 175
7.3.3　直播营销在电商领域的应用 ··· 176

7.4　熟悉直播平台的运作法则　179
7.4.1　任务描述——了解直播平台的运作法则 ··························· 179
7.4.2　技术引进——主播的基本职业素养 ·································· 180
　　　　※ 课堂练习　判断直播活动的性质 ······································· 182
7.4.3　任务实施——直播平台法则场景实例考核 ······················· 183
　　　　※ 举一反三　了解主播的基本分类 ······································· 183

7.5　直播前期准备之硬件配置　184
7.5.1　任务描述——直播间的整体布置 ·································· 185
7.5.2　技术引进——直播的硬件设备 ······································· 186
　　　　※ 课堂练习　直播环境改造计划 ·· 192
7.5.3　任务实施——配置一套直播设备 ·································· 193
　　　　※ 举一反三　户外直播高阶技巧：便携与防抖 ······················· 193

7.6　直播前期准备之职业优化　194
7.6.1　任务描述——直播的前期准备工作 ·································· 195
7.6.2　技术引进——打造个人形象的方法 ·································· 195
　　　　※ 课堂练习　直播平台调研 ·· 199
7.6.3　任务实施——完成个人直播的前期准备工作 ······················· 200

※ 举一反三　找到适合自己的颜色 ··· 200
7.7　模拟直播 ··· 202
　　7.7.1　任务描述——打造直播人设 ·· 202
　　7.7.2　技术引进——直播营销秘籍 ·· 203
　　　※ 课堂练习　观看淘宝直播并完成表格 ·· 207
　　7.7.3　任务实施——"旺旺食品"命题模拟直播 ·· 208
　　　※ 举一反三　观看纪录片活动 ·· 209
7.8　淘宝直播实战操作 ·· 209
　　7.8.1　任务描述——走进淘宝平台 ·· 209
　　7.8.2　技术引进——直播"带货"高阶技巧 ·· 212
　　　※ 课堂练习　直播活动策划 ·· 214
　　7.8.3　任务实施——直播技巧实战 ·· 215
　　　※ 举一反三　直播营销技巧的反思与总结 ·· 215
7.9　本章小结 ··· 216
7.10　课后习题 ··· 216
　　7.10.1　选择题 ·· 216
　　7.10.2　填空题 ·· 216
7.11　创新实操 ··· 216

第1章

新媒体营销基础

网络营销是以互联网为基础的营销活动，主要分为网络广告、电子邮件营销、搜索引擎营销、即时通信营销、BBS营销、社会化网络营销、网络视频营销、博客营销、微博营销等多种形式。新媒体营销是指以互联网计算机端和移动互联网（手机等移动终端）为代表的新型媒体营销。新媒体包括互联网，因此新媒体营销涵盖网络营销，且新媒体更关注互动性和用户的心理。从某种程度上说，网络营销与新媒体营销在技术上一脉相承。

本章节聚焦网络营销概述、新媒体营销概述以及中国新媒体营销的发展情况，系统地介绍网络营销与新媒体营销，为新媒体营销工作提供更加广阔的发展空间带来更多可能。

1.1 网络营销概述

网络营销发展至今，不管是途径、形式还是思维，都在持续发生着巨大的变化。

电子商务市场近年来频频刷新历史数据。据国家统计局数据显示，2019年1月至11月，全国网上零售额达到94958亿元，同比增长16.6%。其中实物商品网上零售额为76032亿元，增长19.7%，占社会消费品零售总额的20.4%。随着信息技术的进步和网络覆盖范围的扩大，尤其是国家对农村地区网络建设的支持力度不断增大，网络购物用户的规模持续壮大，网络零售额增速远超社会商品零售总额的增速。图1-1所示为各类电商平台。

图1-1 电子商务网站首页

1.1.1 网络营销的概念

网络营销作为一门新兴学科，目前还没有统一的定义，通常指借助互联网满足顾客需求。网络营销不是针对某种方法或某个平台的应用，而是包括规划、实施、运营和管理等内容，贯穿于企业开展网络活动的整个过程。

互联网的发展推动着网络营销的出现，建立在网络、通信和数字媒体等技术支持的基础上，广泛延伸至各行各业之中，并且在目前企业整体营销战略中所占比重非常大。同时，种类丰富的搜索工具、电商与社交平台、移动智能设备更为网络营销提供了广阔的发展空间，也为营销的方式带来了更多方向与可能。图1-2所示为网络营销概念图。

图1-2 网络营销概念图

拓展：①网络营销不等于电子商务；②网络营销不独立存在；③网络营销不等于网络销售。

1.1.2 网络营销的产生与发展

网络营销是建立在互联网技术的基础上的。20 世纪 90 年代初，互联网技术在全球范围内快速发展，各大公司与企业开始利用互联网技术为用户提供服务，进一步拓展公司业务。这种新型的方式和理念，在一系列营销策划的过程中，探索并发展出了新的营销模式。

1. 网络营销的产生

网络营销的产生原因并不是单一的，而是多方因素影响的结果，最主要的是四个方面：技术、消费观念、消费心理与市场环境，它们对网络营销的产生和发展起到了巨大的促进作用。表 1-1 所示为网络营销产生的四个因素。

表 1-1　网络营销产生的四个因素

网络营销的产生	
技　　术	今天，互联网作为全球信息沟通的主要渠道，通过互联网传输大量的信息数据成为商业贸易中的重要一环，并迅速在商业应用上展现出可观的发展前景，开始逐步冲击传统营销模式
消费观念	传统市场营销观念向现代市场营销观念的转变——推动消费者成为营销的核心与主导，使消费需求更加多样化、个性化，消费者不仅能对商品购买做出选择，同时能满足其个性化需求。网络时代信息获取的便捷性，增强了消费者的消费主动性，也方便消费者进行对比，增加了消费者对商品的信任感
消费心理	随着消费活动的逐步升级，消费的趣味性与便捷度开始成为影响消费者网络消费行为的主要因素。低成本作为网络营销的特点之一，给予网络商品和服务以价格优势，促使价格正式成为影响消费者网络消费行为的主要因素之一
市场环境	对于企业而言，网络营销可以有效地降低店面租金等运营成本，缩短运作周期，增强企业在市场中的竞争力。同时，网络营销更方便收集消费者的数据，制定更加精准且有针对性的营销策略，从而取得更加理想的营销效果

2. 网络营销的发展阶段

我国的网络营销起步较晚，大致在 1997 年前后，但是发展迅速。在互联网技术逐渐成熟与政府的大力支持之下，网络营销已经成为企业青睐有加的营销手段。

从 1997 年至今，我国网络营销大致经历了 5 个发展阶段。

1）萌芽阶段（2000 年前）

中国互联网信息中心在 1997 年 10 月发布了《第一次中国互联网发展状况调查统计报告》，其中指出："截止到 1997 年 10 月底，我国上网人数为 62 万人，WWW 站点数约 1500 个。" 1997 年出现了国内第一个商业性网络广告，逐渐打开网络营销的大门。

1999 年，以阿里巴巴为代表的一批 B2B 网站的诞生，电子商务蓬勃发展，网络服务意识增强，也极大地推动了网络营销的发展，网络营销开始走向实际应用。图 1-3 所示为阿里巴巴集团 Logo。

图 1-3　阿里巴巴集团 Logo

> **拓展**：B2B（也有写成 BTB，是 Business-to-Business 的缩写）是指企业与企业之间通过专用网络或 Internet，进行数据信息的交换、传递，开展交易活动的商业模式。

2）发展应用阶段（2001—2004 年）

2001 年之后，网络营销正式进入实质性的应用与发展时期。该阶段的网络营销主要表现为网络营销服务市场初步形成、企业网站建设与网络广告形式不断发展、电子邮件营销市场改善、搜索引擎营销向深层次发展、网上销售环境日趋完善等。图1-4所示为STEAM平台发送给用户的促销信息电子邮件。

图1-4　STEAM平台发送给用户的促销信息电子邮件

3）高速发展阶段（2005—2009年）

第三方网络营销服务市场的蓬勃兴起是网络营销高速发展阶段中最突出的特点。网站建设、网站推广等业务均快速发展，网络营销服务市场的规模不断扩大，网络营销的专业水平、人们对网络营销的认识和需求层次持续提升，网络营销资源和网络营销方法不断创新。图1-5所示为电商一站式解决方案的服务界面。

图1-5　电商一站式解决方案的服务界面

4）向社会化转变阶段（2010—2015年）

2010年之后，网络营销迎来全员营销时代，社交化成为网络营销的主导方向，出现了微信营销、微博营销等新型营销方式。同时，智能移动设备在营销活动中的重要性不断增强，传统营销模式开始衰落，移动营销逐步崛起。图1-6所示为移动整合营销的概念图。

5）多元化与生态化阶段（2016年后）

网络营销在2016年之后发生了开放式转变，传统网络营销方法向多元化与生态化模式转变，用户价值、用户思维、信息社交化和社会关系资源等成为影响网络营销的主要因素，出现了短视频营销、直播营销等多种新型营销方式。图1-7所示为"抖音"短视频平台。

图1-6　移动整合营销的概念图　　　　　图1-7　"抖音"短视频平台

1.1.3 网络营销的特点

网络营销随着互联网的发展而发展，相比传统市场的营销手段，具有诸多特点。

1）商家与顾客之间交互的便捷性

互联网的信息沟通功能不仅方便企业展示商品目录、提供商品信息，还方便用户对产品信息进行搜索、了解和咨询。企业和用户的双向沟通更加快速，反馈更加及时，企业可以通过网络了解市场与客户的真实情况，客户也可以更加信任地进行交易。图1-8所示为当当网上各种版本的《史记》，用户可以挑选喜爱的版本购买。

图1-8　当当网上各种版本的《史记》

2）个性化的消费方式

网络营销打破了传统营销的限制，营销方式以消费者为核心和主导，更加人性化。客户可以根据自己的需求选择服务，在信息提供和交互沟通的基础上，更有利于双方建立长期友好的营销关系。图1-9所示为淘宝软件的用户消息界面与商家交流界面。

3）多元化的传播方式

互联网的传播方式非常多元化，文字、声音、图像、视频等，每一种方式都可以为网络营销工作提供更多创新的方向与可能。

4）资源整合

网络营销是对各种营销工具和手段的系统化整合，企业可以借助互联网统一规划和协调所有营销活动，并整合各种营销工具，全方位、立体化地进行营销传播。

5）营销价值的提升

互联网具有跨越时间和空间约束的信息传播功能。互联网作为网络营销的工具，使跨时间、跨空间的交易皆成为可能，企业有了更灵活的时间和更大的空间进行营销活动，创造更多营销价值。图1-10所示为某海淘网站购买流程图。

图1-9　淘宝软件的用户消息界面与商家交流界面

图1-10　某海淘网站购买流程图

6）传播的高效性

在数据时代，企业不仅可以储存信息并及时提供信息供用户查询，同时信息获取的数量和精确度都得到了极大的提升，企业可以快速对市场需求的变化做出反应，以适应不断变化的市场。

7）节约营销成本

利用互联网开展营销活动，可以节约多个方面的营销成本，例如店面租金、人工成本等，图1-11所示为服装品牌优衣库线下门店与线上商城界面。

图1-11　服装品牌优衣库线下门店与线上商城界面

> **拓展**：网络营销的职能有网络品牌推广、网站推广、信息发布、网上销售、销售促销、顾客服务、顾客关系和网上调研。

1.1.4　网络营销的发展趋势与前景

互联网是一个辐射面广、交互性强的媒体，它的飞速发展不仅让网络营销迅速崛起，其方便、实惠的营销形式还逐渐改变了人们的消费习惯。越来越多的行业和领域开始创新网络营销的模式，网络营销的思维模式也随之发生变化。

最开始的网络营销思维主要表现为技术思维，即以技术为导向，注重网站建设和技术的本身。后来逐渐发展至流量思维，这个时期网络营销的重要指标与网站运营的核心目标就是网站流量。新时期的网络营销开始体现粉丝思维和生态思维，以用户价值为中心将依然是未来的网络营销核心。网络营销不再单纯地以入口、流量为目标，而是必须整合各种多媒体媒介和工具，打造一个以客户为核心的价值关系网络，实现多元化、立体化的营销活动。

1. 内容营销

在消费者掌握信息自主选择权的今天，被动地向消费者传递信息已经不再是营销重点，生产和利用价值内容吸引目标消费人群的主动关注才是现在的营销趋势。做好品牌内容，充分利用社交媒体，从用户关注的海量内容中脱颖而出，正是营销的关键。在5G技术的支持下，超高清的视频画质对消费者更具吸引力与视觉冲击力，以视频为主的内容营销与传播会成为网络营销领域主阵地。

> **拓展**：内容营销技巧——①内容营销的核心是内容，指原创的内容；②内容要迎合受众；③内容需要及时进行优化评估。

2. 移动端营销

相比于计算机端，移动端设备最大的使用优势是可以随时随地进行操作，移动端与消费场景的距离更近。越来越多的企业意识到移动端社交媒体战略的重要性，开始分析移动端用户的消费模式，移动端也将继续作为网络营销的主流端口成为企业和品牌的主要战地。图 1-12 所示为比较著名的购物 App。

3. 社会化媒体营销

随着社会化媒体的不断发展，信息发布与获取的成本大大降低，营销方式从被动营销向主动营销转变，营销成为用户分享的媒介工具，互动式广告越来越受商家青睐。图 1-13 所示为天涯论坛与百度贴吧的 Logo，二者是国内知名的综合性大型论坛，用户数量大，内容覆盖广泛。

图 1-12　著名的购物 App　　　　　　　图 1-13　天涯论坛与百度贴吧的 Logo

4. 大数据营销

科技的发展助力了大数据营销，使大数据营销成为企业发展中必不可少的战略之一。运用大数据技术，结合各种媒介资源，对线上和线下资源进行整合，可以全面利用企业资源，实现精准营销。图 1-14 所示为大数据可视化展示图。

图 1-14　大数据可视化展示图

1.2　新媒体营销概述

新媒体是相对于传统媒体而言的，是在报刊、广播、电视等传统媒体以后发展起来的新型媒体形态，其利用数字技术、网络技术、移动技术，通过无线通信网、有线网络、互联网等渠道以及手机、计算机、数字电视机等终端，向用户提供信息和娱乐。

1.2.1　新媒体营销的概念

1967 年，新媒体（new media）的概念由哥伦比亚广播电视网技术研究所所长 P·戈尔德马克提出。新媒体是一个相对的概念，目前所谈的新媒体包括网络媒体、手机媒体、数字电视等形态，但回顾新媒体的发展过程，就可以看到新媒体是伴随着技术的发展而不断变化的。

新媒体营销是区别于传统媒体（报纸、广播、杂志）的一种线上营销模式，其具有传播范围广、互动性强、投放灵活、成本较低等特点。新媒体营销已经开始逐渐地成为现代营销模式中最重要的部分。图 1-15 所示为平板计算机与手机。

图 1-15　平板计算机与手机

1.2.2　新媒体营销的特点

新媒体营销作为新兴的营销手段，拥有普及型、互动性和多元性等特点。

1. 普及性

首先，由于新媒体本身就是借助互联网产生的，而近年来互联网又已经实现大范围的普及，新媒体成为人们日常生活中不可缺少的一部分。这些先决条件使新媒体在出现之后，迅速地进入大众的视野，具有较好的普及条件。其次，手机如今已经成为国民上网最主要依赖的载体，如图1-16所示，手机成为人们生活中重要的一部分，所以新媒体营销也能实现迅速的

图1-16 使用手机的人们

普及，拥有数量巨大的消费者受众。再者，新媒体以其方便快捷的特点，深入到人们生活的方方面面，这也为其营销活动提供良好的发展平台，快速地进入人们的视野且成为人民大众广为接受的营销模式。

2. 互动性

新媒体营销的互动性是其相较于传统媒体营销方式最主要也是最具优势的一个特点。依托于新媒体环境建立的营销活动，使受众被动接受营销信息的同时，还允许消费者主动对这些信息进行筛选并分类，使消费者能够尽可能地避免浪费时间和精力，尽快选择出对自己有价值、有效的营销信息。这就是互联网时代新媒体营销的互动性，从本质上来说它与新媒体的互动性特点是相同的，都能够提高信息传播的效率和信息的利用率，而新媒体营销的互动性则能够增加营销的针对性，提高营销效率和消费者的满意程度。

3. 多元性

互联网时代的新媒体营销从出现之日起，充分发挥了电子信息技术的优势和特点，具有多样化的传播平台和传播形式，文字、图片、音频、视频等都可以成为新媒体营销内容的载体。受众通过丰富多元的传播媒介，可以方便快捷地获取丰富多元的营销信息，然后选择自己所需要的内容进行进一步关注。互联网时代的新媒体营销，以其丰富的传播途径和多元的营销信息，扩充自身的营销容量，同时也使营销形式变得更加灵活可控。

> **拓展**：互联网时代的新媒体营销，实现对传统营销模式和营销领域的突破，使商品经济的营销变得更具有创新性和吸引力，也能在更大程度上实现对消费者的消费需求的满足。

1.2.3 新媒体营销的优势

随着年青一代的成长，新媒体营销的趋势必将演变成为巨大的浪潮，新媒体营销与传统媒体相比有六大优势。

1. 自主选择

新媒体之前，营销方式是硬性推广；而新媒体营销则不同，新媒体使得与消费者沟通的互动性增强，以取得更有效的传播效果。企业要做的就是让目标用户参与，让品牌融于消费者的互动活动与口碑中，形成另一种传播源不断扩散。

在网络时代，泛滥的信息让人们的决策成本空前提高，简单的信息告知，显然已经无法满足企业的营销期望。因此，让用户成为营销计划中的一部分，变成营销的载体，一并完成企业的营销拼图，就成了每个企业的最佳期待。通过新媒体营销，企业能够与受众实现更多的互动，也可以收集到更多的反馈信息，让消费者占据了主导的地位。在这个崇尚体验、参与和个性化的时代，满足消费者个性化需求的营销方式才是企业经营的上上策。

2. 提升营销的创意空间

新媒体的发展使病毒营销、社区营销、精准营销、数据库营销、口碑传播、互动体验、反向沟通、事件营销等各种新的营销方式与营销方法不断出现。在社会化营销中，创意就是能量，新媒体营销就会发挥出强大的力量。

腾讯公益与"wabc无障碍艺途"公益机构联合出品H5——"小朋友"的画廊活动引爆了朋友圈。用户参与扫描二维码后，只要1元或输入任意金额，就可以"购买"心仪的画作，爱心画作可以保存到手机做屏保。许多用户将自己购买的爱心画作上传至微信朋友圈中，吸引来大批用户争相效仿购买，一时间收获极大关注，如图1-17所示。

图1-17　"小朋友"画廊与微信朋友圈中的讨论

3. 降低营销成本

新媒体不仅使企业宣传品牌的方式多元化，而且更好地降低了营销的成本。例如，过去很多企业斥资建设官方网站，定期或不定期发布一些企业动态和产品信息，不停地建新网站和推广，但效果往往并不理想。

新媒体则提供了更多免费的开放平台，资源共享。比如在微信开通公众账号、在豆瓣建立兴趣小组、在贴吧建立品牌空间、在新浪微博建立官方微博、在百度百科建立品牌词条、在QQ上建立粉丝群、在官方网站上建立互动有奖游戏等营销活动形式，基本上都是免费的。图1-18所示为豆瓣小组的分类。

图1-18　豆瓣小组的分类

新媒体不仅提供低成本的平台，而且提供了低成本的传播。在传统媒体时代，很多品牌的信息要花巨资去推广；而在新媒体时代，只要你的内容有创意，网民觉得有趣或有价值，就会帮助传播。多对多形式的"对话"所造成的N级传播，使传统媒体的一级或者两级传播相形见绌。

4. 用户创造产品

新媒体能引导用户创造产品，分享利润。用户可以上传个人制作的视频，根据视频的浏览量、点赞数、投币数以及收藏量获得相应的收益，如图1-19所示，进而鼓励用户大胆创作，同时也为网站带来更大的流量。

图1-19　哔哩哔哩网站的播放视频界面

企业提供销售平台让用户创造内容或产品，与用户同享利润，既保证产品多元化和创造力，又拥有了大量忠实、可靠的宣传者。每一个人都渴望得到认可，所以再没有比传播自己的内容更具驱动力的方式了。新媒体能让用户在参与过程中，将一成不变的产品信息打上个人烙印，这样的营销效果更佳。更进一步讲，如果企业在营销过程中，因为用户的参与而获利，并慷慨地与参与的用户分享利润，那么这种共赢的模式将会进一步提高营销的效果。

5. 客户定位精准化

在新媒体营销中，不管是门户网站的贴图广告，还是搜索引擎的关键词广告，相对于传统媒体都更具针对性。例如，消费者在淘宝网搜索关键词"篮球"，那么系统会认定该消费者有购买篮球的需求。一段时间之后，不管消费者是否在进行篮球运动，系统都有可能为其推送李宁、耐克等运动品牌。在这个营销过程中，一切都基于人、账户以及关系网，所以一切需求和潜在消费欲望都可以被记录、被计算和被推理。图 1-20 所示为淘宝网的搜索界面。

图 1-20 淘宝网的搜索界面

未来的消费越来越强调个性，消费者会主动选择自己喜欢的方式，在喜欢的时间和地点获得自己喜欢的商品或服务，而移动互联网时代的各种工具能让企业清楚地知道顾客的需求。比如，一个经常购买机票的用户可能是一位高端商务人士；一个经常用微博介绍化妆品的人，可能是一位追求时尚的人。

6. 数据库

轻而易举地得到大量的用户信息是新媒体的另一个好处。对网站来说，用户就是精准的潜在消费者，目前的技术，完全有能力根据消费者的基础信息和实时交流内容，通过语境和语义的分析，计算出消费者在哪方面有需求或有消费潜力。

1.2.4 新媒体营销未来发展趋势

从现阶段看，新媒体营销将会霸占未来的营销市场，成为商家的重点目标，下面我们对新媒体营销未来发展趋势进行梳理。

1. 新媒体将成未来营销活动主阵地

与传统媒体相比，新媒体双向传播的特点使得用户与企业之间互动性更强，便于及时得到效果反馈。同时，新媒体用户规模不断扩大，覆盖面更加广泛。新媒体平台潜在的影响力提供了巨大的营销价值，新媒体营销将成为未来的主流营销模式，各行业将继续加大新媒体营销上的投入。图 1-21 所示为各类新媒体营销活动平台。

图 1-21 各类新媒体营销活动平台

2. 内容真实性和趣味性将成发展要点

随着新媒体的普及和新媒体营销案例增多，用户对于新媒体营销的接受度逐渐提升。未来，广告内容的趣味性或将成为其能否有效传达产品信息、触动用户的主要因素。另外，客观性也将成为新媒体营销广告的另一关键点，如何在保留真实性的基础上深耕内容创作将是新媒体营销未来需要进一步探索的方向。图 1-22 所示为新媒体营销渠道。

3. 短视频和直播或成未来新媒体营销主流形式

随着 5G 技术的进一步发展，直播行业和短视频行业或将迎来新的发展良机。在新媒体营销中，视频展示直观全面，即时性、交互性强的特点与企业营销的目的更加契合。未来，短视频营销有望进一步得到企业青睐，成为新媒体营销主流方式。图 1-23 所示为我国的短视频平台（部分）。

图 1-22　新媒体营销渠道

图 1-23　我国的短视频平台（部分）

4. 数据透明化将成为监管的主要目标之一

数据、流量是衡量营销效果的核心。今天，制造虚假的流量、评论等行为严重扰乱了企业对营销效果的评估，也损害了消费者的利益。随着科技的发展，数据分析功能已经能够成功识别部分数据的造假情况，进而推动新媒体营销相关数据公开化与透明化，这将有利于市场的健康发展。

1.3　新媒体营销发展情况

互联网是一个辐射面广、交互性强的媒体，它的飞速发展不仅让网络营销逐渐崛起，其方便、实惠的营销形式更逐渐改变了人们的生活。越来越多的行业和领域开始开辟新的网络营销模式，网络营销的思维模式开始逐渐发生变化。

1.3.1　新媒体营销发展现状

我国新媒体行业处于高速发展之中，下面我们对我国新媒体营销发展的现状进行总结。

1. 2019 年新媒体用户规模稳定增长

2019 年，移动社交用户规模预计达到 7.8 亿人，同时，短视频和在线直播用户也均保持较快增长势头，新媒体营销将拥有较好的用户基础。图 1-24 所示为 2017—2019 年我国新媒体行业不同领域用户规模及预测。

2. 各行业在新媒体营销广告投放量上呈现差距

2019 年，各行业在新媒体营销广告的投放量上呈现差距。其中，快消品行业排名第一，网服电商、文化娱乐分列二三位；在投放增长方面，耐消品、金融保险、文化娱乐排名前三，如图 1-25 所示。

图 1-24　2017—2019 年新媒体行业不同领域用户规模及预测

3. 图文形式仍是新媒体营销广告的主要方式

2019年全行业新媒体营销广告投放占比中，图文形式的广告依旧是新媒体营销广告主要的投放形式，但占比呈下降趋势。视频形式投放广告的占比呈上升趋势，较2018年投入占比上升了7%，图1-26所示为2018—2019年全行业新媒体营销广告形式投放占比分布。

图1-25　2019年各行业新媒体营销广告投放增长与投放量前五名

图1-26　2018—2019年全行业新媒体营销广告形式投放占比分布

4. 视频与直播的新媒体活动占比稳步上升

数据显示，快消品及房地产行业在视频营销广告的投放占比增长快速，形成了以视频形式为主的营销模式。表1-2所示为2018—2019年各行业新媒体营销图文形式占比与视频形式占比分布。

表1-2　2018年—2019年各行业新媒体营销图文形式占比与视频形式占比分布

客户行业类型	2018年		2019年		
	图文形式占比	视频形式占比	图文形式占比	视频形式占比	视频占比趋势
快消品	56.5%	43.5%	6%	94%	上升
网服电商	84.2%	15.8%	83%	17%	上升
文化娱乐	91.5%	8.5%	95%	5%	
3C数码	89.2%	10.8%	89%	11%	上升
汽车	77.8%	22.2%	87%	13%	
航空旅游	81.1%	18.9%	96%	4%	
金融保险	54.5%	45.5%	80%	20%	
耐消品	91.3%	8.7%	87%	13%	上升
房地产	94.4%	5.6%	43%	57%	上升
其他	96.0%	4.0%	96%	4%	

1.3.2　新媒体营销面对的主要挑战及问题分析

新媒体营销行业蓬勃发展的势头有目共睹，但是在诸多因素的影响下，仍然面对不少的挑战与问题。

1. 营销环境差异

部分企业忽略了新旧媒体营销环境的差异性，忽视了线上线下消费人群本体的差异性。

2. 信息透明与品牌安全暗藏漏洞

由于信息不对称，信息贫乏的企业在选择营销平台和合作对象时会处于不利的位置，加上数据造假、创意被盗等问题，亦给品牌带来威胁。图1-27所示为网红数据造假的新闻。

3. 人才匮乏

目前，专业的新媒体营销人才十分匮乏，且人们对营销的重视程度普遍较低。企业的营销管理人员多为年龄较大的管理者,在工作上可能欠缺创新精神,难以跟上潮流。

图1-27　网红数据造假的新闻

4. 全球化营销进程缓慢

企业国际化营销发展缺乏国际营销意识,加上专业的全球化营销人才缺乏,全球化营销进程缓慢,但是许多针对海外新媒体营销的培训课程如雨后春笋般涌现,如图1-28所示。

图1-28　海外营销培训会

1.4　晨光中性笔产品调研

做产品调研,需要有核心目标,带着问题做调研,最终得出明确结论和可实施的建议,真正能够解决问题,这才是合格的调研。相反,繁杂累赘的内容罗列和单纯地追求美观,都是不可取的。

1.4.1　任务描述——掌握产品调研的方法

企业通过对产品进行调研,可以分析市场的营销机会,及时调整营销策略。

1. 产品调研的分类

产品调研可以在产品的不同阶段、因为不同的目的而进行。例如:
- 市场调研报告:为了解行业和市场规模而进行调研,得出一份市场调研报告;
- 产品体验报告:为了对比分析竞品的使用体验进行调研,得出一份产品体验报告;
- 竞品分析报告:为了解竞品的规模、特色、布局、营收、产品定位、发展趋势而进行调研,得出一份竞品分析报告。

2. 产品调研对象

1)消费者

不同的网络市场拥有不同的消费人群,不同的消费人群会体现出不同的特征和差异性。企业在进行市场调研时,应该通过网络跟踪目标消费人群,收集消费者对企业、产品、服务、支付、配送、性价比等各方面的意见,综合整理以供参考。图1-29所示为消费者调查问卷。

产品的品质		做到	未做到	如有特殊情况，请您说明
2.1	为您出品的热汤馄饨，馄饨汤是否清亮。			
2.2	为您出品的热汤馄饨，馄饨汤的口感咸淡适中。			
2.3	为您出品的凉拌馄饨，上面是否没有撒放榨菜。			
2.4	为您出品的馄饨，馄饨皮是否完全散开，外观好看。			
2.5	为您出品的馄饨，用勺子舀起时，馄饨皮上没有沾很多的调料粉。			
2.6	为您出品的馄饨，馄饨皮是否口感筋道，咬开后馅料温度微烫。			

请您对本次的用餐体验打个分数 ：	非常满意 □	很满意 □	满 意 □	一 般 □	很 差 □

图 1-29　消费者调查问卷

2）竞争者

网络营销环境下的企业竞争者不仅包括现有竞争关系的企业，还包括潜在竞争者、商品替代者等，分析不同类型的竞争者带来的挑战，了解竞争者的营销动向、产品生产、企业管理等信息，结合自身消费者的反馈，进行数据的收集与整理，然后分析出存在的威胁和机会，作为制订出更合理有效的营销策略的依据。表 1-3 所示为部分电商网站“双 11”促销活动信息汇总。

表 1-3　电商网站“双 11”促销活动（部分）信息汇总

活动网站	活动口号	具　　体
阿里巴巴（天猫、淘宝、聚划算）	11 • 11 购物狂欢节	五个活动（天猫“喵星球”顶品牌赢红包、支付宝提前充值抽红包、淘宝嘉年华超值购物红包、天猫积分换红包和 11 日当天使用支付宝余额支付的红包抽取）送出红包总额在 1000 万元以上
国美电器	全网底价新坐标，低价大促销尽情享受	价格直降、全场的满减等
苏宁易购	超级 0 元购	300 元以下商品均返等额的线上线下通用优惠券
亚马孙	亚马孙七天欢乐购	数十万商品低价促销
当当网	“11 • 9 行动”13 周年店庆	爆品抢不停

3）合作者等相关人群

企业的联盟企业、供应商、第三方代理等提供的行业评估信息，也可以为企业的网络营销策略提供有价值的信息数据。

3. 产品调研的意义

从大的角度讲：做好产品调研，可以让企业清楚了解各自产品的优势与缺陷，取别人方案之精华，去自己产品之糟粕，胸怀行业大局，确立自己产品的特色优势。

从小的角度讲：产品经理虽然要求博学但不见得对每个事务、每个逻辑都了如指掌。在具体做一个产品功能时，总不免去学习这方面的知识，参考对应的竞品。因此，我们既可以为一个小功能点的逻辑流程而去调研，也可以为产品外观设计去调研学习。学习优秀的产品逻辑与交互设计，并将其应用到自己的产品之上。

4. 调研方法

1）网络市场直接调研的方法

按调研的思路不同，直接调研的方法可以细分为以下 4 种。

- 网上观察法：网上观察是通过相关软件和人员记录网络浏览者浏览网页时的浏览内容和行为。

- 专题讨论法：平台有 Usenet 新闻组、电子公告牌和邮件列表讨论组等。
- 在线问卷法：在线问卷法是指请求浏览其网站的人通过填写在线问卷来参与企业的调查。企业也可将在线问卷工作委托给专业公司。图 1-30 所示为问卷调查平台"问卷星"。
- 网上实验法：在网络页面上或者新闻组上设计并发布（或利用 E-mail 传递）几种不同的广告内容与形式，对比各个广告内容与形式的营销效果，以收集市场行情资料。

2）网络市场间接调研的方法

网络市场间接调研是指利用互联网收集与企业营销相关的二手资料信息，包括市场、竞争者、消费者和宏观环境等诸多信息，是企业应用最多的网络市场调研方式。网上查找资料主要有以下 3 种方法。

- 利用搜索引擎查找资料：搜索引擎提供一个从互联网中搜索信息的入口，根据搜索者提供的关键词对互联网信息进行检索，筛选出与关键词相关的信息。图 1-31 所示为部分搜索引擎的 Logo。

图 1-30　问卷调查平台"问卷星"　　　　　　　图 1-31　部分搜索引擎的 Logo

- 访问相关网站收集资料：各种专题性或综合性网站中都提供了一些特定的资料，若知道需要的资料可以从哪些网站中获得，就可以直接打开并访问这些网站。
- 利用网上数据库查找资料：通过网上数据库来了解所需的信息，有些网络数据库需要付费，如用于市场调查的数据库在国外一般都需要付费。

1.4.2　技术引进——产品调研的步骤

网络市场调研的步骤主要包括以下 5 个方面：

1. 明确问题与确定调研目标

网络市场调研的首要条件是明确调研的问题与目标，即调研什么、为什么调研，然后再根据目标确定调研的范围、内容和方法，制订详细的调研计划。例如，谁最有可能在网上使用企业的产品或服务、谁最有可能购买企业的产品、服务竞争对手对企业的客户影响如何等。

2. 制订调研计划

明确调研目标后，即可根据目标来制订出有效的调研计划。调研计划是对调研本身的具体设计，传统市场调研计划主要包括调研的目的要求、调研对象的范围与数量、调研样本的选择及抽样、调研项目与内容等。一般情况下，网络市场调研计划主要包括确定资料来源、调研方法及手段、抽样方案和联系方法等。

3. 收集信息

互联网没有时间和空间限制，企业可以在全国甚至全球范围内进行信息收集。网络中的信息丰富且繁杂，企业需要采用合适的方法才能找到需要的信息，将之有效地用于调研活动。

4. 分析信息

完成信息的收集后，需要调研人员对信息进行分析，从庞大的数据中提炼出与调研目标相关的信息，作为后续工作的依据。分析信息需要借助一些数据分析技术，如交叉列表分析技术、概括技术、综合指标分析和动态分析等，或者采用国际上较为通用的 SPSS、SAS 等分析软件，如图 1-32 所示。

5. 撰写报告

网络市场调研的最后一个阶段是撰写调研报告。这需要调研人员把调研情况与市场营销策略结合起来，按照标准的调研报告格式进行撰写。

图 1-32　分析软件 SPSS 和分析软件 SAS

> **拓展**：网络调研报告的内容主要包括标题、目录、引言、正文、结论、启示及建议和附录等。其中正文的内容就是对本次调研的主要说明，如调研目的、调研方法和调研数据统计分析等。

 **编写调查晨光中性笔测评问卷**

1. 品牌概述

上海晨光文具股份有限公司，位于上海市奉贤区青村镇工业园，公司占地面积 350 亩，是一家整合创意价值与服务优势的综合文具供应商，致力于提供舒适、有趣、环保、高性价比的文具用品，产品涵盖各式书写工具、修正工具、橡皮类、尺类、胶类、画材类、本册类、包袋类、PP 类、桌面用品、电子类、削笔工具、财务行政用品、益智类等产品领域。图 1-33 所示为晨光文具的品牌 Logo。

图 1-33　晨光文具的品牌 Logo

2. 任务内容与要求

挑选四款特点各异的中性笔作为参与测评的产品，邀请他人通过现场使用，结合体验完成测评问卷。测评问卷的编写分别从外观、流畅度、速干性和舒适度四个维度来检验这些中性笔，并制定不同的评判标准。

1）外观

众所周知，一支中性笔的外观非常重要。毕竟一支好看又好用的中性笔可以勾起让人写字的欲望，使写字过程成为一种享受。鉴于不同的消费者拥有不同的审美观点，因此邀请体验者对四款中性笔的外观进行对比打分。

2）书写流畅度

中性笔作为日常文具，消费者对其要求也比较简单——好用，即流畅度高，书写顺滑。邀请消费者对几款产品依次进行使用，观察是否有划纸、卡纸的情况，同时针对出墨情况，书写体验，笔画表现等，就体验感进行分类打分。

3）速干性

在日常书写过程中，许多消费者都经历过大面积写字的时候，不时会发生蹭一手墨汁的情况，并且刚写好的字在换行时被蹭花，这是非常糟糕的书写体验，究其原因在于笔的速干性太差。对于要经常写字的人来说，想要避免这种情况，就需要一只速干性较好的笔。

邀请消费者用这四款笔在纸上写"福"字，然后分别在 1s、3s、5s 后用手去蹭，观察"福"字的刮花程度，对比进行打分。

4）握持舒适度

众所周知，学生和上班人士都有大量书写的需求，如果笔的形态或者质量不好，长时间使用容易造成手部劳累酸痛。因此，一支经得起考验的笔必须"久握不累"。

邀请消费者分别使用这四款晨光笔进行10分钟的不间断书写，对体验感进行打分。

1.4.3　任务实施——撰写产品测评报告

如果调研之前没有问题，没有目标，那么花费时间调研完全属于浪费时间。调研之前必须先明确目标，明确要解决的问题，这样才能够采取合理的调研方法，得出有用的结论。

具体来说，企业做调研报告之前必须理解清楚三个问题：为什么调研？调研什么？怎么调研？

1. 为什么调研？

以滴滴打车为例：做项目之前需要了解以下几个问题，出租车行业市场规模有多大？普通用户对共享打车的需求有多大？普通市民的汽车保有量处于什么量级？基于这些问题，完全有必要做一次详细的市场调研报告。

再以企业微信为例：产品团队需要进行详细调研，了解以下问题，行业需求规模？市场竞品有哪些？阿里钉钉等业务的产品特色与市场布局如何？

2. 调研什么？

有了上面第一步的分析以后，已经明确了调研目的。根据调研目的，可以详细筹划细分，明确具体的调研项。

以企业微信为例：如果调研目的是了解竞品的销售方面的情况，例如做一份《企业微信调研报告之——竞品市场销售能力调研》，从以下方面入手：

- 产品定价。
- 产品付费方式：年付、季付还是月付？
- 产品有没有优惠，策略怎样？
- 销售团队规模多大？
- 销售流程怎样？
- 销售可以细分为哪些角色？客服、售前、销售、代理员和售后人员等。
- 主要销售给了哪些客户？
- 销售过程有什么困难？

在这一步骤中，最重要的就是"明确"，整理出明确的待调研的点。

3. 怎么调研？

经过前面两个步骤，一是知道了为什么调研（有了目标和意义），二是知道了调研什么（有了众多小目标），接下来就是根据要调研的内容，思考调研方法了。

调研方法有很多，发放问卷、访谈、查找数据、访问竞品网站以及体验竞品产品等。有了明确的目标，我们一定可以找到适合目标的方法，然后执行。

 **对竞争者与合作者进行调研**

参考前面所讲内容，设计对竞争者与合作者的调研方式。

1.5　区域内数字新媒体营销现状调研

了解新媒体营销的现状，进一步学习调查问卷的编写方法，接下来通过文字的形式完成相关主题的调研报告。

1.5.1 任务描述——掌握调研报告的写作技巧

调研报告的写作者必须自觉以研究为目的，根据社会或工作的需要，制订出切实可行的调研计划，即将被动的适应变为有计划的、积极主动的实践。从明确的追求出发，经常深入到社会第一线，不断了解新情况、新问题，有意识地探索和研究，写出有价值的调研报告。

1. 注重事实

调研报告讲求事实。它通过调查得来的事实材料说明问题，用事实材料阐明观点，揭示出规律性的东西，引出符合客观实际的结论。调研报告的基础是客观事实，一切分析研究都必须建立在事实基础之上，确凿的事实是调研报告的价值所在。因此，尊重客观事实，用事实说话，是调研报告的最大特点。写入调研报告的材料都必须真实无误，调研报告中涉及的时间、地点、事件经过、背景介绍、资料引用等都要求准确真实。一切材料均出之有据，不能听信道听途说。只有用事实说话，才能提供解决问题的经验和方法，研究的结论才能有说服力。如果调研报告失去了真实性，也就失去了它的科学价值和应用价值。

2. 理论性

调研报告的主要内容是事实，主要的表现方法是叙述。但调研报告的目的是从这些事实中概括出观点，观点是调研报告的灵魂。因此，占有大量材料，不一定就能写好调研报告，还需要把调研的东西加分析，进而提炼出观点。对材料的研究，要在正确思想指导下，用科学方法经过"去粗取精，去伪存真，由此及彼，由表及里"的过程，从事物发展的不同阶段中，找出起支配作用的、本质的东西，把握事物内在的规律，运用最能说明问题的材料并合理安排，做到既要弄清事实，又要说明观点。这就需要在对事实叙述的基础上进行恰当的议论，表达出主题思想。议论是"画龙点睛"之笔。调研报告紧紧围绕事实进行议论，要求叙大于议，有叙有议，叙议结合。如果议大于叙，就成议论文了。所以要防止只叙不议，观点不鲜明；也要防止空发议论，叙议脱节。夹叙夹议，是调研报告写作的主要特色。

3. 语言简洁

调研报告的语言简洁明快，这种文体是充足的材料加少量的议论，不要求细腻的描述，只要用简明朴素的语言报告客观情况。由于调研报告也涉及可读性问题，所以，语言有时可以生动活泼。同时注意使用一些浅显的比喻，增强说理的形象性和生动性，但前提必须是为说明问题服务。

1.5.2 技术引进——调查问卷的设计原则

在确定目标用户时，用户访谈是最常见的方法之一，主要形式是和调研的用户进行一对一或一对多的直接沟通，最好是采用面对面的方式。如果条件不允许，可以通过问卷、电话、邮件、QQ和微信等方式进行，获取用户的需求。

1. 目的性原则

问卷的主要目的是提供管理决策所需的信息，以满足决策者的信息需要。问卷设计人员必须透彻了解调研项目的主题，能拟出可从被调查者那里得到最多资料的问题，做到既不遗漏一个问句，也不浪费一个问句去取得不需要的信息资料。因此，从实际出发拟题，问题目的明确，重点突出，没有可有可无的问题。

2. 通俗性原则

如果受访者对调查题目不感兴趣，一般不会参与调研。问卷设计最重要的任务之一就是要使问题适合潜在的应答者,要使被调查者能够充分理解问句,乐于回答、正确回答。所以设计问卷的研究人员不仅要考虑主题和受访者的类型,还要考虑访谈的环境和问卷的长度。问卷必须避免使用专业术语,一般应使用简单用语表述问题。

3. 便于处理性原则

便于处理是指要使被调查者的回答便于进行检查、数据处理和分析。设计好的问卷在调查完成后,能够方便地对所采集的信息资料进行检查核对,以判别其正确性和实用性,也便于对调查结果的整理和统计分析。如果不注意这一点,很可能出现调查结束,信息资料获得很多,但是统计处理却无从下手的难堪局面。

4. 合理的问卷长度原则

调查内容过多,使得参与者没有耐心完成全部调查问卷,这是调查最常见的误区之一。如果一份问卷调查在 20 分钟之内还无法完成,一般的被调查者都难以忍受,除非这个调查对他非常重要,或者是为了获得奖品等目的才参与调查。即使完成了这种调查,也隐含一定的调查风险,比如被调查者没有充分理解调查问题的含义,或者没有认真选择问题选项,最终会降低调查结果的可信度。

 问卷编写

为了能够更全面地了解想要得到的信息,我们往往会采取问卷调查的形式来获取所需的资料,那么设计调查问卷的步骤又是怎样的呢?下面跟随表 1-4 进行了解。

表 1-4 设计调查问卷的步骤

步骤	内容
确定调查的目的和内容	确定调查的内容和目的,才能进一步确定收集哪些资料,这样才能确保后续工作紧扣主题,所得到的答案也都是有价值的
收集整理相关资料	凭空想出数十个问题是不切实际的,而且会出现诸多问题,影响问卷的质量。因此要做好充足的准备,多了解相关的信息和资料,以合作的方式,集思广益,才能推动问卷的质量达到一个比较高的水准
制定题目的内容和类型	问卷访谈由于不能使被调查者与机器实时互动,所以以带选项的选择题或判断题居多,可附上少量的主观题
斟酌用词	虽然是提问题,但是在用词方面一定要恰如其分,要尊重被调查者,否则调研是无法顺利进行下去的。尽量避免问及隐私,如果是非问不可的,也要想办法用一些含蓄的字眼来表示
安排问题的顺序	一般来说问题立当由易到难、由浅入深或者遵循事物发展的逻辑规律来安排先后顺序,切忌"东一榔头,西一棒子"
排版拟稿	所有的问题都罗列出来以后进行排版,要做到能够吸引被调查者的目光。首先拟出一份初稿,由参与制定者一起审核,之后在小范围内找一些人进行预先调查,回收后查看结果是否可靠、是否具有参考意义,及时修改调整
正式定稿	前期准备工作都完成后,可以正式定稿,根据相关渠道展开大范围的调查

1.5.3 任务实施——完成新媒体营销的调研报告书

1. 调研背景

1)时代背景

时代背景的含义是对新媒体起作用的历史情况或现实环境。

2)思想引领

受访者对新媒体在情感、艺术、时尚等元素的了解和认知等。围绕调研内容,我们设计了

《XXXX调查问卷》，在全校范围内进行发放。

2. 新媒体调研评估

1）新媒体类型。
2）新媒体特征。
3）新媒体的影响。
（1）对行业管理部门的影响。
（2）对广告行业的影响。
（3）对受众的影响。

3. 新媒体调研报告

1）调研目的与调研项目。
2）新媒体的发展现状。
3）新媒体管理运行及作用发挥情况。
4）新媒体建设和运用中存在的主要问题。
5）意见与建议。

 谁能成为"网络红人"

根据所学内容进行判断，假如你有一位能歌善舞的同学，你认为在现阶段尝试哪种互联网形式最有可能成为"网络红人"，并阐述为什么。

（1）拍摄唱歌的短视频上传至抖音。
（2）在映客进行才艺直播。
（3）撰写舞蹈的教学文章发表在网络上。
（4）在微博上开通个人账号，发布vlog等原创内容。
（5）参加类似"青春有你"等互联网选秀活动。

1.6 本章小结

本章着重介绍了新媒体营销的基础知识，针对网络营销的概念、产生与发展、特点、发展趋势与前景；新媒体营销的概念、特点、优势与未来发展趋势；新媒体营销的发展现状、主要挑战以及问题分析展开讲解。同时设计制作了2个任务，分别针对产品市场调研与新媒体营销现状调查，2个任务的侧重点各有不同。完成任务，可以使读者充分理解并掌握网络营销与新媒体营销的相关知识。

基础知识学习任务与实训任务完成后，还准备了课后习题帮助读者巩固和加深对基础知识的理解。

1.7 课后习题

完成本章内容学习后，接下来通过几道课后习题，测验读者的学习效果，同时加深读者对所学知识的理解。

答案

1.7.1 选择题

1. 2016年以后，网络营销发生开放式转变，传统网络营销方法不断调整和创新，向（　　）模式转变，信息社交化、用户价值、用户思维、社会关系资源等成为影响网络营销的主要因素。

A. 企业网站建设与网络广告　　　　　　B. 社会化

C. 多元化与生态化　　　　　　　　　　D. 第三方网络营销服务市场

2. 下列选项中不属于新媒体营销特点的是（　　）。

A. 便捷性　　　　B. 多元性　　　　C. 普及型　　　　D. 互动性

3. 数据显示，2019年中国各行业新媒体营销大多数仍以（　　）形式为主，其中，快消品及房地产行业在视频营销广告的投放占比增长快速。

A. 视频与短视频　　B. 直播　　　　C. 音频　　　　D. 图片与文字

4. 网络市场调研具有一定的独特性，以下正确的调研步骤是（　　）。

A. 明确问题与确定调研目标→制订调研计划→收集信息→分析信息→撰写报告

B. 制订调研计划→明确问题与确定调研目标→收集信息→分析信息→撰写报告

C. 明确问题与确定调研目标→制订调研计划→分析信息→收集信息→撰写报告

D. 制订调研计划→明确问题与确定调研目标→分析信息→收集信息→撰写报告

5. 下面选项中不属于调研报告写作技巧的是（　　）。

A. 实事求是　　　　B. 理论性　　　　C. 详尽阐述　　　　D. 语言简洁

1.7.2　填空题

1. 网络营销产生的原因并不是单一的，而是多方因素影响的结果，最主要的是四个方面：_____、_____、_____与_____。

2. 新媒体概念是1967年由哥伦比亚广播电视网技术研究所所长_____最先提出的。新媒体是一个相对的概念，目前所谈的新媒体包括_____、_____、_____等形态。

3. 新媒体营销的优势有_____、_____、_____、_____、_____和_____六个方面。

4. 产品调研分为_____、_____和_____3个类别。

5. 调查问卷的设计原则可以分为_____，_____，_____和_____4点。

1.8　创新实操

根据本章所学内容，以"口红"或"球鞋"为例，如图1-34所示，谈谈该商品的同类竞争者有哪些，并阐述你的理解（例如各品牌的特色、销售方式和技巧）？

图1-34　口红与球鞋

第 2 章
电子邮件营销、论坛营销和博客营销

企业在开展新媒体营销的过程中，通常会根据不同的营销需求和市场需求，选择不同的技术和营销方式。传统网络营销模式是新媒体营销前期比较常见的营销方式，甚至直到现在仍然被许多商家采用，电子邮件营销、论坛营销和博客营销都属于传统的网络营销模式。

本章聚焦早期新媒体营销模式，重点分析电子邮件营销的概念和优势；论坛营销的特点与步骤；博客营销的特点、活动策略以及推广和优化，帮助读者充分了解早期新媒体营销的方式与内容，学习经典案例，总结规律、经验。

2.1 电子邮件营销

电子邮件营销是一种范围广泛的营销模式，可以加强营销方与目标客户的合作关系，帮助营销方获得新客户，提升客户忠诚度，刺激客户进行消费，是传统网络营销模式中非常有效的一种营销工具。

2.1.1 电子邮件营销概述

电子邮件是一种用电子手段提供信息交换的通信方式，诞生于 20 世纪 70 年代，兴起于 20 世纪 80 年代，是直接面向人与人之间信息交流的一种系统，极大地满足了人与人之间的通信需求，逐渐被普及到人们生活和工作的各个方面，是互联网应用最广的服务。

按照发送信息是否事先经过用户许可划分，可以将电子邮件营销分为许可的电子邮件营销（Permission E-mail Marketing）和未经许可的电子邮件营销（Unsolicited Commercial E-mail），即垃圾邮件（Spam）。图 2-1 所示为电子邮件图样。

1. 许可的电子邮件营销

许可的电子邮件营销是指企业在征得用户同意后，通过电子邮件的形式向顾客发送产品信息或服务，邮件列表、电子刊物等形式为其主要的营销方法，向用户提供有价值的信息，同时附带一定的商业广告，因此，电子邮件营销的三要素总结为：用户许可、用电子邮件传递信息与信息对用户有价值。

图 2-1 电子邮件图样

2. 未经许可的电子邮件营销

未经许可的电子邮件营销，即垃圾邮件，其与许可的电子邮件营销是相对存在的，是一种不恰当的电子邮件营销方式，十分容易给用户带来困扰，引起用户的反感，不利于产品的宣传推广。

2.1.2 电子邮件营销的特点

与传统的营销方式相比，电子邮件营销作为网络营销方式之一，其优势明显，尤其在与用户的一对一沟通上独具优势，下面对电子邮件营销的特点进行介绍。

1. 营销范围广

互联网技术的迅猛发展，使网络用户的数量实现了飞速增长，截至2019年6月，我国网民规模为8.54亿人。面对如此巨大的用户群，电子邮件营销作为主要的广告宣传手段之一，拥有了更大的营销空间，被企业灵活地应用到不同的营销环境之中。

只要拥有足够多的电子邮件地址，就可以在很短的时间内向数千万目标用户发布广告信息，营销范围可以是中国全境乃至全球。此外，邮件收件人在阅读信件后，还可以将其转发给自己的亲朋好友，进一步扩大营销范围。图2-2所示为QQ邮箱邮件编辑界面。

2. 成本低

电子邮件营销是一种低成本的营销方式，企业几乎只需要支付网络费用的成本和搜集信息的成本，比传统广告形式的宣传推广要低廉很多。同时，电子邮件广告的内容适合各行各业，具有信息量大、保存期长的特点，具有长期的影响效果，还十分便于收藏和传阅，性价比高。图2-3所示为QQ邮箱的文件中转站。

图2-2　QQ邮箱邮件编辑界面　　　　　　图2-3　QQ邮箱的文件中转站

3. 建立紧密的用户关系

企业在进行电子邮件营销时，可以通过收集用户的需求信息为其发送个性化、定制化的营销邮件，借此推广自己的产品与服务。这种营销方式具有更强的针对性，在迎合目标用户喜好需求的基础上，逐步建立和维护企业与用户之间的关系。

4. 简单快捷

电子邮件营销，无须掌握复杂的技术或经过烦琐的过程，操作简单，便于掌握。在群发过程中，也无须人工干预，完全自动化，快速高效，一天可以发送大量的邮件。图2-4所示为京东商城发送给客户的优惠信息邮件。

5. 反馈率高

在电子邮件营销过程中，企业可以非常方便地收集到目标客户的实时信

图2-4　京东商城发送给客户的优惠信息邮件

息，包括点击率、回复等，从而分析出该营销活动的市场反应，及时做出调整，营销目标明确，营销效果好。

6. 精准定位

电子邮件营销具有较强的定向性，是一种点对点的传播形式。企业可以针对某一特定的人群发送定制的广告邮件，也可以根据需要按地域或行业等进行分类，通过高精度传播将信息发送到目标客户的邮箱中，增加信息的阅读和传播量，达到更好的宣传效果。

2.2 论坛营销

论坛营销是指企业利用论坛这种网络交流的平台，通过文字、图片、视频等方式发布企业的产品和服务的信息，引导目标客户更加深刻地了解企业的产品和服务，最终达到宣传品牌、加深市场认知度的新媒体营销活动。

1. 网络论坛的概念

网络论坛，简单理解为发帖、回帖、讨论的平台，是互联网上的一种电子信息服务系统。它提供一块公共电子白板，每个用户都可以在上面书写——发布信息或提出看法。它是一种交互性强，内容丰富且即时的互联网电子信息服务系统，用户在BBS站点上可以获得各种信息服务、发布信息、进行讨论、聊天等。

2. 网络论坛的分类

论坛的发展如同网络，雨后春笋般出现，并迅速地发展壮大。现在的论坛几乎涵盖了我们生活的各个方面，每个人都可以找到自己感兴趣或者需要了解的论坛，而各类网站，综合性门户网站或者功能性专题网站也都青睐于开设自己的论坛，以促进网友之间的交流，增加互动性，丰富网站的内容。

1）综合类论坛

综合类的论坛包含的信息比较丰富，能够吸引几乎全部的网民来到论坛，但是由于"广便难于精"，所以这类论坛往往存在着弊端，即不能面面俱到。通常大型的门户网站有足够的人气和凝聚力以及强大的后盾支持，能够把门户类网站做到很强大；但是对于小型的网络公司，或个人建立的论坛站，就倾向于选择专题性的论坛，做到精致即可。图2-5所示为综合类论坛百度贴吧与豆瓣社区。

图2-5 综合类论坛百度贴吧与豆瓣社区

2）专题类论坛

专题类论坛是相对于综合类论坛而言的。专题类的论坛能够吸引志同道合的人一起交流探讨，有利于信息的分类、整合和搜集。专题性论坛对学术、科研教学都起到重要的作用，例如情感倾诉类论坛、计算机爱好者论坛、动漫论坛，这样的专题性论坛能够在单独的领域里进行版块的划分设置。也有一些论坛，把专题性最细化，这样往往能够取得更好的效果，如宠物论坛、汽车论坛等。图2-6所示为专题类论坛汽车之家的页面。

图2-6 专题类论坛汽车之家的页面

2.2.1 网络论坛营销的特点

论坛可以有效地为企业提供营销传播服务，下面对论坛营销的特点进行介绍。

1. 人气高

论坛是互联网用户交流的平台，较高的人气可以有效地为企业提供营销传播服务。同时，论坛拥有强大的聚众能力，在论坛举办各类投票、有奖问答等活动，可以有效引导网友与品牌之间产生互动，提升营销效果。在论坛中还可以利用活动，对品牌进行植入传播，展开持续的传播，引发传播的连锁反应。图 2-7 所示为天涯论坛主界面。

图 2-7　天涯论坛主界面

2. 内容多样

专业的论坛营销可以通过论坛帖子的策划、撰写、发放、监测等流程，维持推广内容的高效曝光与传播，满足企业多种推广需求，包括置顶帖、普通帖、连环帖、论战帖、多图帖、视频帖等。图 2-8 所示为淘宝商城论坛的用户发帖。

图 2-8　淘宝商城论坛的用户发帖

3. 成本低

论坛营销对人力、物力和资金等资源投入的要求较少，主要依据操作者对话题的把握能力与创意能力。

4. 定位精准

一个类型的论坛中通常聚集的都是对该类型内容感兴趣的用户，企业在产品对应的论坛中发布产品信息，通过这个平台与网友进行互动，可以引起更大的反响。

2.2.2 网络论坛营销的步骤

在进行论坛营销之前，首先应该明确企业的营销目标，策划营销活动的主题和内容，同时还需对论坛营销活动进行维护和管理，监测营销数据，才能达到理想的营销效果。图 2-9 所示为论坛营销步骤图。

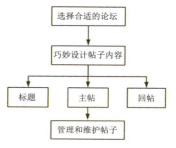

图 2-9　论坛营销步骤图

> **拓展**：论坛营销的缺点是花费的时间比较多，营销团队需要真正参与论坛中回答问题，但对很多网站来说，论坛营销可以成为支持整个网站推广的主要渠道。

2.3 博客营销

真正的博客营销是靠原创且专业化的内容吸引读者，培养一批忠实的粉丝，在读者群中建立信任度、权威度，形成个人品牌，进而影响读者的思维和购买决定。

2.3.1 博客与博客营销概述

想要全面掌握博客营销，首先需要了解博客与博客营销的概念。

1. 博客

1）博客的概念

博客是英文 Blog 的音译，为 Web Log 的混成词。它的正式名称为网络日记，又音译为部落格或部落阁等，是一种通常由个人管理、不定期张贴新的文章的网站。许多博客专注在固定的主题上提供评论或新闻，其他则被作为个人的日记。一个典型的博客结合了文字、图像、其他博客、网站的链接及其他与主题相关的内容信息，能够让读者以互动的方式留下意见。大部分的博客内容以文字为主，但仍有一些博客专注在艺术、摄影、视频、音乐等各种主题。国内知名的博客平台有新浪博客、网易博客、搜狐博客、腾讯博客、博客中国等。图 2-10 所示为博客传播信息的抽象形动画图片。

2）博客的发展历史

在网络上发表博客的构想始于 1998 年，但到了 2000 年才开始真正流行。

图 2-10 博客传播信息的抽象形动画图片

2000 年博客进入我国，并迅速发展，但影响平平。

2004 年民众了解到博客，并运用博客。

2005 年，新浪、搜狐等原本不看好博客业务的互联网企业也加入博客阵营。图 2-11 所示为搜狐博客的界面。

图 2-11 搜狐博客的界面

2. 博客营销

博客营销是指企业或者个人通过撰写博文的形式进行产品或服务的宣传推广，从而提升产品或者品牌知名度。博客营销的方式同电子邮件营销一样，成本低廉，操作便捷，而且针对性强，是一种常用的网络推广方法。

2.3.2 博客营销的优势

博客营销是利用博客展开营销活动。企业利用博客这种特殊的交互性方式，发布企业信息，及时与客户交流，其优势在于以下几点：

1. 低成本

博客营销不受时间、空间的限制，在开展营销活动、发布产品和服务信息时十分灵活自主，且成本非常低，不需要消耗大量的人力、物力与财力。博客营销主要通过有价值的信息影响消费者的思想和行为，这就要求营销者需要具备一定的能力和特点，可以为消费者提供某些帮助，获取消费者信任。此外，企业也可以在博客中发布一些内容性、可读性较强的文章，向消费者宣传品牌文化和形象，实现更高的营销回报。图2-12所示为新浪博客主界面。

2. 定位准确

博客营销是一种持续更新的传播形式，可以实现营销者与读者的双向互动，通过日积月累的持续营销，不断提升读者和粉丝的数量，扩大影响力。为了体现专业性，一个博客通常只有一个或少量比较明显的主题，博文内容往往围绕这些主题发布，也就是说每个博客的读者都是对该主题感兴趣的群体，这个受众群体是根据博文内容筛选出来的目标对象，定位非常精准。图2-13所示为华谊兄弟电影的博客截图。

图2-12 新浪博客主界面

图2-13 华谊兄弟电影的博客截图

3. 互动性强

在进行博客营销时，博文下方的评论区可以用于用户讨论交流，博客作者可以在评论区与用户互动，针对产品和服务实现信息共享和双向互动。一些影响力较大或者内容有价值的博客，非常容易被用户转载分享，进一步提高传播力，吸引更多用户关注博客内容，参与讨论。在博客中进行各种互动，不仅可以维护用户的感情，还有利于培养用户的忠诚度。图2-14所示为博文下端的用户互动界面。

图2-14 博文下端的用户互动界面

4. 传播形式多样

博客平台支持多种信息形式——文字、图片、音频和视频等。在进行博客营销时，企业或个人可以根据实际需要，采用不同方式宣传和推广博文内容。同时，博客营销的内容选择也比较灵活，可以包含丰富的信息内容，与论坛、电子邮件相比，自主性更高。图2-15所示为含有图片的博文截图。

图2-15　含有图片的博文截图

2.3.3　博客营销活动的具体策略

为了取得更好的营销效果，在开展博客营销活动之前，需要对营销活动进行策划。下面介绍博客营销活动的具体策略。

1. 认真挑选的博客平台

博客平台是博客营销的基础，选择一个功能完善、口碑较好的博客平台十分重要。原则上说，应该选择用户数量大、知名度高的专业博客网站，这种博客平台流量多、影响力强、影响范围广，更容易获得用户的关注和信任。选择好博客平台之后，即可注册账号，设置个人信息。图2-16所示为新浪博客Logo与网易博客移动端Logo。

2. 精心运营的博文内容

博主拥有良好的写作表达能力是使用博客传播信息的前提，可以通过发布生活经历、工作经历、热门话题、知识分享等内容来吸引用户，扩大影响力。同时，还可以将企业文化、产品品牌融入内容之中，开展营销活动。图2-17所示为旅行自媒体博主的博客首页。

图2-16　新浪博客Logo与网易　　　　图2-17　旅行自媒体博主的博客首页
　　　　博客移动端Logo

3. 创造良好的博客环境

博客营销是一种持续性营销，只有不断更新内容，才能吸引更多的读者与粉丝，发挥出博客的营销作用与价值。同时，为了保证博客的良性发展，博主应精心维护粉丝群体，博客平台应该给予优质博主更多曝光。图2-18所示为新浪博客的每日精选与作者推荐板块。

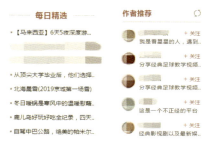

图 2-18　新浪博客的每日精选与作者推荐板块

2.4　设计用于网络营销的电子邮件

企业可以使用电子邮件软件向目标客户发送包括电子广告、产品信息、销售信息、市场调查等内容，建立沟通渠道，直接传达相关信息，促进销售。但是，向哪些用户发送电子邮件、发送什么内容的电子邮件，以及如何发送这些邮件都是有技巧可言的。

2.4.1　任务描述——电子邮件营销的核心技巧

电子邮件营销能够有效地帮助企业增加网站的流量，提升在线交易的转化率。下面我们对电子邮件营销中的核心技巧与注意事项进行了解。

1. 电子邮件营销的核心技巧

1）邮件主题的确定

邮件的主题要求简洁明了，颇具新意，同时要求表达具有概括性、权威性以及诱惑性，像传统意义上的"大促销、疯狂甩卖"等，在现阶段的网络营销活动中则显得力不从心。

以百度联盟的邮件主题为例，其中这样写道："百度联盟诚邀您参与服务满意度有奖调研"。一则简单的主题却突出诸多关键信息——邮件的发送者、目的与获得好处，主题表达简洁、概括，具有权威性与诱惑性，值得学习借鉴。图 2-19 所示为百度联盟的 Logo。

图 2-19　百度联盟的 Logo

2）邮件内容的准备

想要使用电子邮件营销达到推广的目的，其内容必须对目标客户产生一定的价值，包括吸引客户的兴趣与注意力等，才能达到预想的营销效果。

电子商务网站的邮件内容应当涵盖以下方面：促销信息、优惠券信息、最新产品信息、购买产品使用提示信息等，将这些对目标用户确实有用的信息发送给用户，才会让用户体会到该电子商务网站时刻陪伴身边，值得信赖。图 2-20 所示为电商企业发送给客户的促销邮件。

图 2-20　电商企业发送给客户的促销邮件

3）关于发送邮件的其他事宜

邮件发送完成之后，需要对其数据进行统计，包括邮件的发送时间、发送数量、反馈数量等，建立相关的表格，用于分析邮件推广的效果，以便为下一步的营销推广确定方向，除劣补优。除此之外，营销人员还应该考虑到目标收件者的习性、邮件服务器等诸多其他影响营销效果的因素。

拓展： 如果电商网站对目标用户发送的邮件太过于频繁，会让用户感到厌倦。值得注意的是，营销推广的是服务，产品只是表达服务的一种方式。

2.4.2 技术引进——电子邮件营销的注意事项

电子邮件营销过程中，还有许多注意事项需要掌握。

1. 不要在未经用户允许的情况下发送电子邮件

将邮件强制性发送至目标者的邮箱是不尊重用户权利的行为，违背邮件营销的基本概念。该行为一方面降低了企业电子商务网站的品牌美誉度，另一方面有可能将商家加入黑名单或被过滤，从而将潜在用户拱手让与他人。获得用户的允许，一般包含线上与线下两大类，线上的方式一般有注册、订阅、促销活动等；线下的方式有交换名片、展会等。

2. 邮件的内容要精挑细选

邮件内容的可读性决定着阅读者是否愿意再花费一部分时间去继续阅读自己感兴趣的事情，可以说邮件的内容决定着邮件营销的成功与否，因此作为邮件发送者就应该将大部分心思放在创作邮件内容中去。邮件的内容一定要千挑万选——对目标者来说是重要的，信息可以涉及商品打折、免费服务等相关信息。图2-21所示为四川航空公司发送给用户的促销邮件，内容围绕"12月四川航空会员节"展开，内容具有针对性，同时图文并茂。

图 2-21 四川航空公司发送给用户的促销邮件

拓展： 要时刻从接收者的角度出发，思考用户在购买相关产品后的使用困惑，帮助他们解决遇到的问题，这才是电子邮件营销所要实现的最佳效果。

3. 邮件格式切勿混淆凌乱

从传统意义上来说，电子邮件的格式并没有统一的规格，但是作为一封商业性质的营销电子邮件，还是应当参考一定的特有格式，其中至少要包括：称呼、邮件正文、发件人签名、信息来源和退订按钮等。

4. 及时回复邮件的评论

一封营销类型的电子邮件在发送后，商家最期待的是获得顾客的反馈，这种反馈在一定程度上表现为网站的点击率，或者是邮件的回复率。

对于邮件接收者的反馈，作为电商网站的管理者一定要及时进行回复。一个潜在的客户在发送了关于产品的咨询邮件后，一定会迫不及待地等待着商家的回复，如果两三天后仍得不到回信，该客户随时可能成为竞争对手的客户。

5. 订阅与退订邮件的操作要简单易行

一封营销类型的电子邮件，在其顶部或者底部往往有订阅及退订按钮，此按钮能够让用户拥有订阅或退订的选择权，简单有效的按钮能有效地提升用户的使用体验，相反，复杂的按钮则会让用户感到反感。

切忌在用户取消订阅的过程中制造障碍，因为选择退订此消息的用户，一定程度上也就不再会成为该企业的忠实客户了，正确做法是分析数据的变化从自身寻找退订邮件问题出现的根源。图2-22所示为平台发送给用户的邮件，在底部简洁明了标注了"点击这里取消订阅"的按钮，方便用户退订邮件。

图 2-22　平台发送给用户的邮件

6. 邮件发送的频率要恰到好处

营销邮件发送的频率，必须建立在接收者的心理接受能力之上。频繁的邮件接收往往会使接收者对发送者产生厌倦之感，轻则将邮件删除，重则加入黑名单，因此把握邮件发送的频率是一门技巧。

建议邮件发送的频率不宜过高，也不宜过低，时间上有一定的规律，尤其注意邮件发送的周期频率。通常来说，商家的营销邮件周期频率在一个月内二至三封即可，具体可以根据大多数邮件订阅者的总体习惯确定，再者企业是否有值得消费者阅读的内容也可以作为参考的标准之一。

7. 每封邮件的底部要有邮件列表来源的版权说明

邮件底部的内容要求指明发送邮件的所有单位，收件者通过查看此信息能够清晰地知道信息的来源，从而验证了信息的权威性以及真实性。此类信息的存在从一定程度上表明了邮件版权的所有者，对于企业形成品牌效应起着至关重要的作用，此处的信息来源版权申明中，一要有简单十几字的品牌概述，二来要标记企业的网址。

总之，信息来源的版权声明是为了方便邮件阅读者记忆与访问，以达到更好的营销与推广效果。图2-23所示为平台发送给用户的邮件，在底部直观地标注了版权说明。

图 2-23　平台发送给用户的邮件

课堂练习 星巴克（Starbucks）的邮件营销案例

星巴克作为知名的连锁咖啡品牌，在咖啡市场占有相当大的份额，深受消费者欢迎。同时，星巴克在电子邮件营销上的表现也十分优秀，下面我们就来看看星巴克是如何做的。

1. 确定品牌调性——咖啡的时尚感

星巴克一直坚持"每人，每杯，每个社区"的人文情怀，始终致力于打造"星巴克体验"：最贴心的服务、最优质的咖啡、最独特的氛围。图 2-24 所示为星巴克的宣传海报。

图 2-24 星巴克的宣传海报

2. 发送策略——紧贴新品

星巴克中国的 EDM 发送频率并不高，平均每月一封 EDM。从内容角度看，星巴克中国 EDM 的发送周期与新品营销紧密贴合，具有季节性呼应，比如"星巴克冰摇清爽"产品上市，夏季的 EDM 连续 2 封围绕该新品展开。如无新的产品或活动，星巴克中国则选择了不发送原则。

> **拓展**：EDM 是 Email Direct Marketing 的缩写，即电子邮件营销，简称为邮件营销。

3. 邮件大小——长短不一

寻找最佳的阅读体验，一直是邮件创作者们比较容易忽视的要素。观察星巴克中国的 EDM，其邮件宽度保持在 750px 上下，但高度则起伏很大。为什么会这样？

邮件的高度为一屏内（600px）当然最好，但是一般情况下应控制在 800px 左右，即一屏半；邮件的宽度则相对固定，控制在 750px 以内，主要因为邮件显示在邮箱里面一般靠右，同时结合浏览器的不同，保证用户邮件显示完整。

4. 玩转跨界整合营销——与 App、微信融合，引领科技新时尚

以星巴克中国的邮件为例，如图 2-25 所示，其主推"星巴克"闹钟 App，让用户睁开眼睛的那一刻便与这个品牌发生联系，非常具有创意。另外在随后的邮件中，星巴克中国则着重介绍了星巴克的微信使用方式。无疑，星巴克中国玩转了数字营销，将 EDM 与 App、社交媒体等跨媒介整合进行到底。

综上，星巴克中国的邮件营销理念，总能利用最前沿的科技，融合最流行的媒介方式，如社交媒体、App、微信等，营造出足够炫酷，足够新潮，充满时尚感的咖啡文化。

但是，在中国 EDM 的行业认知尚需要培养的具体环境下，发送频率、邮件大小等诸多信息还有待继续改进与尝试，焕发更夺目的光彩。

2.4.3 任务实施——编写用于网络营销的电子邮件

借助互联网等途径查阅资料完成邮件制作，并利用免费邮箱，将完成的邮件发送到教师的指定邮箱。

（1）某公司为了在 2019 年"圣诞节"销售圣诞树，准备利用电子邮件列表进行推广，为此在 QQ 创建了"圣诞节大促销"邮件列表，并向邮件列表用户发送了此次活动的信息。

（2）通过网络调查，为公司设计一封宣传或促销的电子邮件，要求如下：

- 有明确的主题。
- 有问候语或者感谢语。
- 注意排版——图文混排，图片不可太多，邮件不可太长。
- 有说明企业身份的文字和 Logo。
- 有退订的功能。

图 2-25　星巴克的电子邮件广告

（3）对完成的邮件进行检查并修改，最后将定稿发送至教师指定的邮箱。

（4）教师在课堂上依次展示收到的邮件，邀请同学们阐述创意，也可以请同学们相互点评，共同学习，探讨电子邮件营销的技巧。

 **收集电子邮件营销的成功案例**

通过各种渠道搜集电子邮件营销的成功案例（要求有邮件具体的内容），截图说明你觉得这家公司的邮件营销成功之处在哪里。对信息进行汇总与分类，总结其中的成功经验。

2.5　撰写论坛营销的推广文章

论坛营销作为常用的传统网络营销方式之一，在各种营销活动中得到了非常广泛的应用。企业在开展论坛营销活动后，不仅可以提升口碑效应与品牌知名度，还可以通过论坛的交互性与用户建立感情联系，逐步引导消费者体验并消费产品，培养品牌忠实度。

2.5.1 任务描述——掌握论坛文案的写作技巧

论坛文案是指发布在例如天涯、猫扑、搜狐、网易和新浪等论坛平台上的文字。论坛营销文案的主要目的是推销产品。一篇论坛帖子或文章由文字与图片组成，当然也会有视频、音频、动画之类的元素。由于网络人群的特殊环境，首先，论坛文字不要求过于华丽，最主要的是讲出真实感受或者语言清楚描述即可。其次，图片需要精心拍摄或挑选，但不需要特别商业化，清晰美观，接近生活即可。

下面介绍几种论坛文案写作的类型。

1. 事件式

事件式文案是指利用社会热点或网络热点吸引人的眼球，从而赚取高点击率和转载率。例如，欧洲杯时期，球迷们熬夜观看比赛后顶着黑眼圈上班是常见的事情，可见欧洲杯让人狂热。因此可以利用这个事件为引子，引出人们在观看欧洲杯时期发生的事情，同时插入联系紧密的产品信息，形成事件式的论坛营销文案。

2. 亲历式

利用第三者的身份，讲述身边朋友真实的生活故事和体验效果的文章。

3. 解密式

以专业的态度或者个人独特的见解，对产品进行客观地剖析与分析，既能满足网友的片面性观点的要求，也能让受众从多个角度认识产品。

4. 求助式

阐述事情经历，直接提出问题，寻求大家帮助，内容中自然地植入产品名称。

5. 分享式

以快乐分享为主，内容主要为体验效果，带给网友一定的信息价值。

6. 幽默式

以轻松、搞笑、有趣的方式表达，能够给网友带来会心一笑。

2.5.2 技术引进——论坛营销的技巧

论坛营销活动中，有许多技巧可以使用。

1. 收集整理论坛

对所收集的论坛进行分类（例如：娱乐、地区、女性、财经、综合等）及属性标注（例如：人气、严肃程度、是否支持可链接URL）。

> **拓展**：统一资源定位符（Uniform Resource Locator，URL）是对可以从互联网上得到的资源的位置和访问方法的一种简洁的表示，是互联网上标准资源的地址。互联网上的每个文件都有一个唯一的URL，它包含的信息指出文件的位置以及浏览器应该怎么处理它。

2. 注册账号

注册统一的中文账号，提高后续发帖效率。注册账号要求所有账号资料必须填写完整，上传头像，并且用户名尽量使用中文，这样可以使账号更加正式，增强账号的可信度，同时便于读者记忆。图2-26所示为百度贴吧的注册界面。

图2-26 百度贴吧的注册界面

3. 发布主题

将事先撰写好的营销文章发布到论坛相应的版块，要求找准版块并分析版块内容及气氛，防止主题与版面内容偏差过大，导致高删帖率。必要时可根据版面内容调整文章标题或内容，使营销文章最大限度地贴近主题。图 2-27 所示为百度贴吧发帖界面。

图 2-27　百度贴吧发帖界面

4. 跟踪及维护

主题发布后，将主题 URL 整理成文档存放，以便开展后续效果分析及维护，同时要做到定期回访主题，回访项目包括：检查主题是否被删除、是否被执行管理操作（如：加精、提升、置顶、掩埋等），是否有人回复提出问题或者质疑、回复用户的疑问、顶贴。

账号维护：对于热门论坛，需要培养高级账号，使用该高级账号与论坛成员建立互动关系，提高账号知名度、美誉度、权威性，使该账号成为该社区的舆论领袖，从而使由该账号发布的帖子更具说服力。图 2-28 所示为百度贴吧基本资料编辑与个人信息界面。

图 2-28　百度贴吧基本资料编辑与个人信息界面

5. 效果评估

效果评估内容包括发布论坛数、发布主题数、帖子浏览量、帖子回复量、帖子被加为精品、置顶、删帖率等情况。

 **打造论坛个人账号**

结合课程中所学的有关论坛营销的相关知识,尝试在论坛上打造自己的专业形象。

(1)实验内容:选择并注册论坛、设置个人信息、发帖和回帖。

(2)实验步骤

- 注册主账号:收集论坛平台的信息,包括名称、网址、类型等,如表2-1所示为部分知名的综合性论坛的信息汇总。在收集的平台中,选择感兴趣的论坛进行账号注册。

表2-1 部分知名的综合性论坛的信息汇总

论坛名称	网 址	论坛名称	网 址
百度贴吧	https://tieba.baidu.com/	Tom社区	http://www.tom.com/
新浪论坛	http://people.sina.com.cn/forum/	猫扑贴贴论坛	https://www.mop.com/ttnewspool.html
天涯论坛	https://bbs.tianya.cn/	西祠胡同	http://www.xici.net/

- 设置个人信息,改为与推广产品有关的名称、图片以及链接。
- 尽量做到每日一帖,找同学来顶帖,效果好的帖子与老师配合进行维护。
- 寻找热门帖,参与顶帖、回复,增加自己的曝光度。

2.5.3 任务实施——家居用品论坛推广

1. 背景资料

某家纺用品有限公司以专业设计生产和销售床上用品为主要任务,产品涉及被套、床笠、床单、床裙、枕套、被芯、枕芯、婚庆产品和床具等。

现在为了扩大公司产品的市场占有率,提升产品的销量,公司积极进军电子商务领域,入驻各大时尚电子商务生态圈,开展网络销售。现公司入驻淘宝商城,为提升公司商城人气,带动店铺销量,公司拟在淘宝平台实施一些推广措施。

2. 论坛软文写作

社区论坛网络推广中软文的写作是非常关键的一部分,广告性太强不但容易被版主删除,而且也会被用户抵制。

请为时尚系列的床上用品撰写一篇推广软文。要求:字数在300左右,能够让潜在客户了解产品的特点和卖点,把推广信息传递给潜在消费者,形式不限,但不能直接以广告形式发布。

文章主题紧扣推广目标;文章内容吸引网民,结构严谨、文笔通顺;选择合适的平台与版块,与产品特点吻合。

3. 软文案例

以时尚系列的床上用品推广软文为案例,介绍软文的策划内容,包括文章标题、文章内容、拟发布论坛以及选择此论坛的原因,具体信息参考表2-2所示。

表 2-2　软文策划内容

软文标题	性价比高的床上用品有哪些牌子
软文内容	（故事型）前几年追求舒适和价格的实惠，所以一直使用一些牌子杂乱的床上用品，但是那些床上用品洗了几次后，褪色问题明显，有些还容易起球，棉布变硬，不得已要经常购买新的床上用品。前段时间在朋友家看到朋友用的床上用品，看上去很新，而且图案漂亮，有立体感，颜色鲜明，我就随口说了句，"刚买的被子吧"，结果她说从去年就开始用了。后来我自己去实体店进行考察，价格和质量比起其他的牌子还是好很多。主要是价格和质量特别实惠，性价比极高，非常推荐哦
拟发布论坛	贴吧、生活理财类论坛
选择此论坛的原因	因为产品属于床上用品，所以归纳于生活版块，加上选择此品牌的理由多是性价比较高，所以我觉得放在生活理财版块更好

 思考论坛营销中标题的重要性

结合课程中的相关知识，谈谈你对"标题"的看法。

发一个帖子，想要把网友们吸引进去，标题起到了至关重要的作用。一个吸引人的标题的点击率和普通的帖子的点击率相差甚远。一篇文章的标题就如给人的第一印象，题目庸俗而且不吸引人的话，别人又怎么会去点击查看具体内容呢，所以如何拟标题也是很值得学习的。

2.6　策划博客营销活动

博客营销是通过博客网站或博客论坛接触博客作者和浏览者，利用博客作者个人的知识、兴趣和生活体验等传播商品信息的营销活动。

2.6.1　任务描述——博客营销的优化和推广

博客为了获得更多的人气，需要不断地进行推广和优化，下面对博客营销优化和推广的相关内容进行介绍。

1. 域名优化

博客域名一般都是二级域名，格式为：博客平台名称 / 个人博客名称，博客名称一般设置为方便记忆的字母，且与博客特色有较强的关联性。如果博客的域名与主关键词比较靠近，会更容易被搜索引擎收录，获得排名。

2. 文章分类

根据文章内容，可以使用长尾关键词对文章进行分组，选择一些产品词或搜索量高的长尾关键词，也可以在博客中增加一些有内容的小版块，提升博客的灵活性，提高用户的关注度。图 2-29 所示为新浪博客的博文分组。

图 2-29　新浪博客的博文分组

3. 标题和描述优化

博客标题和描述类似于网站的标题和描述，可以告知用户博客的类型，吸引对该类型博文感兴趣的用户。同时博客标题大部分有首页文字链接，对博客关键字排名十分有好处。

4. 添加链接

在发表博文时，企业可以在文章中为重要文字和图片添加链接，引导用户进行阅读，链接尽量指向企业主站，也可以链接到相关产品；此外，还可以在博客中链接其他网址，如企业主站、相关产品等，也可以与其他知名博客互相链接，增加博客的访问量。图2-30所示为博客界面添加了新浪娱乐的微博账号二维码。

图2-30　博客界面添加了新浪娱乐的微博账号二维码

5. 博客推广

博客营销为企业的品牌服务，以推广产品和服务为主，特别是企业博客，可以尽量与主站主题关联起来，及时在博客中与主站近期活动进行互动，也可适当在相册中添加主站图片，给主站带来流量。

2.6.2　技术引进——营销类博客的写作技巧

博客营销文章要有一定的专业水平或者行内知识。博客文章整体要始终坚持为自己的目的服务，围绕产品来布局自己的博客文章。

1. 清晰的定位

博客营销的工作从一开始就要做到定位准确，善于分享，乐于给予，再配合适当的技巧，博客营销文章的推广效果必将增强。一些博客以各种低俗的办法吸引人，虽然浏览量大，但营销效果很差，因为这样的博客已经把自己定位在"另类"之中，虽然看的人不少，但大部分只是看热闹而已。

2. 巧妙的广而告之

很多博主简单地认为博客营销就是利用博客来做广告，让更多的人了解自己的产品，于是干巴巴地写些广告语在自己的博客里，浏览量低就去别人的博客中留下自己的广告，结果劳而无功还遭人反感。还有的人把博客营销文章写成了产品说明书或是产品资料，枯燥无味，不得新意，浏览量自然也不高。上述做法都不是合格的博客营销文章，内容过于简单直白不讲究形式方法，效果自然不理想。因此，想要达到广而告之的目的，博客营销文章的写作必须要求使用巧妙方法，如产品功能故事化、产品形象情节化、行业问题热点化、产品发展演义化、产品博文系列化、博文字数精短化。

3. 写作风格化

除了内容上的个人化，写作风格上的个人化也很重要，有时候甚至比内容更重要。写博客应该像说大白话，而不是拿出正襟危坐，要作报告的架势。

4. 博客文章重在给予和分享

文章能给予读者与客户何价值是博客营销文章的核心。其他的博客抒发情感，随心所欲，成为生活日记，但营销博客不可以。营销博客要求保证每篇博文带来应有的信息量，还要有趣味性，通过分享让读者每次来到你的博客都有所收获，这是维系读者最好的方法。

> **拓展**：与业内人士进行切磋与交流，也是博客文章选题和写作的较好方法。不仅要自己写作和发布博客文章，也要经常关注同行和业内人士的观点，这样不仅扩大了自己的知识面，也获得了更多的博客写作素材。

博客的营销案例分享

1. 新浪博客快跑

2010年8月28日，新浪博客开通一周年。这一天，一场"博客快跑"活动绕城举行：十辆造型各异的MINI博客车队，载着特色礼物和8名网上征集的博客用户，从中关村出发，穿越北京的大街小巷，途经五道口、鸟巢、朝阳公园、天坛、西单、南锣鼓巷等北京地标性场所，将博客"随时随地分享"的精神传递给每一个路人。

"博客快跑"是新浪为庆祝博客开通一周年而组织的活动，是国内博客产品第一次大规模从线上延伸到线下，充分利用博客创新的特点，大胆突破常规的活动模式，以活动造事件，让博友自己创造内容并帮助传播。

从8月20日开始，"博客快跑"官方博客成立，通过话题讨论、悬念设置、投票PK、礼品激励等为活动预热。活动当天，车队每到一站都会组织车内、现场和线上的网友进行互动，共产生30 000多条博客内容，引发各大媒体高度关注和报道。活动结束后第三天，百度搜索"博客快跑"获得71万条相关结果。通过裂变式的传播，"博客快跑"的信息瞬间传递到了更多的网民，用户对于品牌的好感度、忠诚度大幅提升。

2.《地底三万尺》的专属博客

出版社推出朱少麟的新书《地底三万尺》专属博客。《地底三万尺》从上市销售量已有10万册，一度在诚品书店、金石堂、博客来的文学类排行榜位居首位。《地底三万尺》发行前后2周，该博客每日浏览人次平均约有1400次，在发行后第5天，浏览人次更高达2300次。

《地底三万尺》当初会以结合博客的方式作为营销，主要是考虑到书籍与作家本身的特性。由于朱少麟的读者群很大一部分是青少年群体，也就是网络的主要使用者。考虑到博客更新方便、响应迅速等优势，决定用博客方式为此书做宣传。

3. 博客宣传藤井树新作《十年的你》

另外一个在网络上引起讨论的博客，是作家藤井树《十年的你》的博客。《十年的你》是第一次采用以博客的方式宣传新书，博客里面除了放上有关《十年的你》的内文照片外，也结合网络文学创作部分，邀请各路创作好手，在看完本书后，在博客上发表个人的10年心情或是生活琐事，并配合图片，串联成一篇流畅的短文。不但提供给网友创作的机会，也增加《十年的你》的曝光率。此外，博客上也会摆放藤井树在各地签名会与读者的合照，并定期更新他的通告时间表，和读者保持良好的互动。图2-31所示为藤井树作品《十年的你》的书籍封面。

图 2-31　藤井树作品《十年的你》的书籍封面

从上述博客营销案例中选择感兴趣的案例，结合材料并查阅信息，开动脑筋进行思考，完成任务表格，如表 2-3 所示。

表 2-3　博客营销案例分析

案例名称	
案例背景	
营销目的	
营销方式与营销亮点	
营销效果	
改进提议	

2.6.3　任务实施——博客营销策划及推广实践

在博客的门户网站（新浪、搜狐、网易）或专业博客网站（Bokee.com,Blog.cn.com）注册一个博客账号，并对博客信息进行设置和完善，包括风格、版式等；利用博客群、博客首页推荐、名人博客等手段展开博客营销活动。

1. 注册一个博客账号

1）注册申请博客账号；

2）以管理者的身份对博客的风格进行设计；

3）增加博客的内容，使其至少具备以下元素：文字（日志）、图片（如相片）、视频、音乐、链接等；

4）利用 QQ、微信、邮件、BBS、搜索引擎等方式推广自己的博客，并记录下推广的方式、推广的内容等；

5）查看其他博主的博客网站，体会博客的营销作用。

2. 名人博客营销

1）在网上寻找一个具有影响力的博客（可以是企业博客，也可以是名人和明星博客），了解其博客等级、访问量、关注数量、发表的文章数量、博文的跟帖数量等基本数据。分析该博客上的文章都是关于哪一方面的？该博客在该领域的影响力如何？营销效果如何？完成表 2-4 所示的名人微博信息统计。

表 2-4　名人微博信息统计表

博客名称和网址			
博客等级		总访问量	
发表的文章数量		每篇博文的平均跟帖数量	
该博客上的文章或内容属于哪一方面			
该博客在该领域内的影响力如何			
博客营销效果如何			

2）模仿名人博客制作一个博客，并进行推广。

（1）在你的博客上发表至少 2 篇博文，要求宣传家乡的特产，最好写成软文的形式（比如从一个热点问题谈起，引到某购物网站或某个产品上），最后同学们相互查看并留言点评。

（2）在博客上添加更多的博客和博友为关注，数量至少为 3 个。

 博客营销的创意活动

博客是一个信息发布和传递的工具，与企业网站相比，博客文章的内容题材和发布方式更为灵活；与门户网站发布广告和新闻相比，博客传播又具有更大的自主性，且无须直接费用；与供求信息平台的信息发布方式相比，博客的信息量更大，表现形式更灵活，而且完全可以以"中立"的观点来对自己的企业和产品进行推广。

根据前面所学的内容思考问题：相比其他传统的网络营销模式，利用博客开展营销活动还可以有哪些创意？

2.7　本章小结

本章着重介绍了早期的新媒体模式，针对其中较为突出的几个类别，即电子邮件营销、论坛营销与博客营销进行讲解，同时还设计了 3 个任务，有针对性地展开实训。

完成任务，可以使读者充分理解并掌握上述三类营销方式的相关知识与操作技巧，同时课后习题可以帮助读者巩固并加深对基础知识的理解。

答案

2.8　课后习题

完成本章内容学习后，接下来通过几道课后习题，测验读者对传统网络营销模式的学习效果，同时加深对所学知识的理解。

2.8.1　选择题

1. 电子邮件诞生于（　　），兴起于（　　），是直接面向人与人之间信息交流的一种系统。
A. 20 世纪 70 年代，20 世纪 90 年代　　　B. 20 世纪 60 年代，20 世纪 70 年代
C. 20 世纪 50 年代，20 世纪 60 年代　　　D. 20 世纪 70 年代，20 世纪 80 年代

2. 下面选项中不属于电子邮件营销的核心技巧的是（　　）。
A. 邮箱账号的维护

B. 邮件的内容对目标客户产生一定的价值或者能够吸引其兴趣
C. 邮件主题的确定
D. 邮件地址库的收集和整理

3. 论坛营销的正确步骤是（　　　）。
A. 选择合适的论坛→巧妙设计帖子内容→管理和维护帖子
B. 选择合适的论坛→管理和维护帖子→巧妙设计帖子内容
C. 巧妙设计帖子内容→管理和维护帖子→选择合适的论坛
D. 管理和维护帖子→选择合适的论坛→巧妙设计帖子内容

4. 下列选项中不属于博客营销活动的具体策略的是（　　　）。
A. 选择合适的博客平台　　　　　　B. 设计优秀的博文内容
C. 创造良好的博客环境　　　　　　D. 快捷简单，成本低廉

5. 博客营销的优化方式有域名优化、（　　　）、文章分类和添加链接等。
A. 降低成本　　　B. 标题和描述优化　　　C. 价值策略　　　D. 互动性强

2.8.2　填空题

1. 按照发送信息是否事先经过用户许可划分，可以将电子邮件营销分为_____和_____，即_____。
2. 电子邮件营销的特点有：_____、_____、_____、_____、_____和_____。
3. 论坛营销的特点主要包括_____、_____、_____和_____。
4. 博客营销的优势可以分为_____、_____、_____和_____。
5. 论坛文案的写作技巧主要包括_____、_____、_____、_____、_____和_____。

2.9　创新实操

根据本章节所学内容，选择自己感兴趣的品牌，从早期的新媒体营销模式出发，对其营销活动进行分类总结，完成表 2-5。

表 2-5　品牌营销活动总结表

序号	品牌名称	营销模式	简述营销内容与效果
1			
2			
3			
…			

第3章

微博营销

本章聚焦新媒体营销模式中的微博营销模式，通过了解微博的概念、发展历程、知名平台以及博客与微博的区别；微博营销的概念、种类、特点以及经典案例等相关知识，帮助读者从实践的角度掌握新媒体营销的价值，理解微博营销的特点与从事微博运营工作的要求，致力于帮助读者成为一名合格的新媒体从业人员。

3.1 微博概述

微博作为新媒体平台，使你既可以作为观众，在微博上浏览你感兴趣的信息；也可以作为发布者，在微博上发布内容供别人浏览。

3.1.1 微博的概念与发展历程

想要全面掌握微博营销，首先需要了解微博与微博营销的概念。

1. 微博的概念

微博（Weibo），即微型博客（MicroBlog）的简称，也是博客的一种，是一种通过关注机制，分享简短实时信息的广播式社交网络平台。微博基于用户关系进行信息分享、传播以及获取，用户可以通过 Web、WAP 等各种客户端组建个人社区，以 140 字（包括标点符号）的文字更新信息，并实现即时分享。微博的关注机制分为可单向、可双向两种。早期知名的微博平台有新浪微博、腾讯微博、网易微博、搜狐微博等，但如若没有特别说明，微博就是指新浪微博，图 3-1 所示为新浪微博的 Logo。

图 3-1 新浪微博的 Logo

2. 微博发展历程

纵观微博的历史，其发展历程分为三个阶段——第一阶段（引入期）、第二阶段（探索期）与第三阶段（成长期），具体情况如表 3-1 所示。

表 3-1 微博发展的三个阶段

阶段时期	类型	代表网站
第一阶段（引入期）	极客型	海内、饭否、叽歪等
第二阶段（探索期）	试探型	嘀咕、Follow5 等
第三阶段（成长期）	门户型	各大门户网站、大型网站，代表有新浪微博、腾讯微博

3.1.2 知名的微博平台

1. 腾讯微博

腾讯微博是一个由腾讯公司推出，提供微型博客服务的网站。腾讯微博限制字数为140字，支持网页、手机、QQ客户端、QQ空间以及电子邮箱等途径发送微博，支持对话和转播，拥有私信功能，并具备上传、分享图片与视频等功能，支持简体中文、繁体中文和英语等语言。在"转播"设计上采取回复类型@，这与大多数国内微博相同。此外，腾讯微博更加鼓励用户自建话题，在用户搜索上可直接对账号进行查询。图3-2所示为腾讯微博的Logo。

2010年5月，腾讯微博正式上线。2014年，腾讯微博熬过了各大门户的微博之战，但实际收益效果不佳。2011年腾讯财报中写道："腾讯微博在2011年取得大幅增长……成为中国最大的微博。"然而到了2012年的腾讯财报："随着中国微博用户增速减缓，我们正寻求腾讯微博与微信的整合点，以彰显我们的特色。"在2013年一季度财报中，腾讯微博的日均活跃账户已经从2012年三季度末的9400万人的最高点下降为8100万人。之后，腾讯的财报中对腾讯微博描述仅寥寥数语。2014年7月23日，腾讯网络媒体事业群进行战略调整，将腾讯网与腾讯微博团队进行整合，正式宣告了腾讯微博业务在腾讯内部地位已经没落。图3-3所示为腾讯微博的登录界面。

图3-2　腾讯微博的Logo

图3-3　腾讯微博的登录界面

2. 新浪微博

新浪微博基于公开平台架构，提供简单、前所未有的方式使用户能够公开实时发表内容，通过裂变式传播，让用户与他人互动并与世界紧密相连。作为继门户、搜索之后的互联网新入口，微博改变了信息传播的方式，实现了信息的即时分享。

自2009年8月上线以来，新浪微博就一直保持着爆发式增长。2010年10月底，新浪微博注册用户数超过5000万人。2014年3月27日，新浪微博正式更名为微博。2014年4月17日晚，新浪微博正式登录纳斯达克，股票代码WB。

2019年12月，新浪微博入选2019中国品牌强国盛典榜样100品牌。

图3-4所示为新浪微博的Logo以及授权登录界面。

图3-4　新浪微博的Logo以及授权登录界面

3. 网易微博

网易微博采用了简约风格，无论是从色彩布局还是整体设计上都很美观；交互上采用了@的形式进行用户之间的友好交流；信息提醒方面，区别于新浪微博的右侧小范围提醒，采用免刷新设计的横条，扩大了可点击范围；话题搜索快捷插入功能上，"#话题"比新浪微博的"#话题#"更考虑到用户插入话题的便捷性和易用性。

网易微博于2010年1月20日开始内测，截至2012年10月，网易微博的用户数达到2.6亿人，但此后，网易就很少对外披露微博的相关数据。网易微博主要的活跃用户为公众账号，而网易娱乐等账号发布的微博，其转发、评论和点赞等功能点击量几乎为零。2014年11月5日网易微博页面提醒用户将迁移到轻博客LOFTER以保存原内容，意味着网易微博不复存在。图3-5所示为网易微博的Logo与界面。

4. 搜狐微博

搜狐微博是搜狐网旗下的一个功能，如果你已有搜狐通行证，可以直接输入账号登录搜狐微博，汇集生活中有趣的事情、突发的感想，通过一句话或者图片将其发布到互联网中与朋友们分享。

2010年4月7日业界消息，搜狐微博客产品"搜狐微博"上线正式公测。

2012年3月16日，搜狐微博将与新浪、网易和腾讯微博共同正式实行微博实名制。

现今，搜狐微博已经改版成为名叫"狐友"的社交圈。图3-6所示为搜狐微博的界面。

图3-5　网易微博的Logo与界面　　　　　　图3-6　搜狐微博的界面

3.1.3　博客与微博的区别

微博是博客的一种，都是通过关注机制分享信息的广播式社交网络平台，但是二者之间还存在着诸多差别。

1. 字数限制

微博必须在140字以内，这是为了方便手机发布与阅读；博客没有限制，因为它主要是让人在计算机上发表和阅读的。

2. 被动阅读

看博客必须去对方的首页看，而微博在自己的首页上就能看到别人的微博。

3. 发布简便

微博可以通过发短信的方式更新，可以通过手机网络更新，当然也可以通过计算机更新；而博客一般来说，用手机更新非常麻烦。

4. 自传播速度快

博客靠网站推荐带来流量，而微博通过粉丝转发、推广等来增加阅读数。

3.2 微博营销概述

微博营销是指商家、个人通过微博平台为用户创造价值的一种营销方式。微博营销注重价值的传递、内容的互动、系统的布局和准确的定位,是基于粉丝基础开展的营销活动。

3.2.1 微博营销的概念

微博营销是指通过微博平台为商家、个人等创造价值而执行的一种营销方式,也是指商家或个人通过微博平台发现并满足用户的各类需求的商业行为方式。该营销方式注重价值的传递、内容的互动、系统的布局、准确的定位,微博的火热发展也使得其营销效果尤为显著。微博营销涉及的范围包括认证、有效粉丝、朋友、话题、名博、开放平台、整体运营等。图 3-7 所示为微博媒体的价值。

图 3-7 微博媒体的价值

3.2.2 微博营销的分类

微博营销分为三种,分别是个人微博营销、企业微博营销与行业资讯微博营销。

1. 个人微博营销

很多个人的微博营销是由个人本身的知名度来获取别人的关注和了解的,以明星名人、成功商人或者是社会中比较成功的人士为主,他们运用微博往往是通过这样一个媒介来让自己的粉丝更进一步了解自己、喜欢自己。图 3-8 所示为某知名女演员的新浪微博。

2. 企业微博营销

企业运用微博往往是想通过微博来增加自己的知名度,最后达到能够将自己的产品卖出去的效果。但是,简短的微博内容不能使消费者直观地了解商品,而且微博更新速度快、信息量大。企业微博营销时,应当建立起自己固定的消费群体,与粉丝多交流、多互动,分析企业信息,完成企业的宣传工作。图 3-9 所示为奶制品企业蒙牛公司的官方新浪微博。

图 3-8 某知名女演员的新浪微博　　图 3-9 奶制品企业蒙牛公司的官方新浪微博

3. 行业资讯微博营销

行业资讯微博营销以发布行业资讯为主要内容,这种微博往往可以吸引众多用户关注,类似于通过电子邮件订阅的电子刊物。微博内容成为营销的载体,订阅用户数量(粉丝数量)决定了行业资讯微博的网络营销价值。图 3-10 所示为 B2B 行业资讯的微博。

图 3-10 B2B 行业资讯的微博

3.2.3 微博营销的特点

如图 3-11 所示,微博营销有五大特点。

1. 内容精练

微博最多可以发送 140 个汉字,这要求微博内容简明扼要。企业或个人可以通过发布多条微博,增加传递的信息量。图 3-12 所示为雅诗兰黛集团微博。

图 3-11 微博营销五大特点　　　　　　图 3-12 雅诗兰黛集团微博

2. 即时搜索

用户可以随时发布微博,同时,微博中还可以随时搜索到所有用户发布的帖子,包括用户最新发布的。图 3-13 所示为微博搜索与热搜界面。

3. 传播速度快

如果你发布的微博内容有价值和亮点,你的粉丝可能会转发你的微博,粉丝的粉丝也可以看到你所发布的内容。如此循环,一些微博可以在很快的时间内传播给很多的人。

图 3-14 所示为微博评论界面与用户对微博的转发界面。

图 3-13 微博搜索与热搜界面　　　　　图 3-14 微博评论界面与用户对微博的转发界面

4. 用户之间平等交流

在微博平台上,不论是名人政要还是普通群众,用户人人平等。你不仅可以关注自己的偶像并看到他们的帖子,还能与他们进行交流互动。另外,微博上的帖子以及评论通常都比较轻松,与其他相对严谨的媒体而言,更容易促进用户之间的平等交流。

图 3-15 所示为某明星的微博以及微博官方认证界面。

5. 开放式的讨论方式

话题是微博的特色之一。微博上所有讨论的话题都是开放式的,任何人只要想参与,都可以参与进来。当你讨论一个话题时,每个时间段都可能有不同的用户参与到讨论中来,这种机制使得微博的讨论中时常会产生更多新奇的观点。图 3-16 所示为微博的话题榜单界面。

拓展:微博传播的特征——平民化、碎片化、交互化和病毒化。

图 3-15 某明星的微博以及微博官方认证界面

图 3-16 微博的话题榜单界面

3.3 微博营销的经典案例

随着年轻人成为数字经济时代消费的主力军,获取年轻用户的关注成为品牌营销突围的关键。微博所蕴含的明星资源及粉丝文化,令其成为年轻人交流、互动的主要平台,微博用户的每一次互动行为背后都潜藏着待挖掘的商业价值。各类刷屏事件,无不彰显着微博强大的热点聚合能力。因此,通过微博接触消费者,日益成为品牌方的广泛共识。

微博营销动作不断,举办微博影响力营销峰会,分享微博营销新趋势;成立社会化营销研究院,赋能合作伙伴的社会化营销;持续输出微博营销观点,为品牌的营销活动提供充分的支持。

1. 海底捞的"病毒式"微博营销

海底捞成立于 1994 年,是一家以经营川味火锅为主、融汇各地火锅特色的大型跨省直营餐饮品牌火锅店。海底捞在多个大陆城市有上百家直营餐厅,在新加坡、美国、韩国和日本等国家也有多家直营餐厅。

2011 年 7 月,新浪微博上出现了一条有关海底捞的微博引起大量网友关注,微博内容是"海底捞居然抬了张婴儿床给儿子睡觉,大家注意了,是床!我彻底崩溃了"。该网友表示在海底捞用餐时,服务员为其抬来了一张婴儿床,方便网友的孩子睡觉,如图 3-17 所示。随着这条微博被广泛转发,海底捞开始陆续爆发出一系列热点事件——"对不起饼""打包西瓜"等,网友们的分享与转发将海底捞的服务口碑推往了更多用户的微博页面。

图 3-17 所示为顾客在微博上分享海底捞就餐经历。

海底捞在网友们的推波助澜下成为大众餐饮的品牌神话,许多网友即使没有接触过海底捞,但受到网络上各种口碑的影响,都对海底捞充满期待。

不得不说,海底捞"病毒"传播式的营销案例要得益于微博的特性,营销信息从聚合到裂变,在微博上可能仅仅需要几秒的时间。海底捞以故事分享的形式,满足了网友猎奇的心理,制造了"海底捞体"。根据微博传播的规律,对个性化的服务特色进行深度传播,带来了极大的品牌效应,提升了

图 3-17 顾客在微博上分享海底捞就餐经历

自己的品牌知名度和美誉度。图 3-18 所示为海底捞门店的照片。

2. 支付宝微博抽奖："寻找中国锦鲤"

2018 年国庆期间，支付宝与微博合作，打造"寻找中国锦鲤"活动。通过微博天然的流量池属性以及强大的平台聚合能力，活动成功实现了社交裂变，单条博文阅读量破两亿，互动总量超过 420 万，在 6 小时内博文转发量突破 100 万，为支付宝积累了不可估量的社交资产。图 3-19 所示为支付宝"寻找中国锦鲤"的活动微博与营销活动贺信。

图 3-18　海底捞门店照片　　　　图 3-19　支付宝"寻找中国锦鲤"的活动微博与营销活动贺信

支付宝的抽奖是没有预热的，在国庆前一天发出微博，却非常快地引起了微博用户们的疯狂转发，因为奖品确实非常诱人。在关于抽奖的第一条微博中，支付宝并没有透露具体的奖品是什么，而是让大家关注评论区。在评论区中出现了非常多、不同领域内的大品牌，令人眼花缭乱猜测满满，很多人都对奖品抱有极大的期待。一个小时后，支付宝终于发布新微博公开了详细的奖品内容，一条长长的奖品清单，涵盖国庆期间的吃喝住行，面面俱到且价值不菲，让网友们叹为观止。这样的豪华大奖毫无意外地让支付宝的这条微博得到了空前绝后的阅读量和转发量，并迅速成为热门话题。另一方面，这么多的大奖，仅仅是为一个中奖用户准备的，极低的中奖率也进一步增添了其话题性。

支付宝本身具有的实力和流量，再加上多个品牌方的联动，很快地吸引了广大网友的关注，而丰厚的奖品和百万分之一的中奖概率，让微博用户具有高度的参与和关注热情，从而令这一活动获得了罕见的高热度。借助这一浩大声势，支付宝及其联合品牌也得到了非常高的曝光度。图 3-20 所示为支付宝微博评论区商家"加码"中国锦鲤。

图 3-20　支付宝微博评论区商家"加码"中国锦鲤

> **拓展**：微博抽奖是很多品牌、自媒体进行吸粉和推广的重要手段，也是较为简单、粗暴但有效的推广方式。

3. "法国队夺冠，华帝退全款"

2018年世界杯期间，华帝携手法国队冲冠世界杯，若法国国家足球队2018年在俄罗斯夺冠，则对在2018年6月1日0时至2018年6月30日22时期间，购买华帝"夺冠套餐"并在门店签订《活动协议》，且在《活动协议》中放弃赠品，选择"夺冠退全款"的消费者，可凭借《活动协议》及购机发票到指定门店，华帝将按所购"夺冠套餐"产品的发票金额退款。后根据法国队淘汰赛第一场结果，华帝决定延长活动三天。图3-21所示为"法国队夺冠，华帝退全款"活动海报。

在世界杯中，随着法国队不断高歌猛进，特别是在淘汰赛中连克强队，夺冠呼声不断高涨。"法国队夺冠，华帝退全款"被广大受众所熟知，并引起大家的热议。"法国队夺冠，华帝退全款"营销活动带来的销售额大概为10亿元，退款额为7900万元，线下渠道5000万元，线上2900万元。加上其他成本，包括广告投放、享利签约，总成本为1.1亿至1.2亿元左右，成本占收入10%。另外，7月16日股市开盘，不到2分钟的时间，华帝股份的股票就接近涨停，也对后期涨势形成了强有力的刺激。

华帝官方微博主持的两个话题＃法国队夺冠华帝退全款＃和＃华帝退全款启动＃，加起来有1.6亿的阅读量，超过15万人参与讨论。世界杯期间，官方微博的互动量也明显增多，特别是涉及此次法国队夺冠主题的博文，引起了网友的普遍关注，甚至其他官方微博也主动互动。例如，16日凌晨法国队拿下2018世界杯冠军后，华帝火速在新浪微博上发布的一条"退全款启动"的微博，无论是转发量还是评论量都比平日里华帝的微博增长了几十倍。图3-22所示为"法国队夺冠，华帝退全款"微博话题。

图3-21　"法国队夺冠，华帝退全款"活动海报　　　图3-22　"法国队夺冠，华帝退全款"微博话题

3.4　走进新浪微博的世界

新浪微博在社交平台中有着无可比拟的地位，用户量大，信息面广，用户可以通过微博在第一时间了解社会热点新闻或各类信息，因此，了解新浪微博是学习微博营销的第一步。

3.4.1　任务描述——掌握微博的传播特征

微博的传播特征分为三个层面。首先，从传播主题来说，展现了平民化与个性化的特征；其次，从传播内容来说，碎片化和去中心化是传播过程中的主要特征；最后，就传播方式而言，交互化与病毒化是最突出的特征。图3-23所示为微博传播特征的树状图。

图3-23　微博传播特征的树状图

3.4.2 技术引进——微博账号的分类

微博账号依据运营主体的不同,分为五个种类,在进行营销活动之前,首先要选择合适的账号种类。

1. 个人微博

个人微博是新浪微博中数量最大的部分,又可以分为明星名人、不同领域的专家、企业创始人、草根等。除此之外,还有以动物语气发布的微博、虚拟人物的微博,例如电视剧《亲爱的,热爱的》就为自己的主要角色开设了微博,如图3-24所示。

2. 企业微博

很多企业都开设了自己的官方微博,不少微博也都达到了非常好的效果。有些企业的微博还形成了矩阵式——经营企业领导人微博、高管微博、官方微博、产品微博等,相互呼应。图3-25所示为知名企业CEO的微博。

图3-24 电视剧角色微博　　　　　　　　图3-25 知名企业CEO的微博

3. 政务微博

传统的信息管理方式在信息爆发时代并不能跟上发展的步伐,诸多信息如泥沙俱下,鱼龙混杂。凭借强大的舆论影响力与认证系统,微博在调和公民言论自由、推动政府信息透明等方面都起着积极作用。图3-26所示为南京市公安局江宁分局的官方新浪微博。

图3-26 南京市公安局江宁分局的官方新浪微博

4. 校园微博

在新媒体的蓬勃发展之下,校园作为社会的一个重要部分也加入到了微博这个极具影响力的平台中。各地学校,特别是各大高校纷纷开设官方微博,传播信息、增进沟通,在教育教学、危机公关等方面也有所增益,成为学校和学生、学校与社会之间的沟通纽带与桥梁。图3-27所示为清华大学的官方新浪微博。

图3-27 清华大学的官方新浪微博

5. 其他微博

这些微博比较庞杂，不方便分类。例如新电影上映会开一个微博，如图 3-28 所示为电影《我和我的祖国》的官方微博；企业的某个重要活动也可能会单独开一个微博。这类微博有一定的时效性。通常来说，过了上映期或者是活动发布期，此类微博的热度会快速下降，但曾经发挥的作用是不可忽视的。

图 3-28　电影《我和我的祖国》的官方宣传微博

 归纳总结不同种类微博的特点

在新浪微博中查看以下 5 个微博，并谈谈这些微博发布内容的特点。
- 个人微博：papi 酱。
- 企业微博：小米手机。
- 政务微博：平安北京。
- 校园微博：中山大学。
- 其他微博：古城钟楼。

3.4.3　任务实施——热门微博考察调研

（1）打开新浪微博，进入热门微博排行榜，浏览排行榜上的微博，观察并分析：
- 哪些类型的微博内容更容易被大量传播？
- 这些微博被大量转发的原因是什么？
- 分别选择几个不同类型的微博。

（2）点击进入博主的微博主页，观察博主的粉丝及微博转发、评论、点赞数据，分析该博主运营好的原因有哪些？

（3）根据上述实训任务，完成表 3-2 微博运营分析表。

表 3-2　微博运营分析表

微博名称	
微博内容	
粉丝数量	
转发、评论、点赞数据	

运营技巧：

 回顾各门户网站的微博之争

结合课程中的相关知识，就在众多微博平台中，为什么只有新浪微博成为微博的代名词这一问题谈谈你的看法。

3.5　打造个人微博账号

在了解了微博平台之后，我们需要打造一个具有标识性的微博账号，为后续的微博营销工作做准备。

3.5.1 任务描述——了解微博营销的价值

微博的流行标志着一个全新的媒介时代的到来，在全媒体时代下微博营销的价值已无法估量。通过对国内外成功案例的分析，微博营销的价值主要体现在即时营销、品牌推广宣传、客户管理和危机公关4个方面。

1. 即时营销

即时营销是基于微博的即时、精准的特点开展直接销售，这是微博最基本的功能。戴尔的成功案例有力地印证了这一价值。众所周知，戴尔是通过自己的官方网站进行直销的，但是由于其产品更新速度快，时常会推出促销活动，网站信息滞后性阻碍了产品的销售。面对这种情况，戴尔的方法是在微博上注册多个账号，每个账号负责一个专门的内容，产品信息更新后发送到专门的受众，以免骚扰到其他用户。

自2007年3月注册以来，戴尔已拥有超过150万的粉丝，它会定期向粉丝发送独家折扣的消息，有12000名购买了戴尔新产品的人享受了七折优惠。戴尔微博上发给客户的折扣礼券可以直接链接到专门的网页，在订购时直接享受优惠。通过微博平台，戴尔在全球已经直接创造了超过700万美元的营业额。图3-29所示为戴尔的计算机产品。

图3-29 戴尔的计算机产品

2. 品牌宣传

品牌是一个企业长存的基石，是企业竞争的核心力量，越来越多的企业意识到品牌宣传的重要性。微博的即时性、互动性、低成本等特点使其成为企业开展品牌推广的首选。在过去，电视广告虽然可以使企业家喻户晓，但无法提升企业的美誉度与可信度，而微博则恰恰改变了这一点。微博拉近了企业和用户的距离，为企业创造了走近用户、参与用户讨论、聆听用户声音的条件，让企业知道用户在想什么、需要什么。微博还可以让企业与用户直接对话，在微博上直接公开谈论企业的好与坏，分享自己的体验经历，还可以通过微博平台与企业沟通并解决一些问题。企业精心维护微博账号，与用户多沟通、多交流，可以快速提升企业的口碑，更容易获得其他用户的认可，营销效果更明显。

星巴克开通微博的目的就是希望通过微博的平台进行品牌宣传，发布一些公司品牌信息、最新活动和新产品信息等，同时借助评论、抽奖以及私信等微博功能，与客户建立友好的关系，从而进一步为品牌服务。目前，星巴克中国的官方微博粉丝数量已经超过158万，发布了近一万条微博，为其品牌的推广与宣传起到了至关重要的作用，如图3-30所示为星巴克中国的微博界面。

图3-30 星巴克中国的微博界面

3. 客户管理

作为自媒体，微博满足了大多数人自由发言的欲望，当他们对企业或产品有好或坏的体验时，便会通过微博传递出来。在微博这个公开透明的平台上，用户通过微博进行咨询、投诉或建议，企业会更加重视用户的声音，因为他们的行为影响的不仅仅是一个人，而是被成百上千甚至更多的微博用户看在眼中。

客户管理就是管理好用户的心和口，最终目标是吸引新客户、保留老客户以及将已有客户转为忠实客户，增加市场。利用微博开展客户管理，可以及时有效地倾听用户声音，建立忠诚关系，对于增加企业的盈利和长期良性循环很有帮助。目前客户管理主要处理咨询、投诉和建议，开展用户行为调查与用户二次营销，提高回购率。中国移动、中国电信等企业已经开通新浪微博客服账号，在客户管理工作中取得了很好的效果，如图3-31所示为中国移动与中国联通的新浪微博内容，有抽奖活动也有操作教程，拉近了运营商与顾客之间的距离。

图3-31　中国移动与中国联通的新浪微博内容

4. 危机公关

在个人、明星、企业或政府遭遇危机公关时，千人千面的失控解读会使群体的舆情难以把控，各种情绪滋生，夹杂着妄议、揣测、流言，甚至还有竞争对手、第三方恶意捣乱。对于公关主体来说，简直是一出无从收拾的烂摊子。微博裂变式、爆炸式的营销效果是进行危机攻关、及时表明态度和立场的重要平台。当事主体可以在微博上及时发布声明、与网友交流，以诚恳的态度来缓息不利于当事者的舆情。通过微博对公众的言论进行监控和跟踪，进行合理的反馈和正确的引导，从而有效地干预危机、化解危机，树立起良好的形象。

以麦当劳为例，2014年7月东方卫视报道上海福喜的肉类食品存在质量问题，作为采购商的麦当劳迅速发出声明，表明态度与初步采取的措施，如图3-32所示。麦当劳快速的回复得到广泛的关注和转发，其回应速度之快和态度之诚恳获得了大众的高度认可，最大限度地弱化了该事件对企业的负面影响。

图3-32　麦当劳微博首页与微博声明

3.5.2　技术引进——个性化微博装饰

打造微博账号，首先需要对账号内的信息进行设计并完善，即个性化微博装饰。

1. 昵称

昵称是微博最重要的个人标识，就像我们的名字一样，因此需要遵循几个原则：方便记忆；目标明确；有趣或有个性等。图3-33所示为后缀的品牌微博昵称与有趣的个人昵称。

2. 个性域名

个性域名是新浪用户的快速入口，进入新浪微博，找到消息设置中我的信息导航栏，最底端就是个性域名，可以进行设置，如图 3-34 所示。

图 3-33　后缀的品牌微博昵称与有趣的个人昵称

图 3-34　个性域名

3. 头像

头像是给人的第一印象，因此要注意选择有趣或吸引人眼球的图片，争取给人留下好印象，这将非常有助于后期的微博营销活动。在计算机端，登录微博后单击微博头像，就会出现"头像设置"弹窗指导用户修改自己的头像，如图 3-35 所示。

4. 简介

简介是微博用户的名片，有助于其他用户快速了解博主，如图 3-36 所示分别是中山大学、平安北京与淘宝的新浪微博简介。

图 3-35　头像设置

图 3-36　中山大学、平安北京与淘宝的新浪微博简介

5. 封面图与背景图

微博的封面图和背景图是个人的活展示位，用户可以结合个人微博的定位，上传喜欢的图片，特别提醒的是微博背景图尺寸大致为 905×1001px，支持 jpg、png 格式，小于 5MB。微博封面图尺寸大致为 920×300px，支持 jpg、png 格式，小于 5MB。

6. 微博会员

微博会员是新浪微博为用户提供的尊贵服务，可享受身份、功能、手机、安全四大类特权，并可参加会员专属活动，详情信息如表 3-3 所示。新浪微博会员于 2012 年 6 月 18 日正式上线，定价为 10 元/月，108 元/年，宣告新浪微博开启了一项新的收费业务。

表 3-3　微博会员特权汇总表

特权种类	享受权益
身份特权	专属标识、专属模板、专属勋章、专属微号、专属客服等
功能特权	等级加速、关注上限提高、优先推荐、悄悄关注、微博屏蔽等
手机特权	语音微博、短信特别关注、生日提醒等
安全特权	短信安全提醒、短信密码重置等

对微博账号进行分类

罗永浩于 2012 年 4 月 8 日宣布进军智能手机行业，通过微博搜索"锤子科技""坚果手机"等关键字，分别列出锤子科技公司共开设了哪些微博账户？不同的微博账户定位是什么？

依据上述任务填写表 3-4。

表 3-4　微博账号分类表

品牌企业传播	
客户关系管理	
市场调查与产品推广	
危机公关	

3.5.3　任务实施——调研微博账号并发表微博

（1）微博个性化账号调研
- 微博搜索 @ 雪碧，统计其昵称、个性域名、头像、简介、背景图与封面图等信息。
- 结合上述搜集的信息，分别阐述这么设置的好处，也可以提出改进意见。
- 结合上述任务搜集的信息，填写表 3-5 微博账号对比分析表。

表 3-5　微博账号对比分析表

内容	昵称	个性域名	头像	简介	背景图	封面图
信息						
好处						
改进意见						

（2）使用微博为某品牌或产品进行营销推广（可以是虚拟的品牌或产品）
- 注册新浪微博账号。
- 设计并完善个人信息，要求风格统一，具有吸引力。
- 结合主题，撰写至少三篇微博，要求辅助图片、链接、动画、音频或视频等形式，内容可以是促销活动、广告播放、行业知识、温馨文章、明星代言、新品推荐等。

（3）在评论中 @ 老师的微博账号，请老师对任务完成情况进行检查。

（4）全班同学互相查阅账号信息与微博内容，相互评价，完善改进。

探究积累粉丝的方法

"粉丝"是英语"Fans"的音译，原词有狂热、热爱之意，后引申为影迷、追星等意思。微博粉丝则是指在微博里关注你的人，"关注"的人越多，你获取的信息就越多；而你的"粉丝"

越多，表示你发表的微博会被更多人看到，营销效果也就更好。

由此，请结合课堂所学知识，思考个人微博账号可以使用哪些方式积累粉丝？

3.6 微博内容建设与运营

微博的内容建设与运营是微博营销活动中最重要的一步，内容的选择与运营情况将直接影响营销的效果。

3.6.1 任务描述——学习微博的营销定位

在使用微博进行营销之前，首先应该对微博进行准确定位。微博拥有几亿用户，每天产生的信息数量非常庞大，每一位用户几乎都只会关注自己感兴趣的信息。对于微博营销者来说，必须提前设想好微博需要吸引的人群，然后通过目标人群的喜好清晰设定微博的定位。

1. 微博个人设置

微博个人设置是微博定位的第一步，一个合理的个人设置可以在不沟通的前提下清楚地告知用户微博属于哪种类型，从而吸引目标用户的关注。图 3-37 所示为微博个人设置的五个部分，分别是昵称、个性域名、头像、个人简介与个性签名。

图 3-37 微博个人设置的五个部分

> **拓展：** 现在主流的微博平台都提供了微博认证功能，可以针对个人、企业、媒体、网站等进行认证，通过认证的微博，名称后会有一个"V"标志。认证微博不仅可以提升微博的权威性和知名度，同时也更容易赢得微博用户的信任，从而获得粉丝关注。

2. 微博内容定位

比较热门或具有一定影响力的微博，通常具有统一的内容主题和与内容相符的描述风格，不仅方便粉丝辨别，也容易形成独特的个性化风格，扩大影响力。一般来说，在进行微博内容定位时，主要可以从发布形式和微博话题两个方面进行设计。

1）发布形式

微博的发布形式非常多元化，文字、图片、声音和视频均可，还可以根据实际需要设置投票和点评，甚至可以进行直播。不同的发布方式，通常具有不同的效果，比如在某领域比较专业的微博，通常采用文字、图片的发布方式，微博内容也多以自己专业领域的知识为主，图 3-38 所示为华西医院某医生的微博内容。如果微博内容定位偏向于娱乐化，则发布形式就比较随意，文字、图片、视频和声音皆可，主要以各种或长或短的段子为主要内容，目的是娱乐大众，图 3-39 所示为某娱乐微博的内容。如果微博定位偏向情感化或理性化，则通常不发布和评论娱乐段子，也极少参与微博上比较对立、激烈的讨论。

图 3-38 华西医院某医生的微博内容

图 3-39 某娱乐微博的内容

2）微博话题

在微博上发布话题可以引起更大的讨论和转发，如果讨论人数很多，还可能升级为超级话题，产生更广泛的传播效果。微博话题可以设置主持人，主持人对话题具有部分管理权限，可以对话题页进行编辑、更换话题头像、编辑话题简介，还可以发起关注和讨论，推荐优秀的话题微博，提升信息的传播度和影响力。如果话题运营得当，还可以打上品牌标签或个人标签，成为微博特色，促进信息的推广，图 3-40 所示为新浪微博话题榜单。

图 3-40　新浪微博话题榜单

3.6.2　技术引进——微博营销技巧

微博营销推广像其他的网络推广媒介一样，需要花大量的时间和精力用心经营。如果你以为增加几千粉丝就可以了，那就大错特错了。因为你最终的目的是期望通过微博营销赢利的，所以你更多的关注点要放在：怎么引导你的粉丝，把流量转化成销量。

1. 微博素材收集

微博素材的收集需要建立在微博定位的基础上，有针对性地寻找与微博定位相匹配的内容，才能保持持续、有效的微博信息更新。

1）热点话题素材

热点话题永远是微博上传播最广、影响力最大的素材，特别是知名度比较大的社会话题，不仅被各大电商、企业加以利用进行营销，也是很多自媒体、大 V 号吸引流量的主要手段，甚至能否正确及时地进行热点话题借势，直接关系到微博营销的最终效果。要做好热点话题借势，微博营销人员必须养成多阅读、多观察、多分析的习惯，勤于关注网络上的各种事件，关注热点新闻，并将关注到的热点、有价值的素材收集起来，结合自己的微博定位设计合适的微博内容。图 3-41 所示为微博实时热点与"热点新闻"微博界面。

图 3-41　微博实时热点与"热点新闻"微博界面

2）专业领域素材

专业领域素材是指与微博定位匹配的内容,也是吸引粉丝的主要内容,比如娱乐微博的娱乐信息、科普微博的科普信息等。这些专业素材的获取和整理有很多途径,可以通过专业网站寻找相关信息,比如中国知网、万方数据知识服务平台等权威网站,如图3-42所示。可以阅读行业内的优秀作品,也可以阅读简书、豆瓣等网站中专业人士的文章等。只有通过不断地积累知识,提升自己,才能为粉丝分享更多、更有用的信息,引起粉丝的持续关注。

图3-42　中国知网、万方数据知识服务平台

2. 微博发布时机

发布微博并没有固定的时间段,需要根据实际反馈进行动态调整,比如在不同时间段发布微博,测试出活跃度最高、转发评论量最多的时间段,将重要微博安排在该时间段发布。根据微博定位的目标人群使用网络的习惯进行发布也是技巧之一,比如针对上班族,可以选择上下班途中、午休时间进行发布;针对学生族则在晚上发布也能收获不错的效果。

此外,微博类型不同,也可以选择不同的发布时间,比如节日微博、热点事件微博等。图3-43所示为用户的新年祝福微博。

图3-43　用户的新年祝福微博

3. 微博粉丝互动

粉丝互动是社会化媒体营销的关键过程,也是微博营销的重要步骤。与粉丝保持良好的互动沟通,可以加深博主与粉丝的联系,培养粉丝的忠诚度,扩大微博的影响力。因此在微博营销的过程中,粉丝互动具有重要的意义,甚至直接关系到营销效果。微博上粉丝互动的方式很多,可以参与转发和评论,也可以通过转发抽奖、话题讨论等方式引导粉丝主动参与互动。同时,微博信息的阅读量直接与粉丝互动情况相关,粉丝互动越频繁,这条微博被更多粉丝看到的可能性才会越大。反之,互动少的微博将难以在粉丝微博首页占据有利且靠前的展示位置。图3-44所示为微博抽奖平台。

图3-44　微博抽奖平台

4. 转发和原创

转发和原创都是微博信息发布的常见形式，转发是指转发其他微博发布的信息，原创则是自己创作微博内容。一个微博营销账号要想获得忠实的粉丝，通常需要保持一定比例的原创文章数量，特别是定位于某个领域或行业的比较专业的微博。原创微博的运营难度较大，原创内容要经过充分的构想和策划，越能给用户带来价值的原创文章，越能引起更多的转发和关注。图 3-45 所示为热度较高的微博。

图 3-45　热度较高的微博

5. 微博内容设计

微博信息发布一般比较随意，并没有严格的内容和形式要求，但是要想使微博信息得到关注和传播，还需要有针对性地进行设计。从原则上来说，有价值的、发人深省的、容易让人产生认同感的、有趣的内容更受用户的欢迎，也更容易获得评论和转发。图 3-46 所示微博，左侧微博因容易引起粉丝的讨论互动而被转发，右侧微博因容易引起粉丝的共鸣而被转发。

图 3-46　两种风格的微博

 发布"头条文章"

（1）打开新浪微博，登录后在首页的主发布器下面有个"头条文章"，如图 3-47 所示。

图 3-47　新浪微博主发布器

（2）单击"头条文章"进入文章编辑框，添加文章封面图，输入文章标题、导语、正文内容，然后单击右上角的"下一步"。图 3-48 所示为"头条文章"的发布界面。

（3）单击"下一步"后，会出现微博发布的编辑弹窗，已包含的文字内容有："发布了头条文章《XXXXX》"，如图 3-49 所示。可以将文章摘要或者文章中吸引人的内容复制到微博发布框，单击"发布"按钮就发送成功了。

图 3-48 "头条文章"的发布界面

图 3-49 微博发布的编辑弹窗

3.6.3 任务实施——个人微博运营初体验

（1）申请微博账号，结合个人特点或特长，设置个人信息，并初步为自己定位，例如美妆博主、摄影博主、资讯博主等。

（2）依据个人微博定位与表 3-6 完成微博的日常运营活动，要求发布的微博内容属于标签领域范围。

表 3-6 微博内容运营计划表

项目			工作方法
内容	时间	周一至周五	（1）8:00—8:30，发布当日第一条"早安微博" （2）10:00—10:30、11:30—12:30、14:30—15:30、16:30—18:00、20:30—21:00，每个时段各发布一条微博 （3）23:00 左右，发布当日最后一条"晚安微博" （4）每天发布微博不少于 7 条
		周六、周日	（1）9:00—9:30，发布当日第一条"早安微博" （2）11:00—12:00、14:00—16:00、18:00—19:00、21:00—22:00，每个时间段各发布一条微博 （3）23:00 左右，发布当日最后一条"晚安微博" （4）每天发布微博不少于 6 条
	具体运营内容	早、晚微博问候	每天在 8:30—23:00 向微博粉丝们说早安与晚安
		原创微博	关于旅游 / 摄影 / 娱乐等话题，发布时，尽量以文字 + 图片、文字 + 视频 / 音频、文字 + 图片 + 视频 / 音频的形式
		热门转发	热门的新鲜事 / 情感小哲理 / 娱乐 / 搞笑等内容转发
		公司信息公告	新店开张 / 网站改版 / 公司的新促销活动等信息的发布

（3）参考表 3-7 微博活动运营计划与表 3-8 微博推广运营计划，挑选你喜欢的企业，尝试在个人微博上开展活动，并进一步进行推广。

表 3-7 微博活动运营计划表

项	目		工作方法
活动	专题类	发布频率/时间	每月 1 场，发布时间参考 9:00—10:00、16:00—18:00、22:00—23:00，也可以视活动实际情况而定
		发布形式	利用企业微博页面上的活动栏做活动，活动项将收录至微博活动这一应用中，因此更适合正式一些的活动，也可以配合节假日或网络热门话题发起活动
	有奖互动类	发布频率/时间	每月 2~3 场，此类活动发布避开专题活动进行的时间，避免影响专题活动效果
		发布形式	可利用微博的活动栏，也可直接发布微博，利用粉丝的相互转发达到推广的目的
	其他非正式类活动	发布频率/时间	每周 1 次，此类活动发布避开专题活动与有奖活动进行的时间，避免影响以上活动的效果
		发布形式	推荐有礼、提问有礼等

表 3-8 微博推广运营计划表

项	目		工作方法
推广	微博外联	与异业企业合作	通过联合做活动、相互转发内容等形式，达到推广的目的
		与粉丝数高的博主合作	通过付费或不付费合作的形式，请这些粉丝数高的博主转发、推荐微博
		付费推广	通过平台发布任务的形式推广，以其他付费形式推广
	内部推广	各城区微博之间的互动	通过各城区微博之间相互转发等形式，提高微博的互动性
		员工对微博关注并互动	公司员工对官方微博进行关注，并转发一些活动与有意思的话题
		官网首页的支持	与官网相互推广与支持
	线下推广	各门店部分海报、单页的支持	对于一些长期、重要的活动可以在门店放置一些宣传资料
		各门店大堂视频的支持	可通过技术手段实现微博的直播
		各门店前台的推荐	对于一些重要的活动，前台可介绍活动的相关信息

 微博营销案例分析

请挑选你认为在营销活动中做得较好的微博或博主，发散思维，想想他们是如何维系粉丝的，又是如何通过微博提升（品牌）形象和（品牌）忠诚度的。

3.7 本章小结

本章着重介绍了微博与微博营销，针对两者的概念、特点、种类与优势等进行讲解，同时还设计了 3 个任务，从实践的角度出发，循环渐进地完成营销任务实训。

完成任务，可以使读者充分理解和掌握微博营销的相关知识与操作技巧，同时课后习题可以帮助读者巩固并加深对基础知识的理解。

3.8 课后习题

完成本章内容学习后，接下来通过几道课后习题，测验读者对微博营销的学习效果，同时

加深对所学知识的理解。

3.8.1 选择题

答案

1. 微博是一个基于用户关系进行信息分享、传播以及获取的平台，用户可以通过 Web、WAP 等各种客户端组建个人社区，以（　　）的文字更新信息，并实现即时分享。

A. 130 字　　　　　　　　　　　B. 140 字（包括标点符号）

C. 150 字　　　　　　　　　　　D. 不限字数

2. 早期知名微博有新浪微博、腾讯微博、网易微博、搜狐微博等，但如若没有特别说明，微博就是指（　　）。

A. 腾讯微博　　　B. 新浪微博　　　C. 网易微博　　　D. 搜狐微博

3. 下列选项对微博的传播特征的表述错误的是（　　）。

A. 传播主题：平民化、个性化　　　B. 传播内容：碎片化、去中心化

C. 传播方式：交互化、病毒化　　　D. 传播途径：电视、手机、计算机

4. 下列选项中对于"博客与微博的区别"表述不正确的是（　　）。

A. 微博必须在 140 字以内，这是为了手机发布阅读方便；博客没有限制，因为它主要是让人在计算机上发表和阅读的

B. 看博客必须去对方的首页看，而微博在自己的首页上就能看到别人的微博

C. 微博可以通过手机网络更新，也可以通过计算机更新；而博客一般来说，用手机更新非常麻烦

D. 微博主要通过网站推荐带来流量，而博客通过粉丝转发来增加阅读数

5. 下面选项中不属于微博的营销定位的是（　　）。

A. 微博个人设置　　B. 发布形式　　C. 微博话题　　D. 开通会员

3.8.2 填空题

1. 微博，即_____的简称，也是_____的一种，是一种通过关注机制分享_____信息的_____社交网络平台。

2. 微博营销是指通过微博平台为_____等创造价值而执行的一种营销方式，也是指_____通过微博平台_____的_____方式。

3. 微博营销分为三个种类，分别是_____、_____和_____。

4. 微博营销的价值主要包括_____、_____、_____和_____4个方面。

5. 微博营销技巧主要包括_____、_____、_____、_____以及_____。

3.9 创新实操

根据本章节所学内容，选择自己感兴趣的品牌，从微博营销的角度出发，对其营销活动进行总结，包括营销内容与效果，完成表 3-9。

表 3-9　品牌微博营销活动总结表

序号	品牌名称	账号信息	简述营销内容与效果
1			
2			
3			
…			

第4章
微信营销

微信的出现逐渐改变了人们的生活方式与习惯。微信作为现在最主流的新媒体之一，在各种营销活动中出现的频率非常高。本章节聚焦微信与微信营销的相关内容，通过了解微信以及微信营销的相关概念，学习微信的使用方法，进一步掌握微信营销的价值。使读者通过实训掌握必备的微信营销技能，加深对理论知识的巩固，提高在网络营销方面的动手能力和分析问题、解决问题的能力。

4.1 微信概述

微信作为即时通信工具，它的出现时刻影响并逐步改变着人们的生产与生活方式。一名营销人员如果想要熟练地运用微信进行营销，首先需要了解什么是微信，如何使用微信。

4.1.1 微信的概念

微信（WeChat）是腾讯公司于2011年1月21日推出的一个为智能终端提供即时通信服务的免费社交程序。微信支持跨通信运营商、跨操作系统平台通过网络快速发送免费（需消耗网络流量）语音短信、视频、图片和文字，同时，也可以使用通过共享流媒体内容的资料和基于位置的社交插件"摇一摇""朋友圈"等服务插件。

微信提供公众平台、朋友圈、消息推送等功能，用户可以通过"摇一摇""搜索号码""附近的人"扫二维码方式添加好友和关注公众平台，同时微信可以将内容分享给好友以及将用户看到的精彩内容分享到微信朋友圈。截至2016年12月微信的月活跃用户数已达11亿。图4-1所示为微信图标与登录界面图案。

图 4-1　微信图标与登录界面图案

4.1.2 微信的功能服务

微信作为我们日常生活中必不可少的社交工具，其功能覆盖了我们生活中的许多方面，下面对微信的功能服务展开介绍。

1. 基本功能

1）聊天功能

微信是一款聊天软件，支持发送语音短信、视频、图片（包括表情）和文字，支持多人群聊。图4-2所示为微信的计算机端与手机端聊天界面。

图 4-2　微信的计算机端与手机端聊天界面

2）添加好友功能

微信支持查找微信号（具体步骤如图4-3所示）、查看QQ好友添加好友、查看手机通讯录和分享微信号添加好友、摇一摇添加好友和扫二维码添加好友6种添加好友的方式。

图4-3　查找微信号具体步骤

3）实时对讲机功能

用户可以通过语音聊天室和一群人在线语音，但与在群里发语音不同的是，这个聊天室的消息几乎是实时的，并且不会留下任何记录，在手机屏幕关闭的情况下也可进行实时聊天。

4）微信支付功能

微信支付是集成在微信客户端的支付功能，用户可以通过手机完成快速的支付流程。微信支付以绑定银行卡的快捷支付为基础，向用户提供安全、快捷、高效的支付服务。

支持支付场景：微信公众平台支付、App（第三方应用商城）支付、二维码扫描支付、刷卡支付，用户展示条码，商户扫描后，完成支付。

用户只需在微信中关联一张银行卡，并完成身份认证，即可将装有微信App的智能手机变成一个全能钱包——可购买合作商户的商品及服务。用户在支付时只需在自己的智能手机上输入密码，无须任何刷卡步骤即可完成支付，整个过程简便流畅。图4-4所示为接入微信支付的步骤。

图4-4　接入微信支付的步骤

2．其他功能

1）朋友圈

用户可以通过朋友圈发表文字、图片和视频等，同时可通过其他软件将文章或者音乐分享到朋友圈。用户可以对好友新发的照片进行"评论"或"赞"，用户只能看相同好友的评论或赞。图4-5所示为微信朋友圈的图标、浏览界面与编辑界面。

图4-5　微信朋友圈的图标、浏览界面与编辑界面

2）通讯录安全助手

通讯录安全助手开启后，可上传手机通讯录至服务器，也可将之前上传的通讯录下载至手机。

3）QQ 邮箱提醒

QQ 邮箱提醒功能开启后，可接收来自 QQ 邮箱的邮件，收到邮件后可直接回复或转发。

4）查看附近的人

微信将会根据用户的地理位置找到在用户附近同样开启本功能的人。

5）微信公众平台

通过这一平台，个人和企业都可以打造一个微信的公众号，可以群发文字、图片、语音三个类别的内容。

除上述常见的功能之外，微信还有一些其他的功能，如表 4-1 所示。

表 4-1 微信其他功能（部分）

功能名称	功能介绍
语音记事本	可以进行语音速记，还支持视频、图片、文字记事
微信摇一摇	一个随机交友应用，通过摇手机或点击按钮模拟摇一摇，可以匹配到同一时段触发该功能的微信用户，从而增加用户间的互动
群发助手	通过群发助手把消息发给多个人
语音提醒	用户可以通过语音告诉 Ta 提醒打电话或是查看邮件
流量查询	微信自身带有流量统计的功能，可以在设置里随时查看微信的流量动态
游戏中心	进入微信"发现"寻找"游戏"一项，打开即可下载心仪的腾讯游戏
账号保护	微信与手机号进行绑定，该绑定过程需要四步：①在"我"的栏目里进入"个人信息"，点击"我的账号"；②在"手机号"一栏输入手机号码；③系统自动发送验证码到手机，成功输入验证码后即可完成绑定；④让"账号保护"一栏显示"已启用"，即表示微信已启动了全新的账号保护机制

4.1.3 微信的使用方式

微信的基础使用方式有账号注册、密码找回、朋友圈分组以及微信二维码的操作等。

1. 账号注册

微信推荐使用手机号注册，并支持 100 余个国家的手机号。微信不可以通过 QQ 号直接登录注册或者通过邮箱账号注册。第一次使用 QQ 号登录时，是登录不了的，只能用手机注册绑定 QQ 号才能登录，微信会要求设置微信号和昵称。微信号是用户在微信中的唯一识别号，必须大于或等于六位，注册成功后允许修改一次。昵称是微信号的别名，允许多次更改。图 4-6 所示为微信注册界面与微信隐私保护指引。

图 4-6 微信注册界面与微信隐私保护指引

2. 密码找回

通过手机号找回：用手机注册或已绑定手机号的微信账号，可用手机号找回密码。在微信软件登录页面点击"忘记密码"→通过手机号找回密码→输入注册的手机号,系统会下发一条短信验证码至手机,打开手机短信中的地址链接(也可在计算机端打开),输入验证码,重设密码即可。

通过邮箱找回:通过邮箱注册或绑定邮箱并已验证邮箱的微信账号,可用邮箱找回密码。在微信软件登录页面点击"忘记密码"→通过 E-mail 找回密码→填写绑定的邮箱地址,系统会下发重设密码邮件至注册邮箱,点击邮件的网页链接地址,根据提示重设密码即可。

通过注册 QQ 号找回:用 QQ 号注册的微信,微信密码同 QQ 密码是相同的,请在微信软件登录页面点击"忘记密码"→通过 QQ 号找回密码→根据提示找回密码即可,也可以点击这里进入 QQ 安全中心找回 QQ 密码。

除上述三种"密码找回"的方式以外,还可以通过申诉找回微信账号密码,如图 4-7 所示为找回账号密码界面以及申诉界面。

3. 朋友圈分组

打开"微信"。在微信中点击"设置键",展开列表。在列表中选择"设置"。进入设置之后选择"隐私"。

在隐私中,拉到最底部就能看到一个"朋友圈分组"的选项。打开"朋友圈分组"后,点击右上角的"编辑"按钮。

图 4-7 找回账号密码界面以及申诉界面

点击"编辑"按钮之后,进行分组的添加,用户可以对微信的好友添加到指定的分组。添加方法:只需勾选多个联系人,然后点击右上角的"确定"按钮,就能对分组进行设置了。图 4-8 所示为朋友圈分组的步骤。

4. 微信二维码操作

有了微信二维码就可以扫描微信账户,添加好友,将二维码图案置于取景框内,微信会找到好友的二维码。

微信推出网页版后,在网页版中不再使用传统的用户名密码登录,而是使用手机扫描二维码登录的方式,如图 4-9 所示。同时,针对所有微信用户,可用手机扫描二维码添加好友。

图 4-8 朋友圈分组的步骤　　　　　图 4-9 微信网页版二维码登录

4.1.4 微信公众平台的种类与功能

微信公众平台主要包括服务号、订阅号、小程序和企业微信 4 种类型，如图 4-10 所示。

图 4-10　微信公众号 4 种类型

> **拓展**：如果只是想宣传，发送产品信息，可以选择订阅号；而要进行商品销售的，可以申请服务号；公司内部通信使用的，可以选择申请企业微信。

1. 服务号功能

公众平台服务号，是公众平台的一种账号类型，旨在为用户提供服务。

- 1 个月（自然月）内仅可以发送 4 条群发消息。
- 发给订阅用户（粉丝）的消息，会显示在对方的聊天列表中，相对应微信的首页。
- 服务号会在订阅用户（粉丝）的通讯录中。通讯录中有一个公众号的文件夹，点开可以查看所有服务号。
- 服务号可申请自定义菜单。

2. 订阅号功能

公众平台订阅号，是公众平台的一种账号类型，旨在为用户提供信息。

- 每天（24 小时内）可以发送 1 条群发消息。
- 发给订阅用户（粉丝）的消息，将会显示在对方的"订阅号"文件夹中。点击两次才可以打开。
- 在订阅用户（粉丝）的通讯录中，订阅号将被放入订阅号文件夹中。

> **小贴士**：个人申请微信公众平台的账号，只能申请订阅号。

3. 微信小程序

微信小程序是小程序的一种，英文名 Wechat Mini Program，是一种不需要下载安装即可使用的应用，它实现了应用"触手可及"的梦想，用户扫一扫或搜一下即可打开应用。全面开放申请后，主体类型为企业、政府、媒体、其他组织或个人的开发者，均可申请注册小程序。微信小程序、微信订阅号、微信服务号、企业微信是并行的体系。

图 4-11 所示为微信小程序的推广广告。

微信小程序是近年来非常火热的微信营销工具，许多企业都制作了自己的微信小程序，其优势有如下几种：

图 4-11　微信小程序的推广广告

- 千万级市场：微信用户多，推广效果好。
- 基础设施好：微信平台已经解决会员、账号、支付、安全等问题。
- 更轻触达：内嵌微信之中，不需要额外下载，即安装一个微信App就可以实现很多App的功能，使用便利，用户体验感好。
- 功能全面：企业可以开发各种想要的功能。

4. 企业微信功能

公众平台企业微信，是公众平台的一种账号类型，旨在帮助企业、政府机关、学校、医院等事业单位和非政府组织建立与员工、上下游合作伙伴及内部IT系统间的连接，并能有效地简化管理流程、提高信息的沟通和协同效率、提升对一线员工的服务及管理能力。

图4-12所示为企业微信的推广广告。

图4-12 企业微信的推广广告

4.2 微信营销概述

微信营销主要建立在智能手机、平板计算机等移动终端上，是企业或者个人在网络经济时代下常用的营销模式。微信营销随微信的通用而兴起，不受营销距离的限制，微信个人用户可以通过微信订阅自己所需的信息，商家可以通过提供用户需要的信息来推广产品，从而实现点对点营销，具有很高的营销价值。

4.2.1 微信营销的类型

微信营销大致分为三种类型，首先是作为公众平台的服务营销，其次是作为自媒体平台的微信营销，再就是基于朋友圈的微信营销，三种类型各有千秋。

1. 微信公众平台的服务营销

服务营销是企业在充分认识消费者需求的前提下，为充分满足消费者需要，在营销过程中所采取的一系列活动。微信在推出5.0版本后，把公众号分为了服务号与订阅号两种公众平台账号，如图4-13所示。

大多用户认为，服务号更适合做品牌，而订阅号更适合做服务营销。为了不过多地打扰到用户，服务号一个月只能发布一条消息。服务号本身更像是微缩版的企业网站，归纳起来，服务号的功能有在线咨询、产品介绍与展示、活动介绍、品牌形象展示和微信支付功能。而订阅号有点像企业微博，每天向用户推送新闻与资讯。但无论是服务号还是订阅号都具备企业微博不具备的功能——客户关系管理。图4-14所示为微信公众平台计算机端登录界面。

图4-13 微信的服务号与订阅号   图4-14 微信公众平台计算机端登录界面

拓展：微信公众平台通过用户的基本信息、用户与平台的互动信息、平台推出活动后用户的反馈信息等能够实时了解到用户的需求与变化。如果想进一步做精细化管理，订阅号还可以利用第三方公司针对微信的API接口开发的整套客户关系管理和产品促销推广管理软件。

2. 作为自媒体平台的微信营销

除了利用微信公众平台实现服务营销与客户关系管理，微信也可以作为自媒体平台的营销工具。作为自媒体平台的微信营销具有多重特质——内容为王、具有传播者人格魅力、与受众互动多等，总之作为自媒体平台的微信营销具有很强大的黏性，往往具有庞大的受众群体。

在微博营销时代，很多网络红人开始利用自己的影响力做广告、卖产品。发展到微信营销时代，更多的网络红人把自己在微博或其他网络平台上的人气与影响力转移到了微信上。这些人的粉丝数量非常庞大，从几十万到几百万不等。他们推广自己微信公众号的重要手段之一就是通过微博或其他互联网平台广而告之。

凡是做自媒体平台比较成功的基本上都是微博或者微信影响力很大的意见领袖。图 4-15 所示为网络红人的微信公众号。

图 4-15　网络红人的微信公众号

3. 基于朋友圈的微信营销

个人或商家通过微信朋友圈进行营销推广与产品销售是目前最广泛的微信营销活动。由于朋友圈都是熟人，在这种强关系链中做营销和推广有利有弊。好处是熟人之间的信任度比较高，弊端是频繁地更新产品图片容易引起朋友的反感。

朋友圈之所以能成为商家或个人售卖产品的平台，和微信朋友圈的产品设计特点有关系。不同于淘宝卖家需明码标价，图文并茂地列出商品尺码、颜色、月销量、评分、商品详情、成交记录等多个公开信息，朋友圈的每条商品或服务推广信息只有简洁的"文字配图片"介绍，价格有时不透明、不显示销量，也没有对商品的任何反馈信息。不同的买家只要不是朋友关系就彼此看不到各自的评论，这种闭环设计最大的好处是使得买家不能通过广泛的比价、看产品评价来确定产品是否值得购买。再加上熟人之间的感情因素，使得朋友圈营销模式和淘宝营销模式形成巨大反差，这也是越来越多的淘宝小卖家愿意从淘宝转战微信朋友圈的原因。图 4-16 所示为商家的微信朋友圈广告。

图 4-16　商家的微信朋友圈广告

4.2.2　微信营销的优势

很多知名企业，如星巴克、凡客等，很早就开始试水微信营销，包括后来的网络红人、网络自媒体等都在微信营销领域大放异彩。毫不夸张地说，微信攻占了移动互联网营销的制高点。微信对于商家和个人来讲有以下几个天然优势，如图 4-17 所示。

1. 随时随地展开营销

微信的移动终端往往都是携带方便、体积较小的工具，所以人们可以随时随地带在身边，随时随地获取信息。商家正是运用这一点，可以在不打扰和不引起消费者反感的前提下，随时随地开展营销活动，让消费者随时随地接收信息。图 4-18 所示为人们可以随时随地登录并使用微信。

图 4-17　微信营销的优势　　　　　图 4-18　登录和使用微信

2. 曝光率高达 100%

微信具有提醒功能，比如通知中心、铃声、角标等，这些功能可以第一时间提醒用户：您已经收到商家的信息。这些功能使得微信营销具有高达 100% 的曝光率。图 4-19 所示为优衣库推送的微信消息。

图 4-19　优衣库推送的微信消息

3. 接收信息有效及时

据统计，微信用户现已达到 11 亿人之多，微信已经成为或者超过电子邮件和手机短信的主流信息接收工具，其广泛性和普及性为营销奠定了基础。一些微信公众号甚至拥有动辄数万甚至数十万的粉丝。除此之外，由于公众账号的粉丝都是主动订阅，信息也是主动获取的，所以基本上不存在垃圾信息遭到抵制的情况。图 4-20 所示为瑞幸咖啡、星巴克中国以及必胜客的微信公众号界面。

图 4-20　瑞幸咖啡、星巴克中国以及必胜客的微信公众号界面

4. 完整无误接收信息

不管是什么营销方式,如果消费者不能完整无误地接收到营销信息,那么营销也就毫无效果可言。微信可以完整及时地接收到每一条信息,这使得商家在进行微信营销时,可以放心地开展各种营销活动。图4-21所示为幸福西饼的公众号与信息推送。

4.2.3 微信营销的模式

基于腾讯极强的产品基因,坐拥上亿高活跃度的用户,微信本身就是不断地在试验和扩张自身的功能属性,到公众平台正式上线后,几乎囊括了移动营销的所有功能。

图 4-21 幸福西饼的公众号与信息推送

1. 草根广告式的"查看附近的人"

草根广告"查看附近的人"是一种基于位置签的位置服务,可以有效地发布信息,吸引顾客,进而展开营销活动,具体信息如表 4-2 所示。

表 4-2 微信营销模式——"查看附近的人"功能

产品描述	签名栏是腾讯产品的一大特色,用户可以随时在签名栏更新状态,也可以打入广告,但只有用户的联系人或者好友才能看到。而微信中基于位置的功能插件"查看附近的人"便可以使更多陌生人看到这种强制性广告
功能模式	用户点击"查看附近的人"后,可以根据自己的地理位置查找到周围的微信用户。在这些附近的微信用户中,除了显示用户姓名等基本信息外,还会显示用户签名档的内容,由此用户可以利用这个免费的广告位为自己的产品打广告
营销方式	营销人员在人流最旺盛的地方,后台 24 小时运行微信,如果"查看附近的人"这一功能使用者足够多,广告效果也会不错
实　　质	类似路牌广告,强制收看
优　　点	很有效地发现附近用户,方式得当的话转化率比较高
不　　足	覆盖人群可能不够多
适用产品	类似肯德基这种位置决定生意的店铺

2. O2O 折扣式的"二维码扫描"

二维码又称二维条码,常见的二维码为 QR Code,QR 全称 Quick Response,是一个近几年来移动设备上超流行的一种编码方式,它能够比传统的条形码储存更多的信息,也能表示更多的数据类型。微信广泛应用二维码辅助其诸多功能,同时鉴于微信的社交属性,由此展开微信营销活动也是不错的选择,具体信息如表 4-3 所示。

表 4-3 微信营销模式——"二维码扫描"功能

产品描述	"二维码扫描"这个功能原本是参考另一款国外社交工具"LINE"——扫描识别另一位用户的二维码身份从而添加朋友,但是二维码发展至今其商业用途越来越多,所以微信也就顺应潮流结合二维码展开商业活动
功能模式	将二维码图案置于取景框内,微信会帮你找到身份识别信息,然后你将可以获得成员折扣和商家优惠
营销方式	移动应用中加入二维码扫描,然后给用户提供商家折扣和优惠,这种方式早已普及开来。而类似的 App 在应用超市中也多到让你不知如何选择,坐拥上亿用户且活跃度足够高的微信,价值不言而喻

续表

实 质	表面是用户添加，实质是得到忠实用户
优 点	用户主动扫描的行为，至少证明用户对产品有兴趣，所以可以针对性地诱导用户产生消费行为
不 足	用户必须主动扫描
适用产品	与用户关联比较密切的产品

3. 品牌活动式的"漂流瓶"

漂流瓶建立在互联网的随机信息之中，其对话方式也更有效率，来自陌生人的漂流瓶往往会增加用户的好奇心，从此切入的营销活动也会收获意想不到的效果，具体信息如表4-4所示。

表4-4 微信营销模式——"漂流瓶"功能

产品描述	漂流瓶是从QQ邮箱移植至微信的一款功能，该功能在计算机上广受好评，许多用户喜欢这种与陌生人互动的方式。移植到微信上后，漂流瓶的功能基本保留了原始、简单、易上手的风格
功能模式	①"扔一个"，用户可以选择发布语音或者文字然后投入大海中，如果有其他用户"捞"到，则可以展开对话；②"捡一个"，"捞"大海中无数个用户投放的漂流瓶，"捞"到后也可以和对方展开对话，但每个用户每天只有20次机会
营销方式	微信官方可以对漂流瓶的参数进行更改，使得合作商家推广的活动在某一时间段内大量抛出"漂流瓶"，普通用户"捞"到的频率也会增加。"漂流瓶"模式本身可以发送不同的文字内容甚至语音、小游戏等，如果营销得当，也能产生不错的营销效果
实 质	采用随机方式来推送消息
优 点	简单，易用
不 足	针对性不强，同时用户使用漂流瓶的目的是为了排遣无聊之情，所以如果营销方式不得当的话极易产生反作用，使得用户对品牌或者产品产生厌恶之情。此外，每个用户每天只有20次捡漂流瓶的机会，捡到瓶子的机会是比较小的
适用产品	已经有了较大知名度的产品或者品牌做漂流瓶推广来扩大品牌的影响力

> **拓展**：2018年11月30日起，微信和QQ邮箱暂时下线漂流瓶服务。2019年6月24日起，QQ邮箱漂流瓶功能终止服务。

4. 社交分享式的"开放平台"+"朋友圈"

社交分享是近年来互联网营销中比较热门的方式，用户可根据自己的选择将链接或网站分享到QQ、QQ空间、微信、朋友圈等社交平台，和朋友进行交流。微信作为社交软件正是抓住这一点，积极开发了"开放平台"与"朋友圈"分享功能，开启了社交分享式的营销活动，具体信息如表4-5所示。

表4-5 微信营销模式——"开放平台"+"朋友圈"

产品描述	微信开放平台是微信4.0版本推出的新功能，应用开发者可通过微信开放接口接入第三方应用，还可以将应用的Logo放入微信附件栏中，方便微信用户在会话中调用第三方应用进行内容选择与分享
功能模式	社交分享在电商中一直是热门的话题。在移动互联网中，用户通过微信对一件商品或一个品牌进行传播，达到社会化媒体上最直接的口碑营销
营销方式	微信除了异步通信的功能，4.0版本中的新功能"朋友圈"分享功能的开放，为分享式的口碑营销提供了最好的渠道。微信用户可以将手机应用、计算机客户端、网站中的精彩内容快速分享到朋友圈中，并支持网页链接方式打开

续表

	开放平台	朋友圈
实质	类似于各种分享	属于私密社交
优点	由于微信用户彼此间具有某种更加亲密的关系,所以当产品被某个用户分享给其他好友后,相当于完成了一个口碑营销	交流比较封闭,口碑营销会更具效果
不足	产品扩散比较困难	开展营销活动比较困难
适用产品	适合做口碑营销的产品	口碑类产品,或者私密性小产品

5. 互动营销式的微信公众平台

微信公众平台,简称公众号。利用微信公众平台进行自媒体活动,简单来说就是进行一对多的媒体性行为活动,如商家通过申请公众平台服务号二次展示商家微官网、微会员、微推送、微支付、微活动、微报名、微分享、微名片等信息,已经形成了一种主流的线上线下微信互动营销方式,具体信息如表4-6所示。

截至2019年8月26日,微信公众平台已经汇聚超2000万公众账号,不少作者通过原创文章和原创视频形成了自己的品牌,成为微信里的创业者。

表4-6 微信营销模式——微信公众平台

产品描述	对于大众化媒体、明星以及企业而言,如果微信开放平台+朋友圈的社交分享功能已经使得微信作为一种移动互联网上不可忽视的营销渠道,那么微信公众平台的上线,则使这种营销渠道更加细化和直接
功能模式	通过一对一的关注和推送,公众平台可以向"粉丝"推送包括新闻资讯、产品消息、最新活动等消息,甚至能够完成包括咨询、预定、客服等多种功能,成为一个称职的客户关系管理系统。可以说,微信公众平台的上线直指微博的认证账号,提供了一个基于过亿微信用户的移动网站
营销方式	通过发布公众号二维码,让微信用户随手订阅公众账号,然后通过用户分组和地域控制,平台方可以精准地实现消息推送,直指目标用户。接下来则是借助个人关注页和朋友圈,实现品牌的病毒式传播
实质	类似网页,甚至App软件
优点	使用简单,信息丰富,提供多种服务
不足	需要用户主动订阅
适用产品	大部分商家甚至个人的营销活动均可

4.3 微信营销经典案例

随着社交平台的爆发式增长,微信成为我们获取信息的重要平台,这也意味着不少企业将营销目光瞄准了微信,使得它成为企业营销宣传的必备工具,而这也促使了微信营销方式的多样化。下面从几个案例入手,解析微信营销的实际应用。

案例一:澳贝婴幼玩具——游戏体验

澳贝婴幼玩具在公众号中推出了界面有趣、互动简单的"砸金蛋"游戏,把品牌传播回归基本,将产品软性植入其中,从而赢得更多的曝光点。用户进入活动页面后,点击金蛋抽奖,一旦中奖就可以领取现金券,继而跳转至微店购买使用。而未中奖用户,按照指引将相关信息分享到朋友圈或分享给好友，还可以再获得一次抽奖机会，如图 4-22 所示。这种最简单的游戏体验，有时就能带来最直接、最成功的传播效果。

案例二：故宫趣味 H5 页面

故宫是北京最受欢迎的景点之一，它的微信营销活动旨在推广由合作伙伴腾讯推出的创意竞赛 The Next Idea。比赛的主题是让参赛者使用曾经住在紫禁城的历史人物来设计有趣的微信表情。

为了将有趣的元素融入微信营销活动中，故宫推出了一个 H5 页面，其中有明朝皇帝下令建造紫禁城，在页面上，皇帝就像一个说唱少年，还有皇帝秀他的朋友圈，搞笑有趣，如图 4-23 所示。该 H5 微信页面很快在互联网上传播开来。

图 4-22　游戏"小鸡砸金蛋"截图　　　　图 4-23　故宫的趣味 H5 页面

案例三：Burberry 的文艺互动

在 Burberry 的"从伦敦到上海的旅程"微信公众号主题活动中，充分体现了技术的精进，最大程度满足了移动营销多元化的交互与联动。

要进入这个浑身上下散发着浓浓文艺气息的 H5，首先得"摇一摇"；然后点击屏幕进入油画般的伦敦清晨；再摩擦屏幕使晨雾散去；接着点击"河面"，河水泛起涟漪；最后点击屏幕上的白点，达到终点站上海，如图 4-24 所示。总而言之，你能想到的互动方式，burberry 都用在里面了。

图 4-24　Burberry 的"从伦敦到上海的旅程"微信公众号主题活动界面

案例四：腾讯公益活动——"小朋友画廊"

8 月 29 日上午，腾讯公益"小朋友画廊"刷爆朋友圈，数幅色彩斑斓充满童心与想象力的画作激发着人们的爱心与善意。参与者只需 1 元便可购买下爱心画作，每幅画作都配有小朋友的语音及文案，画作可以保存到手机做屏保。许多用户购买画作之后，将作品分享至朋友圈中，由此吸引了更多人前去购买或募捐，一时间每个人的朋友圈都充斥着各种各样的画作，每一幅作品都描述了自己的内心世界，丰富多彩，童趣横生。

截至 2017 年 8 月 29 日 14:30，活动已募集到超过 1500 万元善款，共有 580 多万人参与募捐。这样的公益，最好的地方是，它试图把人们从高高在上的、泛滥的同情心理解放出来。从垂怜、关爱变为欣赏，他们赢得了真正的尊重。有人喜欢他们，看到他们在语言之外和世界交流的方式。他们只是不一样，不是你想象中的病人。图 4-25 所示为朋友圈的分享与"小朋友画廊"的活动与募捐界面。

图 4-25　朋友圈的分享与"小朋友画廊"的活动与募捐界面

案例五：天天 p 图创意活动——神啊，请赐我一顶圣诞帽

2017年圣诞节前夕，许多用户的朋友圈都被"请给我来一顶圣诞帽！@微信官方"刷屏了，如图 4-26 所示。然而左等右等，许多用户还是等不到微信颁发的"小红帽"。随着这个话题在朋友圈里的发酵，微信官方团队为了抚慰广大求圣诞帽群众的弱小心灵，安利了两个获取圣诞帽的途径：①下载腾讯产品天天 p 图，一键定制圣诞头像；②打开微信小程序，搜索圣诞头像 p 出圣诞帽。

这时，许多用户才恍然大悟：自己已经落入了腾讯的营销套路中了。先是用微信中这个"传言"勾起了受众对圣诞帽的欲望，再打破这个"传言"并为受众提供解决方案，让大家顺其自然地就落入了这个营销的情景当中。虽然被套路了，但是大多数人还是很乐意接受这场另类的营销。毕竟，大家更关注的是自己有没有圣诞帽。

图 4-26　朋友圈截图与戴圣诞帽的头像

4.4　打造有热度的微信个人号

对于需要建立个人品牌的营销者来说，微信个人号就是自己非常直观的一张名片。通过微信个人号上的昵称、头像、个性签名、朋友圈、地区等信息，就可以建立起一个人的基本印象，并进一步决定着其他人与之产生联系的可能性。

4.4.1　任务描述——微信个人号设置

微信个人资料中有几个比较重要的组成部分，分别是昵称、头像、个性签名和微信号码，如图 4-27 所示。

图 4-27　微信个人号设置

好友是个人微信号展开营销活动的基础，通常情况下来说，好友数量越多，营销效果越好。对于微信好友的问题，大致分为两个方面：添加微信好友，助力人数增长；维系微信好友，保持人数稳定。

1. 添加微信好友

微信是人们生活中不可缺少的应用，许多人都养成了时不时打开微信进行查看的习惯，对微信有较强的依赖性，这些现象为微信营销奠定了基础。除此之外，微信好友的数量也是微信个人营销的基础，微信好友直接影响着微信营销最后的效果，因此想要更好地运营个人微信号，添加微信好友是必不可少的环节。

- 通过手机通讯录添加好友。
- 通过扫描二维码添加好友。
- 通过微信添加发现好友。

图 4-28 所示为手机通讯录添加好友与扫一扫添加好友界面。

2. 维护微信好友

添加好友是微信营销的基础，只有维护好微信的好友，才能取得良好的营销效果，而对于移动社交电商来说，维护好友关系的目的是取得信任，信任是成功营销过程中必不可少的因素。

图 4-28　手机通讯录添加好友与扫一扫添加好友界面

1）自我介绍

在好友申请通过时，如果没有及时进行关系维护，是对好友资源的一种浪费。通常情况下，对刚刚通过验证的好友，应该及时进行自我介绍，尤其是姓名等关键信息。此时的自我介绍不仅能加深印象，还能表明自己的身份，减少沟通障碍，为后续沟通打下基础。

2）日常互动

互动是最直接的微信好友关系维护的方法。对于不太熟悉的好友，节日是最自然的互动时机，节日的问候不会显得突兀，还能让对方觉得十分贴心。除了微信聊天之外，社群沟通、朋友圈沟通也是非常常用的互动方式。

此外，在与微信好友互动交流的沟通中，一定要自始至终保持礼貌；注意保护微信好友的隐私，不要私自泄露给他人；有问题需要咨询或者讨论时，尽量提前组织好语言，做好准备；需拨打语音电话之前，提前询问对方是否方便；用礼貌的方式结束对话。

4.4.2　技术引进——朋友圈内容更新技巧

微信朋友圈是微信营销当中一个非常重要的方面，只有经常且长期地进行内容更新，才能让微信好友或者微信粉丝知道我们是做什么的。

1. 客户见证

事实上，微信朋友圈有一个比直接发送广告更好的方法，那就是发布一些客户见证。如果你是一个微型企业，用户第一次接触你的产品时肯定会有疑问，那么我们可以定期在微信朋友圈发布一些用户的证词（例如买家秀等），这样可以消除用户的这种顾虑。

2. 重视干货

中国人有句老话叫作"拿别人的手短，吃别人的嘴软"。事实上，这个道理也适用于微信朋友。那我们该怎么办？商家可以定期组织一些有价值的干货，并将其发布到微信朋友圈中，供用户免费查阅。事实上，这些有价值的干货不仅是朋友发布内容的材料，也是建立信任的方法。

当用户收到商家分享的有价值的干货时,他们会感受到价值,当然也会增强对商家的信任。

3. 生活点滴

事实上,任何业务都是基于一定的信任。没有信任,即使商家把钱转给别人,别人也不会想要,反而会认为商家是骗子。如果用户对商家有信心,销售轻而易举。

那么我们如何提高用户的信任度呢?事实上,上述干货的价值是提高信任的一种方式。此外,还可以在微信朋友圈分享一些生活细节,如艺术照片、美食风景、生活体验等,这样可以提高用户对商家的信任度。

4. 互动话题

互动话题是与朋友圈中的用户交流和互动,常见的方法是表扬和评论。事实上,这只是一种方法。如果商家想在微信朋友圈里创造互动话题,可以通过提问、红包和有趣的话题等形式来提高朋友圈的互动。

> **拓展**:在朋友圈中营销做得比较好的,基本上都有一个特点,那就是大部分人之前就在其他的平台(比如淘宝)上有自己的店铺,或者是经营时间较长的商家。所以朋友圈营销做得好的前提是产品质量好、口碑好,如果产品缺乏竞争力,单凭朋友圈的平台做营销,还是会遇到很多困难的。

 **课堂问题讨论**

根据课堂所学知识,讨论以下活动对打造微信个人号会带来怎样的影响。

(1)发微信信息,邀请微信好友为自己点赞或者投票。
(2)群发一条节日祝福的微信(语音或文字形式)。
(3)为微信好友的朋友圈点赞,并进行评论。
(4)建立一个微信群,邀请好友进群,并在群里发红包,感谢大家平时的帮助和支持。

4.4.3 任务实施——打造个人微信账号

结合个人具体情况,注册个人微信账号,对账号内容进行设置,并初步运营使用该账号。

(1)注册微信账号。
(2)设置微信头像、名称、个人签名、二维码名片、微信号。完善自己的朋友圈,设置朋友圈的封面。完成后,扫描老师指定的二维码添加好友,并注明自己的真实姓名。
(3)通过通讯录和 QQ 联系人,或通过微信扫一扫、雷达加好友等方式增加微信好友,至少添加 50 个好友。
(4)确定一个行业,关注至少 5 个该行业相关的微信公众号,关注公众号的步骤如图 4-29 所示。
(5)查看你所关注的微信公众账号,把你认为有价值的信息分享到朋友圈,步骤如图 4-30 所示。

图 4-29 关注公众号的步骤　　　　　　图 4-30 任务步骤

(6)根据关注的行业,策划一个朋友圈广告。要求以转发集赞的方式进行发布,内容新颖有趣,图文并茂,同时和参与活动的用户进行互动。

总结朋友圈营销方式

以朋友圈的"微商"为参考,结合个人经历并查找资料,列举朋友圈营销推广的常见形式,并分析这些形式的优势与劣势,分类总结。

4.5 创建微信公众平台

微信公众平台主要面向名人、政府、媒体、企业等机构推出合作推广业务,在这里可以通过该渠道将品牌推广给线上平台用户。

4.5.1 任务描述——微信公众平台的定位

对于网络营销来说,定位就是定位目标人群,目标人群喜欢什么,就给他们提供什么。要定位目标消费群体,首先应该了解他们的喜好,明确他们的行为动机,可以根据公众号要服务或推广的人群的地域、年龄、性别、教育程度、收入、行业等特点来策划公众号的运营内容,设计出他们喜欢的风格、特色和服务。表 4-7 所示为微信公众平台定位分析。

表 4-7 微信公众平台定位分析

微信公众平台的定位	
地域	地域是影响用户行为的重要因素,不同地区的用户在文化、习俗、喜好上都会有一定的差异性,比如南方和北方的生活习惯、风俗喜好等不尽相同;一二线城市和三四线城市的生活观念、消费水平、接受能力不同,所以公众号在面向不同地域的用户运营时,需要有一定的针对性,采用不同的互动方式
年龄	不同年龄阶段的需求是不一样的。年轻人喜欢新鲜事物,接受能力强,轻松的段子、网络热点、流行时尚对年轻群体都有强大的吸引力;但这些内容却难以引起中老年人的注意和喜欢,生活周边、健康养生等内容更受中老年人的青睐
性别	性别也是新媒体运营中影响用户行为的重要因素之一,文案和内容的要求也不一样,比如娱乐、星座类的内容更受女性用户欢迎;而科技、汽车等内容则更受男性用户欢迎,因此根据用户性别不同,需要对运营风格做出相应调整
教育程度	用户受教育程度不同,他们能接受的文化、风格、内容就会不一样,受教育程度越高的人,对内容的要求也会越高
收入	将产品推广给能够承受其价格的用户,才能带来成交,只有收入合适的用户才能成为产品的核心用户
行业	行业不同,用户的关注点就可能不同,所以推广需要与行业相匹配,要为目标用户人群设计他们关注的内容

4.5.2 技术引进——微信公众号的信息设置

申请并开通微信公众号之后,需要对公众号的基本信息进行设置,包括名称、头像、二维码、功能介绍等,其中部分设置原则与微信个人号类似。

1. 微信公众平台的名称

微信公众号的名称是用户识别公众号的重要标志之一,也是直接与公众号搜索相关联的关键部分。从某种角度来说,微信公众号的名称就是品牌标签,因此名称的设置与营销效果息息相关。图 4-31 所示为微信公众号名称设置技巧。

图 4-31 微信公众号名称设置技巧

新申请的微信公众号在设置名称时,可以考虑使用以下几个方法:

1)以目标用户的需求为基本出发点,也就是说微信公众号所定位的目标消费者是哪一种类型，就设置名称为哪一类型。比如一个面向爱狗人士的公众号，名称为"猫狗sos""狗大夫"等；一个为用户群体提供英语学习资料的公众号，名称为"每日学英语""华威英语"等，如图4-32所示。

2）根据地域设置公众号名称，即介绍本地内容的公众号，比如"北京美食攻略""重庆潮生活"等，如图4-33所示。除了直接使用地域名称之外，著名景点、特色食物等也是地域名称的设置方式之一。

图4-32 "猫狗sos""每日学英语"等的微信公众号

图4-33 "北京美食攻略""重庆潮生活"的微信公众号

3）根据某个事件或场景也可以设置公众号名称，比如"为你读诗""枕边阅读"等，如图4-34所示。将用户带入一个生活习惯或生活场景中，增加用户黏性，同时也方便用户根据自己的需求进行搜索。

4）在某个领域中继续划分，用细分领域设置公众号名称，比如美食领域下细分的"湘菜厨艺指南""早茶推荐"等。细分领域的优点是目标定位更精准，一般来说，名称范围越大，重复性就越高，竞争也会越大。在一些热门领域中，细分领域反而能另辟蹊径，吸引到更精准、更优质的用户。

以上方法是设置微信公众号名称的一种角度，可以单独用，也可以结合使用，只要在遵循公众号设置原则的基础上，尽力做到个性化、易辨识，就能设计出一个适合的公众号名称。

2. 微信公众平台的头像

头像也是微信公众号的重要标志之一，代表了公众号的个性和风格，展现了公众号的品牌形象，同时还能方便用户对公众号进行认知和识别。公众号的头像主要有Logo、个人头像、文字、卡通形象、知名角色等几种主要类型，如图4-35所示。

图4-34 "为你读诗""枕边阅读"的微信公众号

图4-35 公众号头像的几种主要类型

课堂练习 微信、微信公众平台与微博的对比

在前面的学习中我们了解到微信（WeChat）是腾讯公司于 2011 年 1 月 21 日推出的一个为智能终端提供即时通信服务的免费应用程序；微信公众平台简称公众号，利用公众账号平台进行自媒体活动，简单来说就是进行一对多的媒体性行为活动，已经形成了一种主流的线上线下微信互动营销方式。图 4-36 所示为微信与微信公众号的图标。

图 4-36　微信与微信公众号的图标

微博是指一种基于用户关系、通过关注机制分享简短实时信息的广播式的社交媒体、网络平台，允许用户通过计算机、手机等多种移动终端接入，以文字、图片、视频等多媒体形式，实现信息的即时分享、传播互动。

结合前面所学知识，并查阅相关资料，对微信、微信公众平台与微博进行对比，填写完成表 4-8 的内容。

表 4-8　微信、微信公众平台与微博的对比分析

项目	微信	微信公众平台	微博
账号名称			
订阅方式			
消息发送的模式			
发送内容（支持的形式）			
认证权益			
分类情况			
产品基因（实质）			
用户关系			
使用习惯（对话或者关注）			
分享功能			
营销价值			
支持设备			
盈利模式			

4.5.3　任务实施——注册微信公众账号（注册订阅号）

（1）打开微信公众平台官网：右上角点击"立即注册"，选择账号类型为"订阅号"，如图 4-37 所示。

图 4-37　微信公众平台登录界面与注册界面

（2）填写邮箱，登录你的邮箱，查看激活邮件，填写邮箱验证码激活，同时输入密码并确认，如图 4-38 所示。

图 4-38　基本信息填写界面与激活邮件

（3）了解订阅号、服务号和企业微信的区别后，如图 4-39 所示，选择想要的账号类型——"订阅号"。

图 4-39　选择账号类型界面

（4）信息登记，在主题类型中选择个人类型之后，填写身份信息，如图 4-40 所示。

图 4-40　信息登记界面

（5）填写账号信息，包括公众号名称、功能介绍，选择运营地区，完成注册，如图 4-41 所示。

图 4-41　公众号信息登记界面与注册成功的截图

（6）策划微信公众号的定位，同时观察你所添加的微信公众号是如何设定的，了解其功能。微信公众平台的后台为运营者提供了多种推广功能，以一个新注册的订阅号为例，主要包括群发、自动回复、自定义菜单、投票管理 4 个功能。

- 群发：支持文字、图片、音频、视频等多种形式，是公众号最基本、最常用的功能，向用户推送文章使用的即是该功能。
- 自动回复：自动回复是指公众号运营者制定文字、图片、语音等内容回复用户。

拓展：自动回复包括消息自动回复、被添加自动回复和按关键字自动回复 3 种类型。

- 自定义菜单：公众平台为运营者提供了自定义菜单功能，当用户选择相应的菜单命令时，即可以跳转到相应页面查看信息。
- 投票管理：投票功能主要用于公众号的相关活动，如比赛、问卷等，在公众号后台新建投票模板插入推广内容并推送给粉丝进行参与即可。

　订阅号"涨粉"计划

结合课程中的相关知识，思考自媒体的微信订阅号可以通过哪些途径积累粉丝，这些粉丝又该如何维护。

4.6　微信公众号推文实战

新媒体写作与传统写作不同的一点就是，所处的时代不同，读者的阅读方式和阅读场景都发生了巨大的变化。移动互联网已经带领我们进入到了屏读时代，人们的时间越来越碎片化，写作者要想吸引更多的注意力，也必须有所改变，因为很大程度上，"写作方式是由阅读场景决定的"。

4.6.1　任务描述——提升微信公众号的阅读热度

微信公众号的传播途径：编辑好内容→群发→用户看到文章→阅读→分享→朋友圈好友阅读→分享，后面几个环节不断重复。因此在这个宝贵且短暂的生命周期中，公众号写作应遵循以下两个原则。

- 表达克制：在信息爆炸与零碎的时代，人们变得越来越没有耐心，我们需要在文章结构、措辞和语句上进行雕琢和简练。如果总是绕着一件事来回说个没完，前后重复，不能简单明了地表达主旨，那就是在挑战读者的耐心，更是影响了自己的作品质量，也将影响公众号的质量。
- 高频刺激：刺激就是要有强烈的对比，造成冲突感。好的故事结构是要有"悬念、冲突、阻力、对比、转折"。读者看文章也会有这种感觉，如果一路看下来毫无波澜，便让人觉得索然无味，这就需要在文中铺设一些刺激点，如金句刺激、故事刺激等。

> **拓展**：微信公众号热度提高——①设计一个引人注意的标题。②提高分享转发率。③利用朋友圈和社群资源。

1. 内容运营

对于公众号运营来说，只有做好内容才能更好地吸引粉丝，增加用户的黏性。于是，内容选题的好坏，直接影响到粉丝质量及文章阅读量。如何能够快速高效地收集抓取到自己想要的素材，需要考量以下几点：

1）关注实时热点

借助热点进行内容推送是每个微信公众号运营者都需要具备的技能。但是，热点尽量选择和自己行业相关且正能量的新闻，负面消息可能会给自己带来一些不必要的影响。

2）关键词搜索

当你明确自己的选题方向的时候，可以根据关键词搜索来获取相关信息，从而更深入地进行内容剖析。

3）关注同行动态

在紧张激烈的竞争环境中想要脱颖而出，做好自己的内容还不够，还得清晰明确地了解同行的动态。同行动态消息就宛如一面"镜子"，取长补短有规划地学习借鉴同行们的营销方式，在其内容中获取灵感也是一种行之有效的方法。

2. 推送时间

选择合理的推送时间，不仅可以更好地抓住用户的碎片时间，提高文章的阅读量，还可以培养用户的阅读习惯。移动社交营销大多利用的是用户的碎片时间，以上班族为例，早晨7:00—9:00的上班前时间，中午11:30—13:30的午休时间，下午18:00—20:00的下班时间，晚上22:00以后的睡前时间等，都是该类人群的空闲时间。一般来说，在这几个时间段推送的公众号数量都比较大，如果想避开竞争，也可以根据需要错开这几个推送时间，但最终推送时间还是应该以用户的活跃时间为准。

在设置推送时间时，建议保持定时推送，更方便培养用户的阅读习惯，比如每天保持在中午12:00发送推文，久而久之，用户就会养成中午12:00准时查看推送内容的习惯。图4-42所示为微信公众平台活跃时段统计。

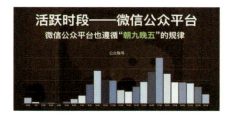

图4-42 微信公众平台活跃时段统计

3. 粉丝运营

仅从粉丝运营角度来说，微信公众号运营可以分为种子用户期、初始用户期、用户增长期，具体信息如表4-9所示。

表 4-9 微信公众号运营阶段统计表

时期	特征	具体措施
种子用户期	获取种子用户的过程,是一个试错的阶段,最适合自己的方法才是最好的	尝试各种方式获取粉丝
初始用户期	公众号本身已经具备一定粉丝量	设立更高的目标,做运营计划,并做具体量化分析,精力集中放在优质内容创作
用户增长期	如果过了一万粉丝,则进入用户增长期,公众号内容调性、定位也比较成熟	付费推广,推广要快、有力度,同样制订目标和执行计划

4.6.2 技术引进——微信公众号排版技巧

大家都知道微信公众号能够发布公众号文章,想要你的文章能够吸引更多的读者,首先你就得给别人一个好的印象,最直观的就是文章的排版了。如果排版乱七八糟,就算你的内容写得再好,也很少有读者能够耐心看下去,那么微信公众号排版有什么技巧呢?下面我们来进行学习。

1. 两端对齐

"两端对齐"的格式对文章的整体感有很大的提升,如果没有使用两端对齐的话,文章会七扭八歪,可读性大大缩水。

2. 图片要精挑细选

图片要精心筛选,尽可能选择清晰、美观的图片。图片选取时还要注意版权问题,要选择无版权的素材或者被作者授权的素材,否则很容易出现一些版权问题。另外,图片的尺寸要统一,不能有其他水印,否则看起来杂乱无章,很不专业。

3. 选择合适的字号和字体

字号要根据公众号的受众群体进行选择,如果走文艺风用小号字体比较合适,比如 14 号。如果读者年龄层比较大就需要 16 号以上的字体了。通常情况下,15 号字体是够用的。字体尽量不要使用默认的字体,安卓手机可以使用微软雅黑,苹果手机可以使用苹果独有的那几种字体,效果更佳。

4. 首行不要缩进

纸质媒介或者说传统的媒介,每个段落的首行空两个字符是标准格式,就像我们在语文考试中写作文一样。但值得注意的是,手机不是报纸和杂志,如果首行缩进两个字符是非常不符合目前网友的使用习惯的。所以切记不要空两格,这种习惯在传统媒体转过来的媒体人身上体现得比较明显。

5. 排版颜色不要太多

颜色不要使用过多,五彩斑斓会让人觉得杂乱。很多人喜欢用各种颜色标注,都是标注就等于没有标注,所以要控制颜色使用。

6. 在手机上预览

计算机上的编辑结果只是参考,由于各种软件的兼容性问题,很多结果并不是最终呈现在用户面前的结果,所以最好多在手机上预览,才能发现真正的问题。

7. 控制每段的字数

现代生活节奏较快,长文已经不符合现代人的阅读习惯。太长的文章会提高阅读的门槛,提升阅读的时间成本,让人望而生畏,继而也不会有继续阅读的欲望了。

8. 适当做出段落的区隔

空行、空段的控制要得体,如果太紧密,和段落字数多一样,很多人就放弃阅读了,可以通过使用空格或者加入图片等方式来解决问题。

9. 借助第三方工具

第三方工具一般提供了更好的操作体验，更多的服务，如版权图、全文模板和样式等，这样就不需要作者自己去在排版方面投入太多的精力，事半功倍。

 微信公众号文案写作

一篇高质量的文案标题、开头、内容、结尾方方面面都要布局好，做好"标题"，更做好"内容王"，打造高质量文章，这样才能让微信公众号让更多人关注。

实训任务：选择主题，分四个步骤撰写推文，如图 4-43 所示。

图 4-43　撰写推文的步骤

1. 确定标题

写好一个标题，并不是为了让你只注意标题。标题是文章内容的高度概括，需要有说服力的内容做支撑，才能够获得用户的认可。

- 新闻类标题：XXX 打车——年轻女孩如何保护自己。
- 问题解决类：30 岁还是办公室文员？XXX 总监告诉你职业生涯五条规划。
- 成功逆袭：中年大叔考上大学！就问你服不服。
- 制造冲突：一个母亲写给女儿的信：30 岁的你不用急着出嫁。
- 行业模板：学会这三点，半小时成为 XX 高手。

2. 撰写开头

第一句话与第一自然段落很重要，吸引读者往下读。在必要场合，文章第一句可以热辣劲爆，具有鼓动性。

- 开门见山法：直接点出文章的中心，让人一目了然。
- 耸人听闻法：在开头引起读者的好奇心理，真的会这样吗？
- 问句开头法：让读者在文章里寻找答案。
- 排比句法：在写议论文的时候，这个方法是百试不厌的。
- 下结论法：在开头写出结论，文章直接推出论据。

3. 包装内容

- 相关法

将内容与美好的词汇和事情联系起来，让读者产生直观的联想。

例：汇源果汁——夏天里冰镇汇源果汁的味道，像恋人之间最清新的吻！

- KOL 证言法

将内容与权威的事物或言论等联系起来。

例：白云边酒——往事越千年，陈酿白云边。（出自李白《游洞庭湖五首·其二》："且就洞庭赊月色，将船买酒白云边。"）

- 普遍法

传递出大家一样的观念，反复强调每个人都知道这是潮流趋势。

例：百事可乐——大瓶盖的秘密，不知道就 OUT 了。

- 段子法

网络上流行的各种语录体：淘宝体、凡客体，等等。

例：德克士——亲，周一到周四每天中午十一点的超值套餐，记得给好评哦！
- 卖萌法

合理卖萌，拟人化的表达，善用表情和标点。
- 贴近网络语言

将枯燥无趣的内容用趣味的方式进行讲述和沟通，例如地方方言、网络用语等，同时也可以考虑在该部分使用拟声词、谐音词等。
- 话题法

品牌联系搭配潮流话题，结合每日的热点事件引起关注。
- 语法简化

尽量不使用复合句，以简单句、非谓语句、感叹句、省略句为主，这种简单的语句更符合碎片化时间下人们的阅读习惯——简单、易懂。

例：脑白金——今年过节不收礼，收礼还收脑白金。

4. 撰写结尾
- 点题式：醒目的字眼再次点题，加深读者印象。
- 互动式：抛出问题引起大家思考，希望得到大家的意见。
- 扩散式：病毒性传播或公益性传播，引起大家分享的意愿。

4.6.3 任务实施——编辑并发送一篇微信推文

首先根据需要推广的产品，对目标用户人群进行分析定位。其次，设计微信推文内容，包括语言、风格、内容、排版，并在自己的个人公众平台上进行发布。最后，通过多种渠道，对该篇推文进行宣传推广，以浏览量、点赞数等数据进行评比。

1）根据需要推广的产品，对目标用户人群进行分析定位。

2）设计微信推文内容，要求内容有创意，排版整齐，图文并茂。

（1）先将你想要发布的内容在 Word 中进行排版编辑；把图片单独另存在同一文件夹，方便找寻，如图 4-44 所示。

图 4-44　Word 的编辑界面与图片文件夹截图

（2）进入微信公众平台→管理→素材管理→新建图文消息，即可编辑图文，如图 4-45 所示。

图 4-45　素材管理界面

拓展：图文消息内容没有图片数量限制，正文里必须要有文字内容，图片大小加正文的内容不超过 20000 字即可。

（3）编辑图文内容，包括标题、摘要、正文内容以及封面图，如图 4-46 所示。

拓展：①封面必须上传图片；②封面和正文图片，支持上传 bmp、png、jpeg、jpg、gif 格式；③封面图片大小在 5MB 以内，正文图片大小不能超过 5MB；④大图片建议尺寸：900×500px，但上传后图片会自动压缩为宽 640px（高会压缩为对应比例）的缩略图，在手机端可点击查看原图；⑤封面和正文支持上传 gif 格式动态图片，会显示上传的原图（但因手机客户端系统问题可能会导致部分手机无法显示动态封面）。

（4）编辑好内容后，点击"预览"，发送内容到你的个人微信账号，检查一下格式和内容，无误后保存。

目前微信公众平台图文消息在群发之前，可以选择"发送预览"，输入个人微信号，发送成功后则可以在手机上查看效果，发送预览只有输入的个人微信号能接收到，其他粉丝无法查看。目前预览的图文不支持分享到朋友圈，可以分享给微信好友或微信群。图 4-47 所示为发送预览界面。

图 4-46　编辑图文内容的界面　　　　图 4-47　发送预览界面

拓展：素材库文章预览功能已全面升级，在计算机端、手机端看到的预览文章，预览次数达到 500 次或预览后超过 12 小时内容才会自动失效。

3）将文章进行推广，以浏览量和点赞量等数据进行评比，相互交流经验。

 微信公众号如何"变现"

微信公众号营销的最终目的是流量变现，结合前面所学的内容并查阅资料，思考公众号运营中有哪些变现途径？

4.7 本章小结

本章着重介绍了微信营销的相关知识，一方面聚焦微信的概念、功能服务、使用方式以及微信公众平台的种类与功能；另一方面介绍微信营销的类型、优势、模式以及经典案例，同时还设计了 3 个任务，从打造个人微信号到微信公众平台建设，循序渐进地开展实训活动。

完成任务，可以使读者充分理解并掌握微信营销的相关知识与操作技巧，同时课后习题可以帮助读者巩固并加深对基础知识的理解。

答案

4.8 课后习题

完成本章内容学习后，接下来通过几道课后习题，测验读者对微信营销模式的学习效果，同时加深对所学知识的理解。

4.8.1 选择题

1. 用户可以通过朋友圈发表（　　）等，同时可通过其他软件将文章或者音乐分享到朋友圈。用户可以对好友新发的照片进行"（　　）"或"（　　）"。
   A. 图文、视频；评论；转发　　　　　B. 帖子、文字；评论；点赞
   C. 帖子、文字；点赞；转发　　　　　D. 图文、视频；评论；点赞

2. 个人申请微信公众平台的账号，只能申请（　　）。
   A. 小程序　　　B. 服务号　　　C. 企业微信　　　D. 订阅号

3. 下列选项中不属于微信营销类型的是（　　）。
   A. 微信公众平台的服务营销　　　　　B. 作为自媒体平台的微信营销
   C. 基于朋友圈的微信营销　　　　　　D. 基于发帖、盖楼互动的微信营销

4. 选择合理的推送时间，不仅可以更好地抓住用户的碎片时间，提高文章的阅读量，还可以培养用户的阅读习惯。在设置推送时间时，建议保持（　　），更方便培养用户的阅读习惯。
   A. 定时推送　　　B. 随机推送　　　C. 阶梯式推送　　　D. 间隔推送

5. 运营微信公众平台时，想要快速高效地收集抓取到自己想要的素材，"（　　）"是不需要考量的因素。
   A. 关注实时热点　　　B. 关键词搜索　　　C. 关注同行动态　　　D. 粉丝数量的多少

4.8.2 填空题

1. 微信是_____于 2011 年 1 月 21 日推出的一个为智能终端提供即时通信服务的免费_____程序，微信支持跨通信运营商、跨操作系统平台通过网络快速发送免费（需消耗少量网络流量）_____、_____、_____和_____。

2. 微信公众平台主要包括_____、_____、_____和_____ 4 种类型。

3. 微信营销的优势有：_____、_____、_____与_____。

4. 微信营销的模式可以分为_____、_____、_____、_____和_____ 5 种。

5. 微信公众平台的后台为运营者提供了多种推广功能，以一个新注册的订阅号为例，主要包括_____、_____、_____和_____ 4 个功能。

4.9 创新实操

微信公众平台是非常强大的自媒体平台，可以发送图文、语音、视频、音频等内容。如果获得原创号，或是服务号，经过认证后就可以有很强的互动功能，甚至可以网上开店，相当于一个小型的 App。

参考本章节学习的内容，借用微信订阅号平台，打造个人自媒体品牌。

- 精确定位和内容，关注稳定增长的精确用户。
- 多途径开展营销活动。
- 内容为王，申请原创，争取转载。
- 保持更新频率。
- 自媒体矩阵。

图 4-48 所示为自媒体运营海报。

图 4-48 自媒体运营海报

第5章
自媒体平台营销

自媒体是近年来较为火热的一种新媒体形式，它的出现让每一个普通人都可以轻松地创作内容、分享信息，由此出现了一大批自媒体网络红人。

本章中将讲解自媒体的相关概念、自媒体平台营销的相关知识，帮助读者了解自媒体并能够简单地在自媒体平台上开展营销活动。

5.1 自媒体概述

自媒体时代是指以个人传播为主，以现代化、电子化手段，向不特定的大多数或者特定的个人传递规范性及非规范性信息的媒介时代，人人都有麦克风，人人都是记者，人人都是新闻传播者。

5.1.1 自媒体的概念

自媒体是指普通大众通过网络等途径向外发布他们本身的事实和新闻的传播方式。"自媒体"英文为"We Media"，是普通大众经由数字科技与全球知识体系相连之后，一种提供与分享他们本身的事实和新闻的途径。图5-1所示为各种人都可以成为"We Media（自媒体）"。

图5-1　各种人都可以成为"We Media（自媒体）"

自媒体从意义上，可以分为狭义自媒体与广义自媒体两个概念。

狭义自媒体是指以个体作为新闻制造主体而进行内容创造的，而且拥有独立用户号的媒体。

广义自媒体是指我们从自媒体的定义出发，它区别于传统媒体的是信息传播渠道、受众、反馈渠道等方面。这样自媒体的"自"就不再是狭隘的了，它是区别于第三方的自己。以前的传统媒体，他们是把自己作为观察者和传播者，而针对自媒体，我们就可以理解为"自我言说"者。因此，在宽泛的语义环境中，自媒体不单单是指个人创作，群体创作、企业账号都可以算是自媒体。我们前面提到的微信、微博等也是自媒体的一种形式。图5-2所示为知名的自媒体平台。

图5-2　知名的自媒体平台

> **拓展**：自媒体的概念最早是于2002年提出，国外学者将其称为"媒体3.0"，其中媒体1.0指的是传统媒体形式，而2.0则指的是新型媒体形式，也就是借助于卫星实现的全球新闻信息收发和播放的形式。而第一个对自媒体的定义进行详细解释的时间是

在2003年7月，由美国新闻学会提出，其认为自媒体就是经由普通的民众借助数字化、网络化以及全球信息体系，对各种新闻事件进行采访、传播、评论等，借以反映普通民众对于现代新闻事件的真实看法和客观报道。

5.1.2 自媒体的主要特征

自媒体作为时下火热的媒体形式，主要特征体现为六个方面：个性化、碎片化、交互性、多媒体、群体性与传播性，如图5-3所示。

1. 个性化

这是自媒体最显著的一个特性。无论是内容还是形式，创业者在创办自媒体平台时一定要给用户提供充足的个性化选择的空间。

2. 碎片化

这是整个社会信息传播的趋势，受众越来越习惯和乐于接受简短的、直观的信息，创业者在创办自媒体平台时应该顺应这种趋势。

图 5-3 自媒体的主要特征

3. 交互性

这也是自媒体的根本属性之一。受众使用自媒体的核心目的是为了满足沟通和交流的需求，创业者要在自己的平台上给用户提供充分的分享、探讨、交流、互动等多元化体验。

4. 多媒体

一提到自媒体，大家往往首先想到的是微博，但微博仅仅是自媒体的一种模式而已，创业者也可以创办出文字之外的，以图片、音乐、视频、动漫等为主题的自媒体平台。

5. 群体性

自媒体的一个重要特点是——受众是以小群体不断聚集和传播信息的，创业者可以针对专门的群体创办自媒体平台，如针对游戏爱好者、音乐爱好者、影视爱好者、学生群体等。

6. 传播性

无法有效快速地传播，自媒体就没有价值和意义。创业者在创办自媒体平台时一定要为使用者提供充足的传播手段和推广渠道。

5.1.3 自媒体的商业模式

自媒体的商业模式，大致可以分为两类。

一类是纯线上经营，即自媒体所有人通过媒体内容经营聚集了一定数量的粉丝之后，寻找合适的广告主在平台上做广告，实现广告收益，如图5-4所示。

图 5-4 美妆自媒体的微博推广

另一类是效仿明星、名人、大公司CEO等人的做法，依托于前期在自媒体上积累的人气和个人影响力，通过线下渠道变现。线下变现的方式有很多，例如出书、演讲培训、企业咨询，甚至可以考虑开个网店卖书，等等。相比，后者对媒体创办人的要求会高些。另外，线下变现若要发展成常规稳定的经营项目，一般需要媒体创办人具备一定的社会身份，例如畅销书作家、大学教授、媒体记者，等等，由此才能将线上线下资源有机对接，实现经济收益最大化。图5-5所示为知名网络红人开设的淘宝美妆店。

图 5-5 知名网络红人开设的淘宝美妆店

5.1.4 自媒体的运营原则

在自媒体运营中，要遵循以下原则：

1. 多样性

自媒体平台类型众多且不断推陈出新，这边刚刚熟悉了官方微博的运营，那边微信公众平台又开始兴起了。面对多样化的自媒体形式，需要保持对新媒体的敏感度，勇于探索尝试，一旦有新的自媒体平台出现，就积极响应加入其中。图5-6所示为自媒体"日食记"的头条号与大鱼号。

图 5-6 自媒体"日食记"的头条号与大鱼号

2. 真实性

在通过自媒体平台发布信息时要力求准确，与网友沟通时要客观真诚，面对网友质疑时要实事求是。图5-7所示为以测评为主要内容的自媒体在小红书的首页与内容截图，该自媒体通过实验或使用等方式，对产品进行评测，追求真实，深受粉丝青睐。

图 5-7 自媒体的小红书首页与视频截图

3. 趣味性

内容的真实并不影响趣味性，包括发布趣味性的内容和策划趣味性的活动。图5-8所示为知名的美食自媒体发布的"一百元系列"创意视频，包括"加料 100 元的螺蛳粉是什么样的""花 100 元能买到多少寿司"以及"加料 100 元的奶茶是什么样的"等内容，视频播放量均在百万以上，深受粉丝欢迎。

图 5-8　知名的美食自媒体发布的"一百元系列"创意视频

4. 持续性

自媒体的本质是媒体，需要获得越来越多的媒体受众。自媒体用户的增长不可能一蹴而就，只能依靠高质量且持续更新的内容，依靠不断组织有创意的活动，才能不断积累，获得用户的稳定增长，保持自媒体影响力不断扩大。图 5-9 所示为视频网站推出的 #30 天 vlog 挑战 # 的活动页面截图。

图 5-9　#30 天 vlog 挑战 # 的活动页面截图

5.2　自媒体平台营销概述

自媒体的崛起是近些年来互联网的一个发展趋势，极大地改变了人们的生活，将我们带入了一个社交网络的时代。社交网络属于网络媒体的一种，而作为营销人在社交网络时代迅速来临之际，也不可避免地要面对社交化媒体给营销带来的深刻变革。

5.2.1　自媒体营销的概念

自媒体营销利用社会化网络、在线社区、博客、百科、短视频、微博、微信、今日头条、百度和搜狐等平台或者其他互联网协作平台和媒体来传播和发布资讯，从而形成营销、销售、公共关系处理和客户关系服务维护及开拓的一种方式。一般自媒体营销工具包括论坛、短视频、微博、微信、今日头条、百度、搜狐、凤凰、UC、博客、SNS 社区，内容、图片和视频通过自媒体平台或者组织媒体平台进行发布和传播。图 5-10 所示为自媒体矩阵。

图 5-10　自媒体矩阵

传播的内容量大且形式多样；每时每刻都处在营销状态、与消费者的互动状态，强调内容性与互动技巧；需要对营销过程进行实时监测、分析、总结与管理；需要根据市场与消费者的实时反馈调整营销目标等。

> **拓展**：网络营销中的自媒体主要是指具有网络性质的综合站点，其主要特点是网站内容大多由用户自愿提供（UGC），而用户与站点不存在直接的雇佣关系。

5.2.2 自媒体平台的分类

自媒体平台种类繁多，下面我们根据其内容与形式进行分类。

1. 重点类自媒体平台

这类自媒体平台以自媒体业务为主，流量大，容易上手，且背后运营的公司实力雄厚，有利于长远发展，具体情况如表 5-1 所示。

表 5-1 重点类自媒体平台

重点类自媒体平台			
今日头条号	http://mp.toutiao.com/login	东方号	http://mp.eastday.com/
百家号	http://baijia.baidu.com/	大鱼号	https://mp.dayu.com/
微信公众平台	http://mp.weixin.qq.com/	360doc 个人图书馆	http://www.360doc.com/
搜狗号	http://mp.sogou.com/login		

2. 综合类自媒体平台

这类自媒体平台也以自媒体业务为主，涵盖种类多，内容丰富，浏览量也较大，具体情况如表 5-2 所示。

表 5-2 综合类自媒体平台

综合类自媒体平台			
一点资讯	http://www.yidianzixun.com	来往公众号	http://pp.laiwang.com/
趣头条	http://mp.qutoutiao.net/login	易信公众平台	https://plus.yixin.im/login
QQ 公众平台	http://mp.qq.com	大风号	https://fhh.ifeng.com/login
360 快传号	http://kuaichuan.360.cn/	简书	http://www.jianshu.com/

3. 新闻类自媒体平台

该类自媒体平台以新闻信息为主体内容，搜索权重高，还能做搜索截流推广个人的自媒体，具体情况如表 5-3 所示。但是该类型的平台中，有些可以做广告，例如搜狐号可以在内容中添加 QQ 号、微信号、链接、新闻源等信息；有些平台则不可以。

表 5-3 新闻类自媒体平台

新闻类自媒体平台			
搜狐号	http://mp.sohu.com/	南都自媒体	http://mp.oeeee.com/
新浪看点	http://mp.sina.com.cn/	北京时间号	http://record.btime.com/
腾讯企鹅号自媒体平台	http://om.qq.com/userAuth/index	封面号	https://cm.thecover.cn/
触电新闻	https://media.itouchtv.cn/	界面	http://www.lofter.com/

4. 问答类自媒体平台

问答营销属于互动营销新型营销方式，是互动营销介于第三方口碑而创建的网络营销方式之一。问答营销既能与潜在消费者产生互动，又能植入商家广告，是做品牌口碑、互动营销不错的营销方式之一。遵守问答站点（百度，天涯等）的发问或回答规则，然后巧妙地运用软文，让自己的产品、服务植入问答里面，达到第三方口碑效应。其中，知乎平台的用户质量高，流量巨大，热门问题关注人数有几十万。百度知道、搜狗问问等问答自媒体平台适合做搜索截流，信任背书，建议以投放软广告为主，具体情况如表 5-4 所示。

表 5-4　问答类自媒体平台

问答类自媒体平台			
悟空问答	https://www.wukong.com	360问答	http://wenda.so.com
知乎	https://www.zhihu.com	百度知道	https://zhidao.baidu.com
搜狗问问	https://wenwen.sogou.com	快速问医生	https://www.120ask.com

5. 财经类自媒体平台

该类自媒体平台属于专题自媒体平台，聚焦财经类信息，为广大财经、金融类媒体人及合作伙伴带来参考价值，具体情况如表 5-5 所示。财经类自媒体平台要求创作者具备一定的专业知识储备。

表 5-5　财经类自媒体平台

财经类自媒体平台			
云掌号	http://member.123.com.cn	秒送号	https://www.miaosong.cn/yiruzhuzuozhe
新浪财经自媒体	http://cj.sina.com.cn	中经在线财经号	http://mp.cnfol.com
财富号	http://caifuhao.eastmoney.com		

6. 视频、短视频类自媒体平台

该类自媒体平台以视频和短视频为主要的形式，对于内容信息没有具体的类别要求，流量大，营销效果好，是时下最流行的营销形式，具体情况如表 5-6 所示。

表 5-6　视频、短视频类自媒体平台

视频、短视频类自媒体平台			
西瓜视频	https://www.ixigua.com	美拍	https://www.meipai.com
全民小视频	http://quanmin.baidu.com	秒拍	https://www.miaopai.com
火山小视频	https://www.huoshan.com	小影	http://www.xiaoying.tv
抖音	https://www.douyin.com	新浪视频	http://video.sina.com.cn
快手	https://www.kuaishou.com	微视	http://weishi.qq.com
爱奇艺号	https://mp.iqiyi.com		

> **拓展**：值得注意的是，一些视频、短视频类自媒体平台也提供直播业务，例如爱奇艺、抖音和快手等。从某种程度上来说，视频、短视频营销活动与直播活动有许多相似的特质。

7. 直播类自媒体平台

直播是时下最火热的营销形式之一，因此该类自媒体平台流量大，门槛低，信息丰富，营销效果好，具体情况如表 5-7 所示。

表 5-7　直播类自媒体平台

直播类自媒体平台			
映客	http://www.inke.cn	龙珠直播	http://www.longzhu.com
战旗直播	https://www.zhanqi.tv	虎牙直播	https://www.huya.com
花椒直播	http://www.huajiao.com	斗鱼直播	https://www.douyu.com
YY直播	http://www.yy.com		

8. 电商类自媒体平台

该类自媒体平台主要是面向买家的，其中的派代网则面向电商从业者，1688 商人社区面向生产厂家，具体情况如表 5-8 所示。

表 5-8　电商类自媒体平台

电商类自媒体平台			
京东内容开放平台	https://dr.jd.com/page/login.html	派代网	http://www.paidai.com/
1688 商人社区	https://club.1688.com/	微淘公众平台	https://we.taobao.com

9. 创业类自媒体平台

该类平台主要面向创业者，分享创业经验，推荐创业项目，具体情况如表 5-9 所示。

表 5-9　创业类自媒体平台

创业类自媒体平台			
创业邦	https://www.cyzone.cn/	品途商业评论	https://www.pintu360.com
思达派	http://www.startup-partner.com/	亿欧科技与产业创新服务平台	https://www.iyiou.com/

5.2.3　自媒体平台的营销价值

随着互联网在日常生活中的普及，新媒体覆盖面广、流量大，逐渐跻身主流媒体行列。而自媒体作为新媒体的主力军，也不断展现出营销价值。

这里我们以自媒体写作平台为例，阐述其三大营销价值：

1. 创造个人品牌

个人可以相对自由地在自媒体写作平台发布信息，实现个人观点和知识的传播，提升了个人影响力，收获粉丝，打造个人品牌。例如，简书知名作者彭小六、吴晓布等坚持在自媒体写作平台上提供高质量的知识服务而被人熟知，从而创造了个人品牌。图 5-11 所示为彭小六、吴晓布的简书平台账号。

图 5-11　彭小六、吴晓布的简书平台账号

2. 电商运营

网络媒体将会是未来营销的主战场。越来越多的知名自媒体人开始创办店铺，进行电商运营。自媒体在网络营销中，凸显"长尾"模式价值，即自媒体是一个典型的"长尾"，不同领域都有相应的人群需求，优质的内容可以带来用户的高频次浏览量，看似微小的细分但乘以巨大的需求后将构成广阔的市场。

自媒体人可以借助写作平台打造粉丝经济，创办线上或线下店铺，从而实现自媒体人至自媒体商户的转变，例如罗振宇开通"罗辑思维"官方店进行变现，如图 5-12 所示为"罗辑思维"天猫旗舰店首页。

图 5-12 "罗辑思维"天猫旗舰店首页

3. 内容付费

自媒体的广泛传播开启了内容付费的新模式。各大自媒体平台推出"打赏"模式，粉丝可以通过"打赏"为所喜爱的知识付费。相比专业媒体机构，自媒体人由于其鲜明的个性及形象，更易获得粉丝们的打赏支持（很多粉丝愿意打赏给作者，希望作者常保创作热情）。图 5-13 所示为微信公众号文章与微博文章的打赏界面。

自媒体人开设专栏，开启了为知识付费的新篇章。比如"得到"App 上线以来，受到了广泛的关注，知名自媒体人在"得到"上开设专栏，供相关用户挑选订阅，借助写作平台开启内容创业。图 5-14 所示为"得到"的品牌 Logo。

图 5-13 微信公众号文章与微博文章的打赏界面　　　　图 5-14 "得到"的品牌 Logo

5.3 自媒体与新媒体的区别和联系

新媒体与自媒体作为时下火热的媒体形式，二者之间存在一定的区别与联系。

首先，自媒体属于新媒体。自媒体的本质就是依附在新媒体技术背景下形成的，即"信息共享的即时交互平台"。

其次，新媒体不等于自媒体。新媒体是利用新的传播手段；自媒体则是担任内容创作主体。

在《博客传播》一书中，作者刘津将自媒体与专业媒体机构进行了对比，具体信息如表 5-10 所示。

表 5-10　自媒体与专业媒体机构对比

对比项	自媒体	专业媒体机构
发布方式	个人	组织
信息生产者	业余人士为主，作为自主性个体服从个体意愿	专业人士，作为组织人服从组织方针和立场
传播对象	模糊的读者群	明确的读者群
工作流程	因人而异	标准化的操作原则和程序
生产目标	信息共享，没有生存威胁	服务公益，一般有生存压力
盈利情况	一般是非盈利的，目前有走向盈利的趋势	制定并实现明确的盈利目标
媒体对象	打造个人品牌和声誉	打造组织品牌和声誉

5.4　自媒体写作平台的选择策略

自媒体时代，人人都是自媒体。博客、微博、微信公众号等都是人们熟知的自媒体平台，种类丰富，形式多样。在本章节的任务实践环节中，我们以主流自媒体写作平台作为主要的学习目标。

5.4.1　任务描述——认识九大主流自媒体写作平台

目前，主流自媒体写作平台大致有简书、腾讯内容开放平台、豆瓣、今日头条、搜狐号、知乎、领英、百家号以及大鱼号九种，如图5-15所示。

图5-15　九大主流自媒体写作平台

1. 简书

简书是一个创作社区，任何人均可以在上面进行创作。用户在简书平台上可以方便地创作自己的作品，互相交流。简书成为国内优质原创内容输出平台之一。

简书首页是用户进入简书后的默认页面，根据用户所关注的专题、作者，实时为用户推送最新的创作作品。除了与用户兴趣最相关的作品推送以外，简书首页同时会为用户推荐热门的专题、创作者，帮助用户发现新的热门专题。图5-16所示为简书的Logo与首页截图。

图5-16　简书的Logo与首页截图

2. 腾讯内容开放平台

企鹅号是腾讯旗下的一站式内容创作运营平台，致力于帮助媒体、自媒体、企业、机构获得更多曝光与关注，持续扩大品牌影响力和商业变现能力，扶植优质内容生产者做大做强，建立合理、健康、安全的内容生态体系。

2017年11月8日，企鹅号宣布全新升级——成为腾讯"大内容"生态的重要入口。内容创作者生产的内容可以通过微信、QQ、QQ空间、腾讯新闻、天天快报、QQ浏览器、应用宝、腾讯视频、NOW直播、全民K歌十大平台进行分发，每天覆盖超过100亿的网站浏览量与访客的访问次数，实现"一点接入、全平台分发"。图5-17所示为腾讯内容开放平台的首页截图。

3. 豆瓣

豆瓣创立于2005年，以书影音起家，提供关于书籍、电影、音乐等作品的信息，致力于帮助都市人群发现生活中有用的事物。

图5-17　腾讯内容开放平台的首页截图

豆瓣擅长从海量用户的行为中挖掘和创造新的价值，并通过多种方式返还给用户。凭借独特的使用模式、持续的创新和对用户的尊重，豆瓣被公认为中国极具影响力的 Web 2.0 网站和行业中深具良好口碑和发展潜力的创新企业。豆瓣主要的盈利模式是品牌广告、互动营销以及不断建设和增长中的围绕电子商务行业的渠道收入。

在豆瓣上，你可以自由发表有关书籍、电影、音乐的评论，也可以搜索别人的推荐，有的内容、分类、筛选、排序都由用户产生和决定，甚至在豆瓣主页出现的内容也取决于你的选择。图 5-18 所示为豆瓣的首页截图。

4. 今日头条

今日头条基于数据挖掘的推荐引擎，根据每个用户的兴趣、位置等多个维度进行个性化推荐，为用户推荐有价值、个性化的信息，提供连接人与信息的服务，是国内移动互联网领域成长最快的产品服务之一。

今日头条的优势很明显，受众感兴趣的才是头条推荐的。今日头条高精准推荐、流量大，成为自媒体人抢先入驻的平台之一。图 5-19 所示为今日头条的 Logo。

图 5-18　豆瓣的首页截图

5. 搜狐号

搜狐号即以前的搜狐公众平台，是在搜狐门户改革背景下全新打造的分类内容的入驻、发布和分发全平台，是集中搜狐网、手机搜狐网和搜狐新闻客户端三端资源大力推广媒体和自媒体优质内容的平台。各个行业的优质内容供给者（媒体、个人、机构、企业）均可免费申请入驻，为搜狐提供内容；利用搜狐三端平台强大的媒体影响力，入驻用户可获取可观的阅读量，提升自己的行业影响力。

搜狐号在自媒体平台中权重较高，排名较好，适合做公司或个人的品牌宣传。在百度搜索引擎中，搜狐号是重要的信息来源。图 5-20 所示为搜狐号的运营公告与搜狐号首页截图。

图 5-19　今日头条的 Logo　　　　图 5-20　搜狐号的运营公告与搜狐号首页截图

6. 知乎

知乎是中文互联网最大的知识社交平台，秉持"知识连接一切"为使命，凭借认真、专业和友善的社区氛围和独特的产品机制，聚集了中国互联网上科技、文化等领域里最具创造力的人群，将高质量的内容通过人的节点成规模地进行生产和分享，构建高价值人际关系网络。用户通过问答等交流方式建立信任和连接，打造和提升个人品牌价值，并发现获得新机会。

知乎是一个真实的网络问答社区，社区氛围友好与理性，连接各行各业的精英。用户分享着彼此的专业知识、经验和见解，为中文互联网源源不断地提供高质量的信息。

图 5-21 所示为知乎的 App 图标与登录界面截图。

7. 大鱼号

2017 年 3 月，随着土豆宣布全面转型短视频，为了让短视频创作者快捷高效地共享阿里生态资源，阿里巴巴宣布原 UC 订阅号、优酷自频道账号统一升级为大鱼号，让内容创作者通行阿里文娱平台，一点接入、多点分发，获得多平台的流量支持。

大鱼号是 UC 订阅号的全新升级平台。UC 通过整合阿里巴巴大数据资源，形成真实用户画像，进行精准信息推荐，实现信息到人、人找信息的两重飞跃，将自媒体创作者接入全球最大的零售商业平台，给予他们流量、变现、社群电商等方面的便利和能力。图 5-22 所示为大鱼号的 Logo 与注册界面截图。

图 5-21　知乎的 App 图标与登录界面截图　　　图 5-22　大鱼号的 Logo 与注册界面截图

8. 百家号

百家号是百度公司为内容创作者提供的内容发布、内容变现和粉丝管理平台。于 2016 年 6 月份启动并正式内测，9 月份账号体系、分发策略升级，广告系统正式上线，9 月 28 号正式对所有作者全面开放。

作者在百家号发布文章后，将可通过手机百度、百度搜索、百度浏览器等多种渠道进行分发。百度将流量导入，并将百度联盟广告客户和品牌客户引入页面，广告产生的收入 100% 返还给作者。图 5-23 所示为百家号的 Logo 与手机端登录界面。

9. 领英

领英（LinkedIn）作为全球最大职业社交网站，其全球会员人数已突破 5 亿，是一家面向商业客户的社交网络，成立于 2002 年 12 月并于 2003 年启动，于 2011 年 5 月 20 日在美上市，总部位于美国加利福尼亚州山景城。

网站的目的是让注册用户维护他们在商业交往中认识并信任的联系人。在领英可以轻松打造职业形象、获取商业洞察、拓展职业人脉并发现更多职业机遇。图 5-24 所示为领英的 Logo 与首页截图。

图 5-23　百家号的 Logo 与手机端登录界面　　　图 5-24　领英的 Logo 与首页截图

5.4.2 技术引进——优质自媒体平台与自媒体人的特征

自媒体平台如此火爆,很多人开始思索自媒体平台的选取以及如何成为一个优秀的自媒体人等问题。

1. 优质自媒体平台的特征

自媒体平台是自媒体营销活动的重中之重,选择正确的平台对于自媒体营销工作来说,可谓事半功倍。优质的自媒体平台通常有以下三种特征,如图5-25所示。

1)流量大

流量大是优质自媒体平台的必备特征。如果选择的自媒体平台运营一年后,阅读量还不到三位数,这对于自己和品牌都是极为不利的情况。

选择自媒体平台时,应尽量选择有大公司背景的平台,如BAT(百度、阿里巴巴、腾讯)旗下的自媒体平台。有互联网大公司背景的平台,可以借助公司影响力,引导流量。例如,百度旗下的百家号、阿里巴巴旗下的大鱼号、腾讯旗下的企鹅媒体平台等,由于其天生具备流量优势,加上公司大力推广及引流,只要定位准确,内容质量高,获得极高的阅读量基本不成问题。图5-26所示为互联网巨头公司——百度、阿里巴巴和腾讯的Logo。

流量大　　版权的保护力度　　更多个人品牌曝光

图5-25 优质自媒体平台的三种特征　　　　图5-26 百度、阿里巴巴和腾讯的Logo

2)版权保护力度

选择平台时,应尽量选择尊重作者和保护知识产权的平台。

众所周知,网络平台的抄袭与转载无处不在。如果起初选择不具有版权保护的平台,文章极易被抄袭,个人权利得不到有效保护,不利于个人品牌的建立。

选择平台时,建议选择具有原创保护政策的平台,如今日头条、企鹅媒体平台等都开通了原创计划,致力保护原创者的权益。当然,有些优质平台本身不具备原创保护功能,但作者可以与第三方版权保护机构签约,如简书与维权骑士签约来保护创作者权益。图5-27所示为企鹅号版权保护升级服务指南。

图5-27 企鹅号版权保护升级服务指南

3)更多个人品牌曝光

平台的选取需要考量平台能否给予创作者更多个人品牌曝光。

今日头条有自营广告和头条广告,且其推出了"千人万元"计划,自媒体人获得万元收益的同时可与今日头条签约。今日头条可为创作者提供更多机会,是优质自媒体的楷模。大鱼号推出"大鱼计划",企鹅媒体平台推出"芒种计划",这两个平台都可以为自媒体人带来丰厚的经济效益,也是优质自媒体的表率。图5-28所示为企鹅媒体平台的"芒种计划2.0"补贴保底申请资格。

搜狐号能提供的直接收益有限,但由于搜狐号是百度搜索的信息源,作者可以获得极高的个人品牌曝光,所以搜狐号一直是自媒体人青睐的平台。简书能提供的收益有限,但其平台中有大量的出版社编辑,高质量的文章可以被出版社及专业编辑发掘,进一步获得支持;同时简书推出签约作者，可为更多优质自媒体人打造品牌。搜狐号及简书能为自媒体人提供更多曝光度，是优质自媒体的典范。

	机构创作者月入2万元		个人创作者 月入5000元/10000元	
账号类型	图文账号	视频账号	图文账号	视频账号
符合流量主基本要求	●	●	●	●
已开通图文/视频原创标签	●	●	●	●
主体类型为机构或企业	●	●		
企鹅指数原创度90分以上	●		●	
有良好写作背景、内容优质原创	●	●	●	●
月发原创文章40篇以上	●			
月发原创文章15篇以上			●	

图5-28　企鹅媒体平台的"芒种计划2.0"补贴保底申请资格

总之，选择自媒体平台时要考虑平台能否提供更多个人品牌曝光，从而实现自我价值。

2. 优质自媒体人的特征

成功的自媒体人通常有着相似的特质，大致分为四个方面：个人定位明确、自我营销、输出价值和坚持到底，如图5-29所示。

图5-29　优质自媒体人的特征

1）个人定位明确

想要做好自媒体，自媒体人首先要有明确的个人定位。任何自媒体平台都有特定的读者群体和调性，自媒体人要根据个人特长选取相应的写作领域。有些自媒体人则根据平台调性选择个人定位，发现没有持续产出的内容，难以坚持到底。

把个人特长与平台调性相融合的自媒体人才利于长久运营。当然，刚开始难免有失误，作者需要不断地尝试并调整，找到适合个人的领域。例如简书某知名作者刚开始的一段时间内尝试写影评，后来发现与平台主题是不太吻合的，进而依据简书平台的特征进军个人知识管理领域，从而获得巨大成功。明确的个人定位，才能不断储能进而打造出个人品牌。

2）自我营销

在互联网的世界中，自己能力强并不厉害，最厉害的是让别人知道你很强。做自媒体工作如果不懂自我营销，很难产生极大的影响力；如果懂得自我营销，自媒体工作事半功倍。自媒体的内容如果没有推广，浏览量很难达到预期，尤其像微信公众号、网站视频等闭环平台。简书也有同样的特点，如果文章没有被编辑推荐，自己又不主动推广，文章的阅读量很低，将不利于自我影响力的扩散。

自媒体时代要学会自我营销，借助平台矩阵或社群不断打造个人品牌，从而让自己擅长的技能被更多人熟知。

3）输出价值

自媒体内容创作若不能输出价值，很难赢得读者的喜爱和赞同。

一些自媒体人把写作平台当作个人日记来运营，字里行间写的都是生活的碎碎念或个人私事，平淡无奇。新媒体时代下，如果一篇文章无法给他人提供价值，即使在网络上坚持发布，也很难有高的阅读量。

互联网时代，换位思考非常重要。自媒体人提供的价值越多，得到的回报也越大。优质的自媒体人通常都坚持以输出价值为创作核心，不断优化个人品牌。

4）坚持到底

做自媒体需要长期运营，如果没做好坚持到底的准备，很难打造出个人品牌。

选择任何自媒体写作平台都一样，起始阶段由于粉丝基数小、文章不成熟、文笔风格不明确，很难一下子被读者喜爱。

很多自媒体人，写作几个月看不到变现途径，便逐渐放弃了。其实，只要在自己热爱且对他人有价值的领域坚持深耕下去，总会有所收获。就如很多知名自媒体人，刚开始写作时，阅读量并不高，但是通过不断打磨与坚持，最终收获惊人的成就。

自媒体写作时，要有坚持到底的恒心，同时有自己热爱的领域，这样才会不断产生正向驱动。

 **自媒体人与自媒体平台的讨论**

结合课堂所学知识以及个人的使用体验，完成以下任务。（任务可二选一）

- 任务一

2019年涌现出一批优秀的自媒体人，请查找资料，找出五个你最喜欢的自媒体人，结合其创作内容，分析其成功的缘由，完成表5-11。

表5-11 自媒体人分析表

序 号	自媒体人信息（姓名、活跃平台、粉丝数等）	创作内容与形式	你喜欢的理由	成功理由分析
1				
2				
3				
4				
5				

- 任务二

查找资料并结合个人体验，总结以下自媒体写作平台的特点，分析优点，提出不足（或改进意见），完成表5-12。

表5-12 自媒体写作平台特点、优缺点分析

自媒体写作平台	特　　点	优　　点	不足（或改进意见）
简书			
今日头条			
大鱼号			
搜狐号			
百家号			
豆瓣			
知乎			
一点资讯			

5.4.3 任务实施——制定平台运营选择攻略

（1）请查找资料，分析各类写作平台的热门文章类别及用户群体，填写表5-13。

表 5-13　九大主流自媒体写作平台对比

平　　台	主体用户	推荐机制	平台激励
简书			
今日头条			
大鱼号			
企鹅媒体			
搜狐号			
百家号			
豆瓣			
知乎			
领英专栏			

拓展：建议新手从简书、今日头条、豆瓣、知乎等难度较低的平台开始，在运营 1～3 个平台的基础上，选取一个主攻平台，并不断打磨文笔，从而为全平台爆发积攒势能。

（2）根据个人具体情况，包括爱好、精力、能力等影响因素，制定平台运营攻略。

自媒体平台如何"变现"

在生活或工作中，是否遇到过以下情况？思考它们有可能通过哪个平台变现，推测变现的收益程度如何。

- 看到一篇自媒体写作平台的文章底部有个广告链接，顺手点开并进行了浏览。
- 在朋友圈看到很多人分享"XX 天训练营"，于是点开报名链接进行报名。
- 读到一篇受益匪浅的文章，对文章进行打赏以支持原创作者。
- 阅读一篇微信公众号推文，文章中谈到一款功能极佳的电子产品，于是在电商网站上搜索并购买。
- "双 11"将近，想购买一些书籍，但并不知道哪些书籍有价值，于是打开某知名自媒体账号，在其官方店铺购买了推荐的相关书籍。

5.5　自媒体平台——"头条号"营销实战

头条号作为时下优质的自媒体平台，入驻要求也非常简单。符合要求的国家机构、媒体、自媒体登录头条号网站，填写相关资料后提交申请，通过审核后即可入驻头条号媒体平台，为广大移动互联网用户提供优质内容。

5.5.1　任务描述——了解自媒体平台"头条号"

头条号，曾命名为"今日头条媒体平台"，是今日头条旗下媒体与自媒体平台，致力于帮助企业、机构、媒体和自媒体在移动端获得更多曝光和关注。在移动互联网时代持续扩大影响力，同时实现品牌传播和内容变现；另一方面也为今日头条这个用户量众多的平台输出更优质的内容，创造更好的用户体验。

打造一个良好的内容生态平台，是头条号发展的重要方向。基于移动端今日头条海量用户基数，通过强大的智能推荐算法，优质内容将获得更多曝光。业界领先的消重保护机制，让原创者远离侵权烦恼，专注内容创作，借助头条广告和自营广告，让入驻媒体、自媒体的价值变现有更多可能。

2019年5月，今日头条创作者均可申请开通头条小店，通过内容变现增加收入。头条小店开通后，店铺页面将出现在作者的今日头条、西瓜视频、抖音、火山个人主页，商品可通过图文、视频、微头条、小视频、直播等多种方式展示。

图 5-30 所示为今日头条旗下的媒体平台矩阵。

图 5-30　今日头条旗下的媒体平台矩阵

头条号平台的优势有三种，如表 5-14 所示。

表 5-14　头条号平台优势

优　　势	简　　介
智能推荐	快速获取海量移动阅读用户
高收益	头条广告，自营广告
原创保护	独有的消重保护机制，打击盗版与抄袭

> **拓展**：消重是指对重复、相似、相关的文章进行分类和比对，使其不会同时或重复出现在用户信息流中的过程。头条号平台首先会通过消重机制来决定同样主题或内容的文章是否有机会被推荐给更多用户，检测内容包括内容与"关键项"、标题和预览图片以及主题。

5.5.2　技术引进——"头条号"的运营技巧

今日头条作为现在最火的新媒体平台之一，也是一个超大流量池，它的特点是文章的智能推荐系统。

1. 掌握推荐原理

机器对文章进行识别——冷启动阶段（机器把文章推荐给少量精准读者）——续推阶段（根据冷启动数据判断是否续推及推荐量级）——重复上个步骤。

冷启动的读者反馈数据非常关键（包括点击率、读完率、互动等）。而冷启动中，机器会优先选取头条号的粉丝作为目标读者进行推荐。如果没有粉丝，就全部推荐给陌生读者；如果有粉丝，会推荐给部分粉丝与部分陌生读者。

2. 避免被平台消重

发布文章的时候，必须要面对今日头条的消重机制。基本上，文章被消重之后的后果就是很难获得大量推荐，直接影响到文章的阅读量和头条号的粉丝量。

今日头条在消重时通常重点关注的几个关键项：

- 来源头条号是否开通"原创"标记；
- 发布的时间（首发很重要）；
- 来源的权威性和在网络上被引用的次数；
- 标题和预览图片的消重；
- 针对相似主题的消重。

3. 掌握变现渠道

目前头条的主要变现方式有头条号广告、"千人万元"签约计划、头条号赞赏、头条号原创转载、付费专栏、内容电商等。

- 头条号广告：一般出现在文章尾部，按照阅读量计费，一万阅读量大概有 5～10 元的收益。
- "千人万元"签约计划：扶持 1000 个头条号个体创作者，每人每个月至少获得 1 万元的保底收入。
- 头条号赞赏：作者在为文章打上原创标签后，选择是否"使用赞赏功能"，类似于公众号赞赏，也是出现在文章尾部。
- 头条号原创转载：作者通过连载功能发布的作品将依托头条的大数据智能分发，精准推荐给今日头条小说阅读用户，读者可在小说频道连续翻页式阅读你的作品。平台帮助连载实现付费转化，当你的作品与平台签约开通付费后，可为作品设置付费章节。

> **拓展**："原创连载"是今日头条平台面向优质创作者推出的新功能，通过原创连载功能，作者可以发布长篇小说连载、中短篇小说/故事连载、系列故事连载。由统一主线串联起来的系列作品，都很适合通过连载功能发布。

- 付费专栏：付费专栏是为头条号作者打造的一种新的内容变现形式，致力于让优质内容变现更简单。专栏作者可以发布付费图文、音频、视频任意一种形式（也可以同一个专栏多种形式混合）的专栏内容，自行标定价格，用户按需付费购买后，专栏作者即可获得收益分成。
- 内容电商：在今日头条做电商的工具。

4. 提高推荐量

头条号的成败都在于平台给你文章多少推荐量。

- 提高点击率——标题和封面图具有足够的吸引力，表达清晰。
- 提高阅读时长——图文并茂，易读性强。
- 增加评论数和转发数——内容翔实，给读者干货的感觉；观点鲜明，引起读者讨论。

今日头条的热词分析功能，可以帮助作者找到不错的标签，提高文章的推荐量。还有一个技巧，头条的手机端搜索框，输入相关词汇会对应文章的标签，多收集这些标签，慢慢建立自己领域的标签库。

5. 运营的关键指标

头条号运营的效果可以通过一些量化指标进行判断，大致分为五种：原创度、垂直度、活跃度、互动度和健康度，如表 5-15 所示。

表 5-15　头条号运营的关键指标

关键指标	含　义
原创度	文章要是原创，避免搬运，大数据会检测内容来源
垂直度	注册头条号的时候会选择一个领域，未来产出的内容尽量与账号领域相关，这样机器才能认识你，并且把相应的内容推荐给更多相关领域的人
活跃度	保持更文频率，建议每月更新 10 篇以上，保持稳定输出
互动度	用户对文章评论要及时回复，这样会提高账号的权重，推荐给更多用户
健康度	提高内容排版和配图质量，避免低级标题党、搬运等违规事项

6. 头条认证

头条号的认证和微博认证类似，可以选择"身份认证"和"兴趣认证"。认证之后有独家标识、优先推荐、增加曝光、快速涨粉等特权。

7. 微头条运营

微头条类似新浪微博，在今日头条内发布微头条，是涨粉最快的途径之一。

可以尝试在微头条发以下内容，比较容易引起用户关注。

- 快速追热点

头条和微博一样，适合追热点，热点发生后快速在微头条追热点，阅读量会暴增，评论数和点赞数也快速增加。

- 引起思考和讨论的内容

引起讨论的内容最容易在微头条火爆，内容最好能表明自己的观点，然后读者会对观点阐述正面和反面的评论，这时候在评论区会引起激烈讨论，提高了内容的互动率，平台会持续帮你推荐，所以阅读量会持续增加。

课堂练习　申请"今日头条"账号

目前，注册个人头条号很简单，只需要一张身份证就可以完成。

（1）我们在计算机端搜索"头条号"，单击如图 5-31 所示链接进入登录页面。

图 5-31　搜索界面

（2）在登录界面，单击"立即注册"。在注册界面，输入手机与验证码，勾选"我已阅读并同意用户协议和隐私政策"，单击"注册"。操作过程如图 5-32 所示。

（3）选择"个人"，并填写信息：账号名称、账号介绍以及账号头像等。注册过程如图 5-33 所示。

图 5-32　操作过程

> **小贴士**：账号名称要在网上先搜索一下，最好不要有重复，方便后期可以全平台运营。建议名字好记不绕口、自带搜索性高，贴合创作领域，让用户从名字就能看出创作内容领域，也比较好记。

图 5-33　注册过程

（4）注册成功后，可以选择是否关联"百家号"与"微信公众平台"。若跳过此步骤，稍后可在头条号后台的个人中心→我的权益→创作者能力证明中设置。

(5) 发文前需上传身份证，完成实名认证。

- 在计算机端左侧个人中心→账号权益→身份校验→单击"前往认证"，如图 5-34 所示。

图 5-34　头条号个人账号状态界面

- 使用注册账号时所用的登录方式登录今日头条客户端（手机端），在我的→实名认证页面，按系统提示进行操作，认证过程如图 5-35 所示。

图 5-35　认证过程

> 提示：目前，一个身份证只能注册一个个人头条号，而且后期提现的时候需要绑定注册人的银行卡，这是为了避免做号党和维护原创自媒体环境。

(6) 创作能力证明与资质认证（选填）。可以在计算机端左侧个人中心→账号权益→账号状态中进行设置，如图 5-36 所示。

- 创作能力证明：作者通过提交在第三方平台发布的内容，帮助头条号平台迅速判断个人创作能力，从而优先获得原创、双标题、优化助手、加 V 认证等高级功能，以及多种签约计划的扶持。
- 资质认证：健康/财经领域作者注册时，需要提供相关的健康/财经资质证明，是平台借以核实作者有无发布相关领域文章资质的必要途径，也是作者发布相关领域文章获得正常完整推荐的前提条件。

图 5-36　创作能力证明与资质认证（选填）

> **提示**：创作能力证明的操作注意事项——①同一个微信内容源只能为一个账号进行创作能力证明。如果提交的内容源已为其他账号证明，则提示失败，需更换内容源。②账号成功提交内容源后，暂不支持解除绑定和更换绑定，请确认无误后再进行扫码确认。

5.5.3　任务实施——使用"头条号"的后台功能

打开头条号登录界面，输入账号密码登录个人账号，一起来认识头条号的后台功能。

1. 内容发布

头条的内容发布形式多样：视频、文章、微头条、图集、问答和小视频。其中除了发布视频需要在今日头条下方的西瓜视频入口，其他的都可以在今日头条下拉菜单里发布。

（1）在左侧导航栏选择今日头条→主页，单击开始创作，发布文章，如图5-37所示。

图 5-37　发布文章的编辑界面

（2）在左侧导航栏选择西瓜视频，单击上传视频，将自己准备好的视频上传至个人头条号，如图5-38所示。

（3）对个人头条号中发布的文章与视频进行推广分享，可以通过微信以及微信朋友圈转发，也可以通过其他社交媒体展开宣传，为下一步的数据统计做好铺垫。

2. 查看数据

为了更好地了解自己的用户以及头条号的运营情况，数据分析是必不可少的。数据查看主要分三类：文章数据、视频数据和总数据。

图 5-38　上传视频界面

1）文章数据：微头条、图文和问答的详细数据在头条下的数据分析即可查看，里面会有详细的推荐、阅读、评论、收藏转发等数据，这些数据可以直接导出 Excel，方便做数据分析。

2）视频数据：在西瓜视频的视频数据即可看到，里面会有视频数据的详细分析。

3) 总数据：除了这两个，在个人中心→我的粉丝也可查看其他的数据，例如粉丝数、粉丝画像、月度粉丝收益及粉丝阅读等一些详细数据。

（1）对账号总数据进行记录并分析，包括文章量、推荐量、阅读量、粉丝阅读量和评论量，如图 5-39 所示，总结账号目前的情况，包括优点、不足以及改进办法（账号目前情况）。

图 5-39　账号数据概况

（2）对于账号发布的视频的数据进行记录并分析，包括累计推荐量、累计播放量、累计粉丝播放量以及累计播放时长（分钟），如图 5-40 所示，分析视频运营的优点、不足以及改进办法（账号目前情况）。

图 5-40　视频数据概览

（3）结合上面步骤中的任务内容，完成表 5-16。

表 5-16　个人头条号数据统计分析表

总数据					
数据类型	文章量	推荐量	阅读量	粉丝阅读量	评论量
分类分析					

账号目前的情况：

视频数据				
数据类型	累计推荐量	累计播放量	累计粉丝播放量	累计播放时长（分钟）
分类分析				

账号视频业务目前的情况：

3. 新手指南

刚入驻平台的新手，对平台不是很了解，可以从以下几个方面了解平台：

1）学院

在今日头条的首页下方中间位置，有一个"学院"——里面有针对新手的进阶手册，从头条号的注册流程规范到功能使用介绍及如何提高平台推荐的一些相关功能介绍，除了这些基本的进阶知识，还有一些官方指导和一些优质作者的分享，刚刚入驻此平台的作者可以在学院好好学习一下。图5-41为头条号后台的"学院"界面。

图5-41 头条号后台的"学院"界面

2）创作活动

在学院旁边的"创作活动"，里面有头条平台的优质内容及活动信息，可以实时关注到平台最火热的项目。图5-42为头条号后台的"创作活动"界面。

图5-42 头条号后台的"创作活动"界面

3）常见问题入口

在头条号后台右边的导航栏有原创扶持常见问题与原创扶持问题咨询，如图5-43所示。常见问题是平台总结的一些关于这个平台，用户经常会问到的一些问题解答，如果这里没有找到你想找的问题答案，可以单击下方的"问题咨询"，平台客服会在后台回答你的疑问。

4）个人权益

在个人中心下方我的权益中，有一个账号权限。根据账号运营情况，这里面的一些权益有的平台会邀请开通，有的需要你手动申请开通，具体情况后面有详细的申请条件和功能说明，如图5-44所示，可以单击相对应的部分进行查看，不断完善自己的账号权限。

图5-43 导航栏

图 5-44　个人权益

举一反三　"创作能力证明"功能使用

结合本章节所学内容，登录个人的头条账号，使用"创作能力证明"功能，将第 4 章微信营销任务中申请的个人微信订阅号与头条号进行关联，并尝试发布图文，分享至两个平台。

图 5-45 所示为头条号关联微信公众平台的操作过程。

5.6　自媒体平台——"百家号"营销实战

图 5-45　头条号关联微信公众平台的操作过程

百家号是百度公司为内容创作者提供的内容发布、内容变现和粉丝管理平台，是收益最高的写作新媒体平台之一。"百家号"作者发布的内容将会被分发到手机百度、百度搜索、百度浏览器、百度好看等一系列百度平台，往往带来巨大流量。

5.6.1　任务描述——了解自媒体平台"百家号"

百家号是全球最大中文搜索引擎百度为内容创作者提供的内容发布、内容变现和粉丝管理平台。百家号于 2016 年 6 月份启动并正式内测，9 月份账号体系、分发策略升级，广告系统正式上线，9 月 28 日正式对所有作者全面开放。2018 年 2 月 6 日，百度百家号与新华社达成战略合作，双方将联合推出"新华社超级频道"，并在百度平台全面分发新华社新闻信息内容。百家号的使命：帮助内容创作者"从这里影响世界"。

图 5-46 所示为百度与百家号的 Logo。

百家号支持内容创造者轻松发布文章、图片、视频作品，未来还将支持 H5、VR、直播、动图等更多内容形态。

图 5-46　百度与百家号的 Logo

内容一经提交，将通过手机百度、百度搜索、百度浏览器等多种渠道进行分发。

图 5-47 所示为手机百度图标、百度搜索界面以及百度浏览器的 Logo。

百家号作为大型新媒体写作平台，其为内容创造者提供了多种变现机制：

1. 百度广告分成和补贴

（1）原生广告分成：目前在手机百度资讯流以及百家号内容页中都有不少原生广告，百家号作者生产的内容将会根据其分发量以及阅读量等流量数据获得原生广告分成。

图 5-47　手机百度图标、百度搜索界面以及百度浏览器的 Logo

（2）联盟广告分成：这部分广告模式也是百度非常成熟的变现模式。作者在百家号发布文章后，百度将流量导入，并将百度联盟广告客户和品牌客户引入页面，广告产生的收入 100% 返还给作者。你文章的阅读量越多，给你的分成就越多。

2. 内容电商

百家号作者可以在文章中推荐并添加商品，商品的内容形式包括图文、图集、视频。百家号内容电商功能的上线，不但拓展原创作者变现模式，鼓励原创内容输出，且提升手机百度资讯流用户体验。即百家号作者可以在撰写内容时插入与内容匹配的商品卡。作者可直接在文章编辑后台搜索框中输入商品关键词搜索商品，将商品卡片添加至文章中，用户即可在手机百度资讯流中获取相关信息。

3. 自营广告

自营广告就是作者本人靠自己的关系对外拉到的广告，百家号给你提供广告位。

4. 平台补贴

针对优质创作者，百家号平台会提供补贴。以"百+计划"为例，按照参与竞逐的创作者的优质原创文章生产量、百家号账号内容质量度、用户喜爱度、活跃度等维度进行综合评估，成功入选的作者有机会获得最高万元的创作奖金。值得一提的是，"百+计划"除了现金奖励之外，平台还会给予入选作者更多的权益——"专业孵化""高保底流量""大 V 号荣誉"等。

作为百度内容生态的重要一环，百家号自正式上线以来，一直保持着快速稳步发展。吸引众多作者入驻，让原创作者因优质内容而获益，为其持续生产更多优质内容注入"源动能"，形成良性循环。

5.6.2　技术引进——"百家号"运营技巧

百家号作为一个提供百亿级流量的内容平台，致力于帮助企业赢取更多流量，来增加品牌的知名度和曝光度。并且由于百度与《人民日报》联手合作，双方账号互通，使得流量不断扩大，因此不少企业纷纷入驻，想要通过这个平台来曝光自身产品。然而有些企业却迟迟掌握不到窍门，导致文章流量少，推荐量和阅读量都很低，文章得不到高曝光，并且对其他人的高阅读、高曝光感到不解，至此陷入了困境。

那么企业如何做才能获得更多流量和曝光呢？下面我们就来了解一下百家号运营的相关技巧。

1. 内容同步

1）平台认证：微信公众号、头条号、爱奇艺号

平台认证是百家号平台强大功能之一。在进行平台认证后，文章审核通过概率变大。在百

家号系统后台页面，单击"百家号设置"中的"内容助手"选项，我们会看到未经授权过的账号：分别是微信公众号、头条号以及爱奇艺号。填写完相关信息之后，即可完成认证，当我们的账号经过授权认证，系统会提升我们文章的审核通过率。

值得注意的是，内容助手功能会自动帮助我们将这三个平台发布的文章通过自动或手动，同步到我们的百家号平台上，并且不占用我们百家号的发文篇数，最大程度地增加了我们的品牌曝光。

2）百度联手人民日报，账号互通，流量扩大

在2018年，百度与人民日报展开全方位战略合作。人民号身为百度协助人民日报搭建的网络平台，正式上线。至此，双方平台实现账号互通，流量与曝光双倍呈现。

百家号发布的文章可同步到人民号上，增加文章曝光量，实现平台互相引流。而想要百家号内容同步到人民号上，单击"百家号设置"中的"功能设置"选项，下拉到页面最底部，可看到"其他设置"，允许您的内容同步发布至人民号等信息，单击"同意授权"，勾选授权协议，单击"确定"即可。

账号审核通过之后，我们所发布的文章就会同步到人民号上，获得双重流量与曝光。

2. 图片素材

1）图片来源

图文并茂更容易吸引用户的兴趣，因而在文章中插入图片是很有必要的。为了我们更好地添加图片进行创作，在上传图片时，图片的来源不仅仅是单纯的本地图片、免费正版图库&素材库，平台新推出了网盘图片，进行授权以后，我们可在百家号直接查看和选用百度网盘的图片。或者我们也可以在百家号设置中的功能设置页面，允许访问网盘图片。高清、免费素材库的进一步扩充，既方便我们进行后期的素材采集，同时也避免侵权困扰。

2）图片编辑+搜图，美化视觉效果

另外，在上传图片时建议大家对图片进行二次加工。一是为了美化视觉效果，二是为了避免侵权。上传图片之后，单击"编辑"选项，不仅可以对图片进行裁剪，还可以为它添加滤镜，为了方便用户在移动端进行阅读，大家可以对图片进行适当裁剪，选择滤镜时，可采用美化、鲜明、冷色等多种色调，大家还可以对图片进行旋转放大等操作。单击"搜图"选项，我们可搜索到众多相似免费正版图片，可选择合适的图片直接替换原图。

3）话题功能上线，解锁更多流量

百家号后台早已上线图文&视频添加话题功能。作者在发文时可以搜索、添加话题，添加话题的优质内容，不仅会容易获得更多的流量和关注，也会获得话题运营方的重点推荐。另外，添加的话题需要与图文或者视频主题一致。比如我们经营着旅游业账号，发布了一篇关于旅游攻略的文章或视频，就可以直接手动搜索、插入与旅游和美食文化相关的热点话题。当用户看到我们的文章，单击话题即可进入落地页，该篇图文或视频也因进入话题内容流，获得了更多的曝光。如果主题不符，是无法通过审核的。需要注意的是，单篇图文或视频只能添加一个话题。

3. 登上"百家榜"，扩大账号影响力

2019年7月，"百+计划"全面升级为"百家榜"，榜单综合账号原创内容、内容质量和账号影响力等核心指标进行排序。每月发布一次，旨在衡量账号综合影响力。排名越高，影响力越大。榜单涵盖财经、动漫、教育等19个垂直领域，系统会从中挑选出优质账号上榜。上榜的作者不仅会获得平台补贴，还会获得系统的海量流量，而优质内容条件如下：

- 标题用词严谨，客观真实，表意完整；
- 配图清晰完整，图片之间逻辑关联性强，图文高度相关；
- 主题与标题高度相符，内容需有客观观点及独到分析，用词严谨流畅，分段合理，有

- 一定的文学性；
- 视频画面清晰流畅，无杂音，选题独特，具备一定制作水平。

因此，在运营百家账号的时候，可以参考如下建议：

- 提升百家号指数，百家号指数由内容质量、领域专注、活跃表现、原创能力和用户喜爱五个维度组成，分数越高，代表账号质量越好，权益越多；
- 文章标题简洁有力，切合文章内容，具备话题性但不低俗。避免使用故弄玄虚、震惊耸动等方式的标题；
- 避免出现违规内容，比如"标题党"，文章内容出现营销推广信息等。

 申请"百家号"账号

目前，自媒体人都可以注册"百家号"，但是账号官方对新人的审核比较严格，需要遵守一系列的规定。

1）在计算机端搜索"百家号"，单击如图5-48所示的链接进入登录页面。

2）注册百度账号。进入"百家号"界面，单击"注册"，填写用户名、手机号、密码以及验证码，注册百度账号，注册百度账号流程如图5-49所示。如果已有百度账号，可以直接在主页进行登录。

3）百家号注册流程分为三步：填写账号类型、百家号信息以及运营信息。

首先选择账号类型，如图5-50所示，从左往右可选项有五种：个人、媒体、政府、企业以及其他组织，普通的自媒体人选择"个人"。

图 5-48 百度搜索界面

图 5-49 注册百度账号流程

图 5-50 账号类型界面

百家号的五种运营主体所需的申请信息与要求，如表 5-17 所示。

表 5-17　百家号的五种主体

	个　人	媒　体	企　业	政　府	其他组织
适合主体	垂直领域专家、KOL、自媒体人	有媒体资质的网站、报刊杂志、电视台等	公司、分支机构、相关品牌等	国内外国家政府机构、事业单位、参公管理的社团组织	公益机构、学校、民间组织等机构
账号信息	领域、百家号名称、签名、头像以及所在地				
主体信息	/	组织名称	企业名称	政府全称	组织名称
	/	组织机构代码	企业营业执照注册号	/	组织机构代码
	/	组织机构代码影印件	企业营业执照影印件	确认公函影印件	组织机构代码影印件
运营者信息	运营者姓名、身份证号码、身份证正反面照片				

其次，登记百家号信息，包括账号头像、账号名称、签名、领域、所在地以及邀请码，同时可以查看百度 App 个人主页展示效果，如图 5-51 所示。

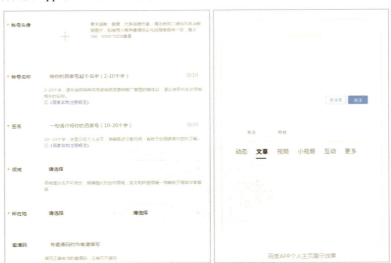

图 5-51　登记百家号信息界面

在注册百家号时，为了快速通过官方的审核，需要注意避免一些雷区。

1. 账号名称不规范

①含"百家""百度"等易被用户误解为百度官方的名称；②含没有具体意义的字母或数字、易被用户误解为某个已有账号的名称；③涉及明显广告营销目的的名称；④涉及国家领导人、敏感政治事件的名称；⑤直接引用地名通用词、固有名词、形容词等。

2. 签名不规范

①涉及广告信息如网站链接、微博、微信等；②涉及推广宣传语；③涉及恶俗、消极、敏感、暴力、色情信息；④个人类型的账号描述为机构；⑤签名明显与账号名称不一致。

3. 头像不规范

①非百度官方而使用百度 Logo 作为头像；②头像有明显广告推广信息，如二维码、电话等；

③使用国家领导人照片或漫画形象；④非国家机构使用国旗、国徽、党徽等国家政治象征标志作为头像；⑤头像明显模糊、缺乏美感或涉及黄色暴力；⑥使用纯色图片作为头像。

4. 申请领域与账号名称不符合

账号名称明显带有领域属性，而选择的领域与名称不一致。例如汽车类名称申请美食领域。

5. 其他常见不合规情况

①以个人名义申请军事类内容的账号；②个人申请时使用企业、明星、品牌等机构名称；③企业百家号的定位与企业经营范围不相关，如科技企业申请搞笑、情感等分类账号。④医疗、股票类账号申请（暂不开放此两类）。

最后填写运营者信息，包括姓名、身份证号以及身份证照片，提交完成后会出现"提交成功"的弹窗，如图5-52所示。这些资料都填完就进入到审核阶段了，账号最长审核时间不超过3个工作日，完成后会发送审核状态提示短信，也可以直接登录百家号查看结果。

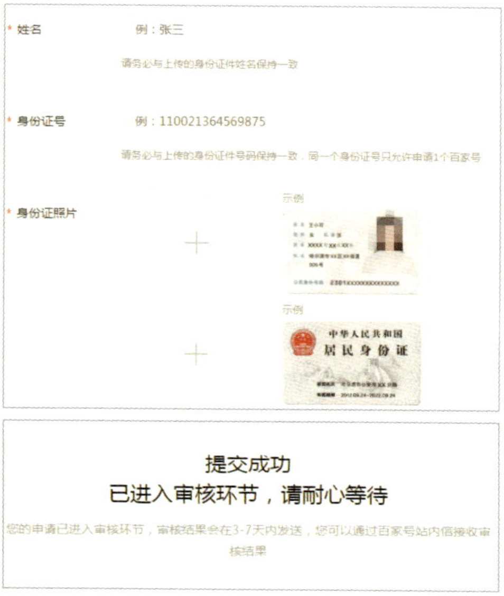

图5-52 运营者信息界面与"提交成功"弹窗

> **小贴士**：①上传的身份证照片非由本人手持；②身份证有明显PS痕迹或身份证照片不清晰、有遮挡，导致无法完整清晰地识别身份证信息；③身份证照片信息和填写的身份证信息不相符。

5.6.3 任务实施——"百家号"发布命题内容

登录自己的"百家号"账号，单击"发布"字样，如图5-53所示，在平台中发表命题内容。

图5-53 "百家号"账号后台界面

结合个人情况，选择一款自己喜欢的物品或者一项爱好，使用百家号针对该"物品/爱好"进行展示，展示形式包括图文、图集、视频、动态以及合集，如图5-54所示。

图5-54 "百家号"账号后台发布的类型

1. 发布图文

1）在导航栏单击"图文"选项，单击编辑框左侧的"手机/电脑"图标，可以依据不同的载体屏幕尺寸切换编辑框的大小，如图5-55所示。编辑文字和图片内容。在编辑过程中，还可以使用字体加粗、插入图片、插入视频、插入音乐等功能。

图 5-55　图文的编辑界面

> **小贴士**：百家号的文章内容要求语句通畅，不能有逻辑错误；注重真实，不能弄虚作假；注重理性和客观的陈述，不能夹带过多主观私人感情色彩和评论。
> 　　新手期内容质量和内容垂直度非常关键（内容垂直是指文章应该尽可能地缩小在一个范围，从而保持文章的一致性）。文章要以介绍推荐为主，而不能有太多个人感想的散文随笔，尤其是旅游类与生活类文章。历史类文章要求有事实依据，带有论文性质的正史文章，注重学术性与考究性。要写清朝以前的历史人物或朝代，注重内容范围不能太大，比如写某一个历史人物或朝代就围绕这一个模块进行。游戏类文章也要求在内容范围上有所指定，内容范围不宜过大，注重一个游戏比较好。

2）设置文章的其他内容，包括封面、分类以及是否转载授权，如图 5-56 所示。

3）发布后，等待后台审核完成后，百度便会根据你的标签自动推荐给读者了。单击内容管理可以查看已发布图文的状态。

2. 发布图集

1）输入标题，上传图片，如图 5-57 所示。

图 5-56　文章设置界面　　　　图 5-57　图集编辑界面

> **小贴士**：收获更多曝光的技巧——①发布内容连贯、主题鲜明的图集内容；②清晰、准确地填写图集名称和图片描述；③及时发布热点信息，有图有真相。

2）设置封面（三图）、分类以及是否允许转载，如图 5-58 所示。

图 5-58　图集设置界面

3. 发布视频

1）上传视频，输入标题，插入话题，如图 5-59 所示。

> 提示：发布的视频仅支持 MP4、MOV、AVI、MPEG、FLV、RMVB 等格式，最大 2G，较大视频请压缩后再上传。现在支持同时上传最多 10 个视频。

2）设置视频的封面、选择分类、添加标签、填写视频简介，如图 5-60 所示。

图 5-59 视频上传界面

图 5-60 视频设置界面

4. 发布动态

百家号的动态功能与微博类似，可以附带图片、视频和话题等；但又有些不同，其中最大的变化是上传最多 9 张图片后，可以自行设置封面，这张图片将会作为动态列表的首图出现，与百家号图文或图集的封面功能一致；此外，每条动态最多撰写 200 字，目前编写时可以换行，发布后也需要通过审核才能推送。图 5-61 所示为动态的编辑界面。

> 提示：手机百度客户端上发布动态也很方便，在"我的"里单击加号即可编辑。

5. 发布合辑

合辑是围绕一个中心主题，添加多个与主题相符合的视频，并将多个视频重新组织和整理，附加自己的想法于其中，形成视频集合。

1）输入标题，从已经发布的视频中选择要发布的视频合辑，如图 5-62 所示。

图 5-61 动态编辑界面

图 5-62 合辑编辑界面

2）设置合辑的封面、分类以及标签，同时填写视频简介，如图 5-63 所示。

图 5-63 合辑设置界面

提示："百家号"合辑的价值有三种。①优质内容的二次创作——作者可围绕主题聚合现有内容进行二次创作，满足用户深度消费视频的需求；②提高视频播放量——合辑内容具有连贯性、完整性，能够有效刺激用户观看合辑中的全部视频，从而提高合辑中单个视频的播放量；③增加原视频的曝光——发表合辑可将已发表的视频内容再次分发，为原视频增加新的曝光渠道，增加原视频的播放量。

 了解"百家号"指数和作者等级体系

2017 年 4 月份，作者等级权益体系和百家号指数同步上线，百家号指数作为账号等级升降的重要依据。百家号指数是作者账号水平的综合体现，平台致力于不断优化指数模型，让百家号指数更好地服务作者。

查阅资料进一步了解百家号指数如何提升，作者等级体系的提升与下降规则。

图 5-64 所示为百家号指数图，包括了内容质量、用户喜爱、原创能力、领域专注以及活跃表现五项内容。

图 5-64 百家号指数图

5.7 本章小结

本章着重介绍了自媒体营销，针对自媒体、新媒体平台营销以及自媒体与新媒体的区别联系等内容进行了讲解，同时针对自媒体写作平台设计了三个任务，展开实训活动。

完成任务，可以使读者充分理解并掌握新媒体平台营销的相关知识与操作技巧，同时课后习题可以帮助读者巩固并加深对基础知识的理解。

5.8 课后习题

完成本章内容学习后，接下来通过几道课后习题，测验读者对新媒体以及新媒体平台营销

的学习效果，同时加深对所学知识的理解。

5.8.1 选择题

1. 自媒体是指（　　）通过网络等途径向外发布他们本身的事实和新闻的传播方式。
   A. 新闻媒体　　　　B. 普通大众　　　　C. 专业媒体　　　　D. 新闻机构
2. 下列选项中对自媒体与新媒体的关系描述不正确的是（　　）。
   A. 自媒体着重打造组织品牌和声誉　　　B. 自媒体属于新媒体
   C. 新媒体不等于自媒体　　　　　　　　D. 自媒体与新媒体之间有一定的联系
3. 下列选项中不属于头条号平台优势的是（　　）。
   A. 社交互动性强　　B. 智能推荐　　　　C. 高收益　　　　　D. 原创保护
4. 下列选项中不属于今日头条旗下的媒体平台的是（　　）。
   A. 抖音　　　　　　B. 西瓜视频　　　　C. 火山小视频　　　D. 快手
5. 百家号是全球最大中文搜索引擎（　　）为内容创作者提供的内容发布、内容变现和粉丝管理平台。
   A. 腾讯　　　　　　B. 网易　　　　　　C. 搜狐　　　　　　D. 百度

5.8.2 填空题

1. 自媒体作为时下火热的媒体形式，主要特征体现为六个方面：＿＿＿＿、＿＿＿＿、＿＿＿＿、＿＿＿＿、＿＿＿＿与＿＿＿＿。
2. 自媒体的商业模式大致可以分为两类：＿＿＿＿和＿＿＿＿。
3. 在自媒体运营中，要遵循以下原则：＿＿＿＿、＿＿＿＿、＿＿＿＿和＿＿＿＿。
4. 自媒体平台的营销价值可以分为＿＿＿＿、＿＿＿＿和＿＿＿＿。
5. 优质自媒体人的特征主要包括＿＿＿＿、＿＿＿＿、＿＿＿＿和＿＿＿＿。

5.9 创新实操

根据本章节所学内容，选择自己感兴趣的 3～5 个自媒体平台，尝试创建个人的账号，开始打造自己的自媒体矩阵。

图 5-65 所示为自媒体内容（图文）矩阵。

图 5-65　自媒体内容（图文）矩阵

第 6 章

网络视频营销

视频营销作为一种主流的营销方式，在企业营销实践活动中使用的频率非常高。随着互联网技术的不断发展，网络视频营销开始成为视频营销的主要形式。网络视频营销建立在互联网技术的基础上，企业通过进行网络视频营销可以实现展示产品内容、推广品牌和服务的目的。

本章聚焦网络视频营销模式，重点讲解网络视频营销概述、网络视频营销活动、网络视频营销经典案例，尤其针对时下火热的新兴网络视频形式——短视频，进行详细讲解。全面了解网络视频营销，为今后的视频营销工作打下基础。

6.1 网络视频营销概述

国内网络视频用户达到 5.45 亿人，网络视频使用率为 74.5%，因此在网络视频用户中存在着大量的潜在用户。电商行业利用网络视频进行营销，推广并宣传品牌、产品与服务等内容，进而实现客户引流，促进交易。网络视频营销已经成为新媒体营销的一个重要手段。

6.1.1 网络视频营销的含义

当前我国的营销市场，电视的龙头地位依然没有被动摇。然而，电视作为视频媒体却有着两大难以消除的局限性：第一、受众只能单向接收电视信息，很难深度参与；第二、电视有着一定的严肃性和格式，受众很难按照自己的偏好来创造内容，因此电视的广告价值大，但是互动营销价值小。而网络视频却可以突破这些局限，带来互动营销的新平台。图 6-1 所示为电视广告与电视购物节目的截图。

随着网络成为很多人生活中不可或缺的一部分，视频营销又上升到一个新的高度，各种手段和手法层出不穷。"视频"与"互联网"的结合，让这种创新营销形式具备了两者的优点：它具有电视短片的种种特征，例如感染力强、形式内容多样、创意纷呈等，又具有互联网营销的优势。很多互联网营销公司纷纷投身视频营销，以其创新的形式受到客户的关注。

图 6-2 所示为网络视频平台。

图 6-1　电视广告与电视购物节目的截图　　　　图 6-2　网络视频平台

网络视频营销是指主要基于视频网站为核心的网络平台，以内容为核心、创意为导向，利用精细策划的视频内容实现产品营销与品牌传播的目的。营销形式包括影视广告、网络视频、宣传片、微电影等多种方式，并把产品或品牌信息植入到视频中，产生一种视觉冲击力和表现张力，通过网民的力量实现自传播，达到营销目的。

6.1.2 网络视频营销的特点

与传统的营销方式相比,网络视频营销作为新媒体营销的方式之一,有着诸多显著优势,下面我们逐一进行介绍。

图 6-3 所示为网络视频营销的特点。

图 6-3 网络视频营销的特点

1. 目标精准

网络视频营销是一种传播非常精准的营销方式,可以帮助企业精准地找到潜在的消费者。通常只有对产品、品牌、视频内容感兴趣的用户才会对视频产生兴趣,进而持续关注,甚至由关注者变为传播分享者。一般来说,有趣、轻松的视频更容易被用户主动传播,当视频获得用户的主动传播后,企业、产品或品牌等信息就会在互联网上迅速扩散。

2. 成本低廉

与传统的电视广告相比,网络视频的营销成本要低很多。企业通过电视广告的形式播放宣传视频,往往需要几十万到几百万元不等的高额花费;然而通过互联网开展视频营销活动,只需要支付较低的制作费用与投放费用等,就可以获得相当可观的回报。

3. 互动性高

互动性高是网络营销的显著特点,也是优势所在。用户在观看视频之后,可以通过回复、留言等形式与视频发布者和其他观看视频的用户进行互动,同时也可以使用点赞、转发、分享等功能,表达对创作者的支持。在哔哩哔哩视频网站上,"评论、投币和转发"被称为"三连",数据越高的视频,其热度越高,传播力越强。

4. 传播更广更快

互联网的传播速度很快,很多视频在发布后很短的时间内就可以得到大量的传播。网络视频的传播途径非常多样,有可能是企业定时向用户进行推送,也可能是用户主动或者随机在网站平台上观看视频。这种多样化的传播渠道使视频营销的传播范围更加广泛,传播速度更加快捷。

5. 可预测效果

传统的电视广告在播出之后,并不能给企业有效的营销数据反馈,唯一的效果就是参照产品售出数量。但是,网络视频的投放效果是可以根据一些数据进行分析和预测的,比如某视频播放量、回复数、用户停留时长和转发量等。这个数据不仅可以预测视频效果,还可以为下一次的视频营销提供决策依据。

6.1.3 网络视频营销的表现形式

网络视频营销随着多媒体技术和信息网络技术的发展,表现形式还在不断地创新和变化。现在比较常见的网络视频表现形式包括传统影视节目二次传播、网络视频短剧、创意视频、微电影和用户自发生产的视频等类型。

1. 传统影视节目二次传播

传统的影视节目大多只进行一次传播,例如在电视上进行播放。但是一些传统的影视节目因为种种特性,会产生二次传播,例如吸引大众目光的热点新闻;制作精良、情节动人的电视剧;引发广泛热议的电视节目内容,等等,都可能以完整或片段的形式发送到网络上去。这种在电视上进行一次传播,进而被投放在网络上进行传播的形式,就可以称作二次传播。二次传播可以增加用户的深度交流,让更多被二次传播吸引过来的用户转而关注原本的影视节目，对用户进行广泛引流，从而提高节目的收视率和知名度等。一般来说，很多比较受欢迎的热门综艺节目、电视节目很容易在网络实现二次传播，比如《令人心动的offer》《妻子的浪漫旅行》等，如图6-4所示。

图6-4 《令人心动的offer》和《妻子的浪漫旅行》在微博上二次传播

2. 网络视频短剧

剧情轻松、有趣或有创意的网络视频短剧往往是网络视频营销的热点区域，它们通常有比较完整的故事情节，达到吸引用户、传播产品和品牌的目的。网络视频短剧非常贴合互联网，非常便于与网络用户进行沟通互动，既可以进行品牌曝光，又可以培养用户对品牌的喜好度和忠诚度，保持网络用户与品牌持续而良好的沟通。比如《嘻哈四重奏》的投资方之一康师傅绿茶，在《嘻哈四重奏》播放过程中销量一度上升了10%，如图6-5所示。

图6-5 《嘻哈四重奏》投资方之一的康师傅绿茶

3. 创意视频

创意视频是一般时长为3～8分钟的短视频，主要借助网络传播，内容极富创意和幽默感，富有故事性。创意视频营销是以创意为核心，将企业需要推广的信息或者产品/服务的广告植入进一段短视频中。这种创意视频既可以是经过深思熟虑的原创拍摄，也可以是通过后期制作手段完成的视频。在如今的社会中，好的创意是营销活动中十分珍贵的宝藏，一个好的创意视频可以引发大范围的传播，收获令人惊喜的传播效果，在短暂的时间内快速地在互联网中抵达受众。图6-6所示为美食自媒体人的创意视频。

图6-6 美食自媒体人的创意视频

> **小技巧**：创意视频对内容要求较高，企业要想使用创意视频进行营销，首先必须找到合适的品牌诉求点，配合幽默、诙谐、惊奇等元素进行推广，这样才能更好地吸引网络用户的眼球。

4. 微电影

微电影即微型电影,是主要通过互联网进行传播的一种短影片,适合在移动状态和短时休闲状态下观看。微电影通常具有完整的故事情节,制作周期短,投资规模较小,内容包括范围广泛,例如幽默搞怪、时尚潮流、公益教育、商业定制等主题,可以单独成篇,也可系列成剧。图6-7所示为爱奇艺平台的网络大电影。

图6-7 爱奇艺平台的网络大电影

5. 用户自发生产的视频

用户自发生产的视频指用户自制视频,通常是通过互联网进行传播。这一类视频由用户生产,种类丰富,真实性极强,所以很容易引起其他用户关注和讨论的积极性。与其他网络视频形式相比,用户自发生产的视频更有利于品牌与用户之间的互动,让用户真正参与到品牌传递的过程中,营销效果好。

6.2 网络视频营销活动

网络视频营销活动指的是企业将各种视频短片以各种形式放到互联网上,达到一定宣传目的的营销手段。网络视频广告的形式类似于电视视频短片,平台却在互联网上。"视频"与"互联网"的结合,让这种创新营销形式具备了两者的优点。

6.2.1 网络视频营销活动平台

网络视频营销活动的展开,必须建立在网络视频平台上,我们分为网络视频平台与短视频平台进行讲解。

1. 网络视频平台

视频平台是指在完善的技术支持下,让互联网用户在线流畅发布、浏览和分享视频作品的网络媒体。

1)腾讯视频

腾讯视频于2011年4月上线,是在线视频平台,拥有流行内容和专业的媒体运营能力,是聚合热播影视、综艺娱乐、体育赛事、新闻资讯等为一体的综合视频内容平台,并通过计算机端、移动端及客厅产品等多种形态为用户提供高清流畅的视频娱乐体验。

图6-8所示为腾讯视频Logo与腾讯视频首页截图。

图6-8 腾讯视频Logo与腾讯视频首页截图

2)爱奇艺视频

爱奇艺视频是爱奇艺旗下一款专注于视频播放的客户端软件。爱奇艺视频包含爱奇艺所有的电影、电视剧、综艺、动漫、音乐、纪录片等超清、1080P、4K视频内容。爱奇艺视频支持计算机、移动、MAC三大平台。

图6-9所示为爱奇艺的Logo与爱奇艺首页截图。

3)优酷网

优酷网于2006年6月21日创立并正式上线视频平台。优酷现为阿里巴巴文化娱乐集团大优酷事业群下的视频平台。目前,优酷、土豆两大视频平台覆盖 5.8 亿多屏终端、日播放量 11.8 亿,支持计算机、电视、移动三大终端,兼具版权、合制、自制、自频道、直播、VR 等多种内容形态。业务覆盖会员、游戏、支付、智能硬件和艺人经纪,从内容生产、宣发、营销、衍生商业到粉丝经济,贯通文化娱乐全产业链。

图 6-10 所示为优酷网的 Logo 与优酷网首页截图。

图 6-9　爱奇艺的 Logo 与爱奇艺首页截图　　　图 6-10　优酷网的 Logo 与优酷网首页截图

4) 芒果 TV

芒果 TV 是以视听互动为核心,融网络特色与电视特色于一体,实现"多屏合一"独播、跨屏、自制的新媒体视听综合传播服务平台,同时也是湖南广电旗下唯一互联网视频平台。2018 年 6 月,快乐购重大资产重组正式获批,芒果 TV 作为湖南广电"双核驱动"战略主体之一,与芒果互娱、天娱传媒、芒果影视、芒果娱乐四家公司整体打包注入快乐购,正式成为国内 A 股首家国有控股的视频平台,同年 7 月,快乐购正式更名"芒果超媒"。

图 6-11 所示为芒果 TV 视频首页截图。

5) 搜狐视频

搜狐视频成立于 2004 年底,前身是搜狐宽频,2006 年,作为门户网站第一个视频分享平台——搜狐播客成立,2009 年 2 月,搜狐"高清影视剧"频道上线,独家首播千余影视剧。提供正版高清电影、电视剧、综艺节目、纪录片在线观看,网罗最新最热新闻、娱乐视频资讯,实时直播各大卫视节目,同时提供免费无限的视频空间和视频分享服务。

图 6-12 所示为搜狐视频 Logo 与搜狐视频首页截图。

图 6-11　芒果 TV 视频首页截图　　　图 6-12　搜狐视频 Logo 与搜狐视频首页截图

2. 短视频平台

短视频早已成为移动互联网时代下品牌传播的重要载体。2019 年,短视频依然处于风口期。早期的图文传播形式已经不再新鲜,具备直观化、清晰化、动态化等优势的短视频成为品牌营销的首选。各大短视频平台也频频在内容生态、商业化变现等方面发起新动作,一度成为行业关注的热点。

短视频平台之间的竞争已经从流量竞争过渡到了内容竞争、商业化变现竞争等方面的竞争。熟悉各大短视频平台的发展动向,有助于品牌主提前把握正确走向和趋势。

1) 抖音

抖音是一款可以拍摄短视频的音乐创意短视频社交软件,由今日头条孵化,该软件于 2016 年 9 月上线,是一个专注年轻人音乐短视频社区平台。用户可以通过这款软件选择歌曲,拍摄音乐短视频,形成自己的作品。图 6-13 所示为抖音的 Logo 与抖音 App 图标。

2）快手

快手是北京快手科技有限公司旗下的产品。快手的前身，叫"GIF 快手"，诞生于 2011 年 3 月，最初是一款用来制作、分享 GIF 图片的手机应用。2012 年 11 月，快手从纯粹的工具应用转型为短视频社区，成为用户记录和分享生产、生活的平台。图 6-14 所示为快手的 Logo 与快手 App 图标。

图 6-13　抖音的 Logo 与抖音 App 图标　　　图 6-14　快手的 Logo 与快手 App 图标

3）抖音火山版（火山小视频）

抖音火山版，曾用名火山小视频，是一款由今日头条孵化的短视频社交 App，通过小视频帮助用户迅速获取内容，展示自我，获得粉丝，发现同好。

抖音火山版通过大数据算法，同步算出用户的兴趣，定制用户专属的直播和视频内容，具有快速创作短视频、视频特效、画质精美高端等特点。2020 年 1 月 8 日，火山小视频和抖音正式宣布品牌整合升级，火山小视频更名为抖音火山版，并启用全新图标。图 6-15 所示为抖音火山版的 Logo 与抖音火山版 App 图标。

4）梨视频

2016 年 11 月 3 日，梨视频上线，定位为主打资讯阅读的短视频产品。梨视频大部分视频时长在 30 秒到 3 分钟之间，偶有的一些纪录片也多在 10 分钟的篇幅内。梨视频在北京、上海设有办公室和生产基地。图 6-16 所示为梨视频的 Logo 与梨视频 App 图标。

图 6-15　抖音火山版的 Logo 与抖音火山版 App 图标　　　图 6-16　梨视频的 Logo 与梨视频 App 图标

5）微视

微视，腾讯旗下短视频创作平台与分享社区，用户不仅可以在微视上浏览各种短视频，同时还可以通过创作短视频来分享自己的所见所闻。此外，微视还结合了微信和 QQ 等社交平台，用户可以将微视上的视频分享给好友和社交平台。图 6-17 所示为微视的 Logo 与微视 App 图标。

图 6-17　微视的 Logo 与微视 App 图标

6.2.2　网络视频的发布流程

现代硬件设备和软件技术的发展，让制作网络视频不再是一件专业、困难的事情，只要掌握基本的操作知识，就可以运用自己的思维、经历和创意制作出独具特色的视频，并借助互联网将视频传播出去，达到营销推广的目的。

1. 确定网络视频的类型

前面介绍了视频营销的常见表现形式。原则上来说，不同的表现形式适合不同的企业，具有不同的效果，比如微电影、网络视频短剧等形式均需要花费一定的成本，需要专业的团队进行策划和制作，才能达到良好的效果。创意视频对视频剧本的专业性要求不高，但通常也需要花费一定的成本，且一定要具备独特的创意，才能吸引用户关注。传统节目的二次传播和用户自发生产的视频，相比之下成本较低，个人也可以完成，但要求制作者具备一定的才华或能力，可以快速准确地发现用户喜欢关注的问题，借助视频对这个问题进行催化，才能引起广泛的传播。

2. 网络视频制作流程

与专业视频相比，制作网络视频的复杂性和技术性更低，但为了保证视频的质量，也需要遵循一定的制作流程，如图6-18所示。

1）构思内容

网络视频营销的关键是内容，内容

图 6-18　网络视频制作流程

的好坏直接决定了视频的传播度和影响力。由于网络视频通常时长较短，所以在构思视频内容时，要确保可以在短时间内完成故事主题、情节或创意的表述，保证视频的完整性，将产品和品牌信息完美地嵌入视频中，且不影响用户对视频内容的观看和理解。

2）剧本设计

不管是哪一种视频类型，最好都提前设计一个完整的剧本——有情节、有逻辑、有观看价值的视频才能给用户留下更深刻的影响。通过对人物、对白、动作、情节、背景、音乐等元素进行设计，准确地向用户传达视频的视觉效果和情感效果，引起用户的好感和共鸣。

3）角色选择

如果视频需要通过角色来传达信息，那么角色的选择一定要符合视频和品牌的定位，体现产品或品牌的特质，让视频内容与推广内容自然贴合。

4）视频拍摄

拍摄视频可以使用专业的拍摄工具，如单反相机、摄像机等，也可以使用手机等移动设备进行拍摄，拍摄器材的选择需要依据视频的性质而定。在拍摄视频时，要注意内景和外景的选择，场景风格以适应视频内容为前提。

5）剪辑制作

剪辑是指将所拍摄的视频整理成一个完整的故事，剪除多余的影像，进行声音、特效等后期制作。在剪辑过程中，还需要考虑将产品和品牌的推广信息添加到视频中，制作出符合企业要求的营销视频。

3. 网络视频发布技巧

一个能够得到广泛传播的视频，不仅需要优质的内容和恰当的宣传，还需选择正确的发布平台和投放方式。

传统视频的投放一般会选择电视台的黄金时段进行发布，例如春节联欢晚会前的广告通常会被卖出高价；而网络视频的发布则通常选择流量更高的视频平台，比如优酷、爱奇艺、腾讯、哔哩哔哩等。这些网站的用户多、流量大，视频点击量高，可以更好地帮助网络视频进行传播，达到更好的营销效果。图6-19所示为爱奇艺视频网站的广告栏目页面。

6.2.3　网络视频的营销策略

进行网络视频营销的目的主要是促进视频有效传播，加强对用户的信息传播和沟通，增强视频营销的效果。

图 6-19　爱奇艺视频网站的广告栏目页面

1. 网络视频整合营销策略

不同的网络用户通常有不同的网络习惯和不同的视频接触途径，这使得单一的视频传播途径很难收获良好的效果。因此，开展视频营销时不仅需要在公司网站开设专区，吸引目标客户的关注，还应该与主流的门户、视频网站合作，以扩大视频的影响力。此外，在通过互联网进行视频营销的过程中，还可以整合线下活动资源和媒体进行品牌的传播，进一步扩大推广效果。

除了渠道的整合之外，对视频营销的模式和类型也可进行整合。将微电影、网络自制短剧、动画视频、创意视频、贴片广告、植入式视频、网友自制视频等不同类型的网络视频模式和类型进行组合，形成各种不同的营销方案，以满足不同渠道、不同用户、不同营销目标的要求。图6-20所示为整合营销策略图。

2. 网络视频连锁传播营销策略

视频营销的传播渠道是营销中非常重要的一环，很多时候，单一的传播渠道往往无法取得良好的营销效果，此时就需要采用多渠道、多链接，环环相扣，具有连续性和连锁性的传播方式，扩大视频的影响范围，延长影响时间。

1）纵向连锁传播

纵向连锁传播是贯穿于网络视频构思、制作、宣传、发布、传播每一个环节的传播策略，即精确地抓住每一个环节的传播点，配合相应的渠道进行推广。比如某企业要制作一个推广视频，制作初期可以透露视频的制作消息，包括视频的亮点、选角等信息，进行宣传预热。在制作阶段也可以剪辑一些花絮发布到网络上，利用各种媒体渠道和新闻渠道进行宣传。视频上线后，进一步对前期预热的效果进行扩大和升华，加大宣传的力度和深度，增强视频营销的作用。图6-21所示为电视剧《余生请多指教》的微博界面与预告片截图。

图6-20 整合营销策略图

图6-21 电视剧《余生请多指教》的微博界面与预告片截图

2）横向连锁传播

横向连锁传播贯穿于整个纵向传播的过程，又在每一个环节进行横向延伸。选择更多、更热门、更合适的传播平台，不局限于某一个媒体或网站，将社交平台、门户网站、视频平台全部纳入横向连锁传播体系中，扩大每一个纵向环节的传播策略、传播深度和传播广度，让营销效果进一步延伸，从而实现立体化营销。图6-22所示为电视剧《庆余年》在腾讯视频、爱奇艺两个平台进行播放。

3. 网络视频创意营销策略

在多元化网络营销时代，人们每天都可以通过网络接收到无数新鲜有趣的信息，网络视频如果想从无数的信息中脱颖而出，其中的创意是非常重要的。创意营销是一种具有创新性的营销活动，要求视频的内容、形式等突破既有的思维定式。创意营销可以有效地吸引用户的关注和兴趣，获得病毒式的营销效果。

图 6-22　电视剧《庆余年》在腾讯视频、爱奇艺两个平台进行播放

> **拓展**：视频的创意营销主要体现在两个方面，一个是内容，另一个是形式。

4. 网络视频互动体验营销策略

拥有一个多样化的互动渠道是网络视频互动体验营销的前提，常见的视频网站、社交平台可以实现用户参与互动。同时，为了优化用户的体验，建议丰富视频的体验方式，比如选择更精良的视听语言完成制作，为用户提供优质的观看体验；也可以从用户的角度出发，在 UI 交互活动中优化用户的心理体验等。平台与用户的直接互动也是网络视频互动体验营销的重要一环，包括引导用户评论、转发等，让用户可以通过多元化的互动平台，自由、便利地表达自己的看法和意见。表 6-1 所示为视频营销趋势。

表 6-1　视频营销趋势表

趋　势	内　容
直播	营销渠道的转变，借助粉丝经济放大效果
智能广告	大数据算法，根据用户喜好匹配精准广告
场景营销	与 VR 或 AR 结合，提供沉浸式互动体验
内容为王	优质 IP 稀缺，垂直内容广告价值渐升

6.3　短视频概述

随着互联网的快速发展，企业在营销推广方面的选择越来越多。短视频是过去几年的一个新兴行业，其中的短视频内容营销已经成为品牌与用户沟通的核心手段，也是短视频营销成功的关键。原生视频广告正在让品牌与用户的交流变得越来越有趣和富有想象力。

6.3.1　短视频的含义

短视频即短片视频，是一种互联网内容传播方式，一般指在互联网新媒体上传播时长在 5 分钟以内的视频；随着移动终端普及和网络的提速，短、平、快的大流量传播内容逐渐获得各大平台、粉丝和资本的青睐。第 43 次《中国互联网络发展状况统计报告》显示，截至 2018 年 12 月，短视频用户规模达 6.48 亿人，用户使用率为 78.2%。

2019 年 1 月 9 日，中国网络视听节目服务协会发布《网络短视频平台管理规范》和《网络短视频内容审核标准细则》。图 6-23 所示为人民网对《网络短视频平台管理规范》的新闻报道。

图 6-23　人民网对《网络短视频平台管理规范》的新闻报道

6.3.2　短视频的类型

短视频分为许多类型，下面逐一进行介绍。

1. 短纪录片

一条、二更是国内出现较早的短视频制作团队，其内容多以纪录片形式呈现，内容制作精良，其成功的渠道运营优先开启了短视频变现的商业模式，被各大资本争相追逐。图 6-24 所示为一条视频的 Logo 与一条视频的线下实体门店。

2. 网红 IP 型

papi 酱、回忆专用小马甲等网红形象在互联网上具有较高的认知度，其制作的内容贴近生活，庞大的粉丝基数和用户黏性背后潜藏着巨大的商业价值。图 6-25 所示为 papi 酱的短视频专辑与视频截图。

图 6-24　一条视频的 Logo 与一条视频的线下实体门店

图 6-25　papi 酱的短视频专辑与视频截图

3. 草根恶搞型

以快手为代表，大量草根借助短视频风口在新媒体上输出搞笑内容，这类短视频虽然存在一定的争议性，但是在碎片化传播的今天也为网民提供了不少娱乐谈资。

4. 街头采访型

街头采访也是目前短视频的热门表现形式之一，其制作流程简单、话题性强，深受都市年轻群体的喜爱。

5. 技能分享

随着短视频热度不断提高，技能分享类短视频也在网络上有非常广泛的传播。图 6-26 所示为办公技能短视频账号首页与视频合辑。

6. 情景短剧

套路砖家、陈翔六点半等团队制作的内容大多偏向此类表现形式，该类视频短剧多以搞笑创意为主，在互联网上有非常广泛的传播。

图 6-26　办公技能短视频账号首页与视频合辑

7. 创意剪辑

利用剪辑技巧和创意，或精美震撼，或搞笑幽默，有些会加入解说、评论等元素，也是不少广告主利用新媒体短视频热潮植入品牌广告或产品的一种方式。图 6-27 所示为某电影解说自媒体的抖音账号界面与视频合辑。

图 6-27　某电影解说自媒体的抖音账号界面与视频合辑

6.3.3 优质短视频的五要素

想要制作一个优质的短视频,首先要知道一个优质短视频包括哪些元素,如此才能优化这些元素制作出优质短视频。

1. 有创意有亮点的标题

广告大师奥格威在他的《一个广告人的自白》中说过,用户是否会打开你的文案,80% 取决于你的标题。在出版界,一本书的封面署名会在很大程度上影响一本书的销量。这一定律在短视频中也同样适用:标题是决定短视频打开率的关键因素。

平台在对短视频内容进行推荐分发时,会从标题中提取分类关键词进行分类。接下来短视频的播放量、评论数、用户停留时长等综合因素则决定了平台是否会继续推荐该条视频。所以,短视频为用户解决的是什么问题,或者能给用户什么样的趣味是我们在起标题的时候需要优先考虑的问题。把这些内容通过标题展现出来,不仅能够提高短视频的打开率,还能吸引精准用户关注账号。

2. 视频画质清晰

视频画质的清晰度直接决定用户观看视频的体验感。模糊的视频会给人留下不好的印象,用户可能在看到的第一秒就会跳过。所以,这种时候,即使你的视频内容再好看,也可能得不到用户的关注。

我们会发现很多受欢迎的短视频画质像电影"大片"一样,画面清晰度高,色彩明确。这一方面取决于拍摄硬件的选择,另一方面也取决于视频的后期制作。现在有很多短视频拍摄和制作软件的功能相当齐全,滤镜、分屏、特效等视频剪辑的需求都能满足。

3. 给用户提供价值或者趣味

短视频让用户驻足观看主要有两个原因:一是用户能从中获取有用的内容,二是用户能从视频中取得共鸣。所以,我们制作的短视频要能给用户提供价值或者趣味,二者能满足其一即可,而不是让用户看完觉得枯燥无味,不知所云。

> **小贴士**:有价值趣味的短视频还有一个共同特征:真实——实的人物、故事、情感更贴近生活,引起共鸣。

4. 精准把控配乐及背景音乐的节奏

如果说标题决定了短视频的点击率,那么音乐就决定了短视频的整体基调。

视听是短视频的表达形式,配乐作为"听"的元素,能够增强短视频在镜头前给用户传递信息的力量。在短视频的音乐节奏搭配上需要注意两个要素:

- 在短视频的高潮部分或者是关键信息部分,卡住音乐的节奏,一方面突出重点,另一方面让画面更具协调感;
- 配乐或背景音乐的风格与短视频内容的风格要一致,不要胡乱搭配,例如搞笑视频配抒情音乐,严肃视频又配搞笑音乐等。

5. 多维度精雕细琢

优质的短视频都是经过多维度地精雕细琢的,甚至可能修改了数十次才得以呈现在公众面前。强大的短视频团队都会在编剧、表演、拍摄和剪辑等多方面精雕细琢,从每一个角度来让视频更好看,更有创意,从而打造出更优质的短视频。

6.4 网络视频营销经典案例

目前网络视频营销主要有以下模式:视频贴片广告、视频病毒营销、UGC 模式和视频互动模式。这些基础模式已经被企业多次运用,并且涌现出大量成功案例。另外,随着视频技术和范围的扩展,新的营销模式也正在不断涌现。

1. 快手里的北京玩主:玩儿出态度和事业

2002年选择了北京林业大学与花卉结缘,毕业后加入了中国花卉报,一直干到2016年,潜心行业多年的周姓网络红人,在短视频中洞察到了商机:"我发现国内没有专业的短视频花卉分享创作者,但是国外已经有比较成熟的了,我觉得这个空白是一个机会。"周姓网络红人一人扛下了录像、剪辑、分享等工作,开始积累粉丝,随着风格与技术的成熟,粉丝量猛增,妻子也加入了他的事业。目前"坤哥玩花卉"已经在快手拥有超过12万粉丝,快手平台给了他意外的惊喜:"我下载过许多短视频平台,但是快手的用户黏性让我意想不到,远高于同类型的短视频平台,现在在快手交流分享花卉知识,是我养花的乐趣之一。" 图6-28所示为周姓网络红人的视频截图与快手主页。

在视频中,粉丝们常会问到一些专业性知识,周姓网络红人也会逐一讲解。"花下的一到两片叶子之间,资源是有限的,要分配给健康的芽点。"话音未落,一剪子下去完成了花卉修剪。详细的讲解和细致的画面,通过短视频实现云教学,让数十万粉丝在线学习花卉知识。图6-29所示为周姓网络红人的快手短视频截图。

图6-28 周姓网络红人的视频截图与快手主页　　图6-29 周姓网络红人快手视频截图

> **拓展**:分享专业知识,是非常好的内容选择,有利于快速吸引观众,也有利于内容持续产出,维护粉丝群体。

事业之外,周姓网络红人也格外爱花,家中错落地摆着上百盆花,光是修剪、浇水每天就要花费2个小时。每天在修剪、玩儿花的过程中,通过短视频找到了更多的商机与乐趣。

据了解,周姓网络红人已经着手将视频引流到网上店铺,每个月交易流水就已达到10万元。他的火山铺子上销量显示,一款阳台用花架就售出了2600多件,而他推荐的花盆、花肥、三合一土壤检测仪等花卉养护设备,更是被粉丝们争相抢购。

"这个也符合我的预期。首先,我推荐的所有商品都是我自己亲自使用过的,选品上由我亲自把关;其次,人们在网上买花最担心的就是收到的花儿和图片上的不一样,我用开箱体验的方式直接消除了他们的担忧,解决了他们购买的问题。"

图6-30所示为周姓网络红人的火山铺子与商品详情。

2. 抖音带货王:正善牛肉哥

根据2019年淘宝618的数据显示,有一位抖音达人的淘宝带货量排名抖音第一,全网第三（抖音、微博、快手等淘宝外平台），这个人就是"正善牛肉哥"。虽然当时他的抖音粉丝只有三百多万，但在618期间就卖出了100万瓶葡萄酒，10万箱啤酒，20万片牛排，其中葡萄酒和牛排均为自有淘宝店铺商品。

牛肉哥最初发布视频时，无人问津流量极少，但经过不断优化、调整和坚持，作品终被平台用户认可，流量出现井喷，进而也给之前的视频导流。截至2019年12月11日，"牛肉哥严选"在抖音上已经发布2300余个视频，收获了553万粉丝，获赞3873万，成为炙手可热的生鲜类目大号。图6-31所示为"牛肉哥"的抖音主页。

图6-30　周姓网络红人的火山铺子与商品详情

图6-31　"牛肉哥"的抖音主页

1）坚持发垂直作品

运营抖音账号，保证持续更新是十分必要的，而且内容选题上要保证足够垂直（每期做一个内容）。一方面有利于塑造个人IP，另一方面还能够实现被机器识别打上统一标签，更有利于精准地吸引粉丝。

在具体的内容创作上，注意要保证足够连贯、专业，最重要的是能为粉丝提供价值，只有这样，他们才更愿意持续关注该账号。

2）选对带货品类

网络红人在针对女性的美妆、服装等领域中厮杀激烈，而男性生鲜食材市场仍是蓝海。正善牛肉哥就在其中选择了最具代表性的牛排和葡萄酒。因为它们都具有一定的社交和"高级"属性，本质都是非刚需、高复购、强势品牌未形成的类目。

举个例子，大多数消费者在选择葡萄酒的时候，都知道法国酒庄的好，但只要是法国进口的牌子可能在他们眼中是并无明显差异的，这就给了牛肉哥占领消费者心智的机会。对于这个品类来说，暂无强势品牌，现阶段对消费者来说产地比品牌更重要。"那就去到产地，去到酒庄，把真实的一切展示给大家看，让消费者产生信任感"。

> **小贴士**：不论是走访原产地还是亲自试用，给观众呈现产品最朴实又最真实的一面，有利于将观众转化为顾客，更有利于建立红人与观众之间的信任纽带。

3）"把价格打下来"

这是"牛肉哥"的视频里最常出现的一句话。图6-32所示为网友为牛肉哥制作的海报。

> **拓展**：主播应当为自己设计标识性表现，比如经典口语等，比较经典的有某知名主播的"oh my god""买它！买它！买它！"，牛肉哥的"把价格给我打下来"，这种极具戏剧性的话语表达，给观众留下了深刻印象，有助于直播的推广以及主播个人被熟知。

3. 珀莱雅泡泡面膜火爆抖音

抖音自从渗透进大家的生活以来，也渐渐地成为带货的"新方向标"，一度带火了许多网红单品，珀莱雅泡泡面膜便是其中之一。在某主播的大力推荐下，泡泡面膜的热度一路飙升，引起了不少爱美女性的兴趣。

与其他短视频平台相比，抖音的女性用户占比和年轻人占比都较高，其中女性用户占比为66.1%，30岁以下用户的占比高达93%。从购买力和转化角度来说，抖音也就成了品牌的必争之地。在2019年7月份，珀莱雅推出的"黑海盐泡泡面膜"在抖音平台获得广泛"种草"，百万粉丝疯狂刷屏追捧，迅速飙升为"抖音美容护肤榜"第1名。泡泡面膜甚至一度出现断货的情况，足见火爆，如图6-33所示。

图6-32　网友为牛肉哥制作的海报

图6-33　珀莱雅泡泡面膜火热情况

1）产品趣味性强，极具传播度，具备"爆款"特质

珀莱雅此款"黑海盐泡泡面膜"产品使用效果明显，能够迅速彰显亮点，以"贴上出泡泡"的有趣性为卖点，全力展现产品功效。面膜在脸上大概1分钟后，小泡泡就会开始冒出来，冒泡过程中还伴有类似"跳跳糖"的声音，随着泡泡越来越多，让消费者有种"面膜在把毛孔里的脏东西吸出来，能去除老废角质并且提亮肌肤"的感觉，趣味性强，依托抖音短视频极具传播性，让其迅速成为爆款产品。图6-34所示为珀莱雅泡泡面膜海报。

2）产品功效直击用户护肤痛点，价格亲民

"黑海盐泡泡面膜"主打三重洁肤能力，分别是表层清洁能力，绵密碳酸泡泡能够进行表层洁净，带走油光和黑头；另外是深层清洁能力，面膜是微细备长炭材质，能够深层吸附，改善痘痘和粉刺；最后是有提亮肌肤的效果，含黑海盐精华成分，肌底舒缓，肌肤由内洁净透亮。这三层能力不仅覆盖人群广，而且直击护肤核心痛点。图6-35所示为用户试用图。

图6-34　珀莱雅泡泡面膜海报

图6-35　用户试用图

3）携手大量的草根KOL，打造营销种草机

不同于以往官方视频内容的投放，珀莱雅这次在抖音上选择了大量的草根KOL，比如推广视频价在10万左右的头部达人，以及视频推广价在3～5万左右的中部达人，通过让这些达人使用珀莱雅泡泡面膜，或分享产品效果，或分享趣味体验，都是运用平民意见领袖的号召力，推动产品销售量。图6-36所示为珀莱雅在抖音的推广视频。

图6-36 珀莱雅在抖音的推广视频

6.5 短视频文案写作

短视频平台中视频是重心，文案只是绿叶。经常观看短视频的人也不难发现，有时一句好文案就能把一条视频推上热门。今天我们要学习的就是：短视频的文案是怎么炼成的。

6.5.1 任务描述——掌握短视频脚本的编写技巧

提起脚本，很多人会想到电影，其实对于短视频来说，脚本也极其重要，它是短视频制作的灵魂。但是对于很多初学者来说，脚本听起来很专业也很难写，觉得无从下手。

1. 什么是短视频脚本

对于短视频来说，脚本极其重要，是短视频制作的核心，没有脚本作为指导，后续的制作工作就会成为一盘散沙，横冲直撞不得方向。

脚本由来已久，一直是电影、戏剧创作中的重要一环。脚本可以说是故事的发展大纲，用以确定整个作品的发展方向和拍摄细节。与传统的影视剧脚本及长视频脚本不同，短视频在镜头的表达上会有很多局限，如时长、观影设备、观众心理期待等，所以短视频需要更密集的视觉、听觉和情绪的刺激，并且要安排好剧情的节奏，保证在5秒内抓住用户的眼球。图6-37所示为短视频概念图。

图6-37 短视频概念图

2. 短视频脚本的类型

短视频脚本大致可分为三类：拍摄提纲、分镜头脚本和文学脚本。

1）拍摄提纲

拍摄提纲就是短视频拍摄要点，用来提示各种拍摄内容，适用于不容易预测场景的拍摄，如采访热门事件当事人。

拍摄提纲一般包括6个步骤，如图6-38所示。

（1）阐述选题：明确视频的创作目标，包括选题、立意和创作方向。

（2）阐述视角：角度和切入点是核对选题的关键步骤。

图6-38 拍摄提纲六个步骤

（3）阐述体裁：体裁是短视频的重要形式，包括创作手法、表现技巧等。

（4）阐述调性：短视频的调性是指其风格、画面和节奏等方面，包括了画面构图、色彩基调、视听语言以及声画形式等多个方面。

（5）阐述内容：详细地呈现场景特点、故事结构、拍摄技法以及主题表现等内容，提纲指导相关创作人员的后续工作。

（6）完善细节：针对镜头拼接、特效包装、音乐音效和解说配音等形式进行完善。

2）分镜头脚本

分镜头脚本适用于故事性强的短视频。分镜头脚本已经将文字转换成了可以用镜头直接表现的画面，通常分镜头脚本包括画面内容、景别、拍摄技巧、时间、机位、音效等。

分镜头脚本一定程度上已经是“可视化”影像了，它能帮助团队最大程度保留创作初衷，因此对于想要表达一定故事情节的短视频创作者不可或缺。图 6-39 所示为分镜头脚本。

第一场：

镜号	景别	场景	画面内容	时间	拍摄方式	配音	备注
1.	大全	广袤的草地	仰拍，碧蓝的天空，流淌的白云，天空和草地交接处，一群大雁成“V”字型入画	4S			
2.	远景	广袤的草地	大雁飞至镜头中间，没有继续向前飞行，停在原地扑腾着翅膀	3S		大雁的叫声	
3.	小全	广袤的草地	镜头下摇，侧拍，女主角站在草地上的野花丛中，仰脸看着天空，右手抵在额前遮挡阳光	3S			
4.	小全	广袤的草地	四周的草叶和花瓣陆续飞起来飘到空中，女主角环顾四周，好奇地看着这一幕	4S	平拍		
5.	特写	广袤的草地	女主角伸出手，手掌朝下，无数的花瓣贴到了她的手心	3S			
6.	小全	广袤的草地	女主角看向脚下，发现自己双脚离地，正缓缓飞到空中	3S	镜头上摇		
7.	大全	广袤的草地	一阵风吹来，青草和花朵扬起来，女主角随着花瓣飘走了	6S			

图 6-39　分镜头脚本

3）文学脚本

文学脚本不需要像分镜头脚本一样那么细致，适用于不需要剧情的短视频创作，例如教学视频、测评视频等。在文学脚本中，只需要规定人物需要做的任务、说的台词、所选用的镜头和整期节目的长短。

下面是一个简化形式的文学脚本。

场景

- （画面淡入）平移拍摄校园大门口正在进入高考考场的学生和焦急等候在学校外的家长。
- 近景家长们关切的表情。
- 特写家长们额头上的汗珠。
- 特写飞奔的双脚，拉为全景镜头，一个男孩手里拿文具袋，满头大汗，气喘吁吁，冲向学校的大门。

6.5.2　技术引进——短视频脚本高阶技巧

在学习短视频脚本写作的技巧之前，我们首先来了解一下短视频脚本的写作流程，主要分为三个步骤：明确主题、搭建框架以及填充细节，如图 6-40 所示。

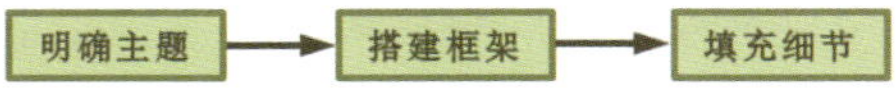

图 6-40　短视频脚本的写作流程

1. 明确主题

明确主题是指锁定目标群体。在制作短视频之前，首先要搞清楚你写的东西是给谁看的，用户人群特点是什么，再根据受众的具体情况确定脚本的主题。这样做有利于把握短视频脚本的基本原点，确保后续工作持续稳定。

2. 搭建框架

基本主题确定后就要开始搭建脚本框架。故事是这个框架的核心，故事的内容形式包含：角色、场景、事件等。由于目前我们写的脚本是供短视频拍摄使用的，所以需要在有限的文字内增添类似于反转、冲突等比较有亮点的情节，吸引观众，突出主题。

3. 填充细节

细节可以增强视频的表现感，调动观众的情绪，使人物更加丰满。在确定了需要执行的细节后，考虑使用哪种镜头来呈现它，然后编写一个具体的脚本。此处的细节也就是短视频的分镜头，分镜头脚本即将文字转化成可以用镜头直接表现的画面，通常分镜头脚本包括画面内容、景别、摄影技巧、时间、机位、音效等。

短视频团队中，不是每个团队成员都懂视频的拍摄和制作，所以脚本里面的镜头设计大多是写给摄影师看的。脚本中主要体现出对话、场景演示、布景细节和拍摄思路，要注意以下几个要点：

1）受众

受众才是短视频创作的出发点和核心。站在用户角度，用户思维至上，才能创作出用户喜欢的作品。

2）情绪

比起传统长视频，短视频不只是文字和光影的堆砌，需要更密集的情绪表达。问句互动，调动情绪文案主要有几个大类：互动、叙述、悬念、段子、恐吓、共谋……而这些方法都是为了调动情绪（包括积极情绪和消极情绪）。

（1）互动。以疑问和反问居多，使用问句形式与观众进行交流，例如"你认为能打几分？""大家觉得XXX怎么样？"。

（2）叙述。用富有场景感的故事、段子吸引人，例如"认识两年的一个快递小哥，风雨里送单从不休息，漂着的人都不容易啊。"

（3）悬念。利用悬念获取更长的页面停留时间，例如"一定要看到最后""最后结局让人吃惊。"

（4）恐吓。除了普通用户，各品牌、商家也都已经准备在短视频领域大展拳脚，广告和内容也已经更加难以辨别。如果说广告的目的是制造自卑感，那么"恐吓型"文案就是让观众自我怀疑的临门一脚，例如"隔夜饭会致命，你真的懂吗？"

（5）共谋。励志、美好、漂亮都是人们希望他人看到的自己，也是自己所希望的那个样子，所以如果你能与观众的希望不谋而合，谁会拒绝变得更好呢？例如"1个月减掉15斤，原来我们都可以做到。"抛开视频内容，单就文案本身来看，它依旧符合文案的基本原则：调性决定形式、瞄准用户痛点。

3）细化

短视频就是用镜头来讲述故事，镜头的移动和切换、特效的使用、背景音乐的选择、字幕的嵌入，这些细节都需要一再细化，确保整个情景流畅，抓住受众心理。细化过程也是检查错误、整体把握的关键环节。

4）简易短视频脚本模板

大部分短视频脚本可以用简易的形式来操作，脚本包括的主要内容有：时间、场景、天气（环境）、地点、情节说明、角色名称、动作说明、对话、其他说明以及注意事项，表6-2所示为短视频脚本模板。

表 6-2　短视频脚本模板

项　　目	内　　容
时间	
场景	
天气（环境）	
地点	
情节说明	
角色名称	
动作说明	
对话	
其他说明	
注意事项	

 短视频脚本案例分解

在抖音、快手等短视频平台挑选一个营销类短视频（左下角带有购物车链接），时长要求1分钟以上，对该短视频的营销文案进行解构，分析其打动消费者的关键元素。

1. 文案解构

统计短视频的关键文案信息，完成表 6-3。

表 6-3　短视频关键信息

视频标题	
视频文案	
购物车文案	
发布日期	

2. 解构划分

对整个视频进行解构划分，通常该类大致分为开场导入的背景介绍、产品的逐一介绍、优惠机制与催促购买三大部分，也可根据视频实际情况进行划分，最后计算各部分内容占比总时长，完成表 6-4。

表 6-4　短视频解构划分

序　号	内　　容	文　案	时　长	内容占比
1	开场导入的背景介绍			
2	产品的逐一介绍			
3	优惠机制与催促购买			

3. 分段解读

以某酒类知识自媒体的短视频为案例（60秒介绍6款酒）进行分段解读，引导学生按照案例，依次完成对短视频的逐一拆解。

1）开场介绍

案例短视频严格遵守抖音的 3 秒定律，即在头 3 秒之内必须把用户的关注锁定，否则用户刷到下一视频的概率极高。

表 6-5 所示为案例短视频开场介绍部分脚本分解。

表 6-5　案例短视频开场介绍部分脚本分解

段　　落	文　　案	备　　注
开场介绍	少女们在"双 11"都囤什么酒呢	在 3 秒之内讲完，把目标消费群体锁定在自我认知为少女的群体，这是一个典型的心理唤醒技巧，为接下来的细分品类产品推荐铺路
开场介绍	当然按口味和颜值都得甜美	口感甜美、颜值甜美，而且是店里面卖得最多的，三个特征给消费者树立心理预期——接下来推荐的产品已经有很多人买；而且超好看，可以晒在朋友圈中；口感偏甜不会和烈酒一样难入口易上头
开场介绍	今天我介绍我们店里少女们	强调少女身份
开场介绍	买的最多的六个酒款	强调少女身份

依照上述对案例视频的逐句分析，完成对所选视频的解读，填写表 6-6。

表 6-6　短视频开场介绍部分脚本分解

段　　落	文　　案	备　　注
开场介绍		

2）产品介绍

消费者早就进入了浅尝式购买，尤其是一般没有长期酒类消费的女性，并没有对这些细节有太多关注，无论在什么时代的市场营销者都应该以消费者为中心，而非产品为中心。

在过去，酒类口感的描述可能是这样的：山魂水魄、荡气回肠、味道醇厚甘冽、酒体饱满圆润、酒香浓郁持久、感受绵远流长。对于上述描述，大龄男性白酒消费者可能不陌生，但是年轻女性消费者听得懂、愿意听么？案例视频中对第一款产品是这么形容的："仙鹤湖桃红少女，甜度指数两颗星，喝上去巨柔，就像是含了一口软乎乎的水蜜桃的感觉。"包括产品名与标点符号，一共 40 字，突出了两个点：有点甜且很柔——说明好入口，软乎乎的水蜜桃，是对柔与甜的更具视觉与口感联想能力的解读。一个女性消费者可能无法想象什么叫山魂水魄、醇厚甘冽，但大概率知道什么叫水蜜桃，也知道什么叫软乎乎。

这就是在短视频里面对产品描述的重点——降低成本，降低消费者理解、想象与决策的成本。我们见过烧脑网剧但从来没有见过烧脑短视频，所以在短视频营销上千万不要用需要消费者深度思考才能想象出来的感受与场景去描述产品，这会给消费者带来困惑。

所以在产品介绍方面，可以优先考虑把品牌与产品暂时放下，研究消费者的画像，他们的生活状态与场景，然后匹配出对应的卖点，这样才能在短视频宝贵的几十秒时间里面捕捉消费者的关注，实现营销目标。表 6-7 所示为案例视频产品介绍部分脚本分解。

表 6-7 案例视频产品介绍部分脚本分解

段　落	文　案	备　注
1 仙鹤湖桃红少女	仙鹤湖桃红少女	6秒
1 仙鹤湖桃红少女	甜度指数两颗星	实际上没有标准或者满分值，但是打分可以让消费者有相对概念
1 仙鹤湖桃红少女	喝上去巨柔	用感性且简单的词汇描述，"柔"让一般不喝烈酒的女性也能放低戒备
1 仙鹤湖桃红少女	就像是含了一口软乎乎的水蜜桃的感觉	借用水果引起消费者想象
2 仙鹤湖莫斯卡托	仙鹤湖莫斯卡托	8秒
2 仙鹤湖莫斯卡托	甜度指数三颗星	打分可以让消费者有相对概念
2 仙鹤湖莫斯卡托	是有明显的甜感的	明确特质
2 仙鹤湖莫斯卡托	但因为酸甜平衡做得很好	明确特质
2 仙鹤湖莫斯卡托	喝上去就像是水晶葡萄般的晶莹剔透	借用水果引起消费者想象
3 觅觅花园薰衣草	觅觅花园薰衣草	11秒
3 觅觅花园薰衣草	甜度指数五颗星	打分可以让消费者有相对概念
3 觅觅花园薰衣草	是属于你喝一瓶都绝对不会腻的	"不会甜腻"角度切入
3 觅觅花园薰衣草	如果你平时会喜欢喝玫瑰花茶这种类型的	一般女性都有喝玫瑰花茶的体验，从消费者已有的体验或者想象来描述一款未体验过的产品
3 觅觅花园薰衣草	一定会喜欢它	总结
3 觅觅花园薰衣草	一个酒精版的花酒	总结
4 觅觅花园无醇葡萄酒	觅觅花园无醇葡萄酒	7秒
4 觅觅花园无醇葡萄酒	甜度指数四颗星	打分可以让消费者有相对概念
4 觅觅花园无醇葡萄酒	完完全全的零度酒精	明确特质
4 觅觅花园无醇葡萄酒	XX 也可以喝	强调人群
4 觅觅花园无醇葡萄酒	特别适合那种需要以茶代酒的场合	运用场景描述引起消费者兴趣
5 仙鹤湖甜红	和无醇葡萄酒口感相似甜度相近的	3秒
5 仙鹤湖甜红	就是心呵护的甜红酒酒精版	不多做描述，形容为一款产品的酒精版
6 觅觅花园小花束起泡酒	觅觅花园小花束起泡酒	9秒
6 觅觅花园小花束起泡酒	甜度指数零点五星	打分可以让消费者有相对概念
6 觅觅花园小花束起泡酒	拥有起泡酒非常清爽的酸度	借用相似物的体验，想象产品
6 觅觅花园小花束起泡酒	解任何油腻的食物	谁不喜欢高热量食物呢

依照上述对案例视频的逐句分析，完成对所选视频的解读，填写表 6-8。

表 6-8 短视频产品介绍部分脚本分解

段　落	文　案	备　注

3）促销介绍

推动消费者做最后的决策，下单购买这一环节是短视频营销的重中之重。我们可以看到案例视频大约用了 5s 解读整个优惠机制，用最后的时间配合肢体语言催促消费者戳购物车进店购买。在这个时间点，最重要的是利用消费者被前面顺畅的产品介绍所调起的欲望，用促销数字刺激消费者神经，督促下单。

表 6-9 所示为案例视频产品促销部分脚本分解。

表 6-9 案例视频产品促销部分脚本分解

段 落	文 案	备 注
优惠机制说明	这样的六支少女酒	5 秒
优惠机制说明	原价 388 元	画外音：六支这么多似乎也不是很贵
优惠机制说明	预售价 299 元	画外音：便宜差不多 100 元
优惠机制说明	付定金立减 50 元到手 249 元	画外音：听起来更便宜了
催促购买	戳戳戳	引导点击购物车

依照上述对案例视频的逐句分析，完成对所选视频的解读，填写表 6-10。

表 6-10 短视频产品促销部分脚本分解

段 落	文 案	备 注

6.5.3 任务实施——命题短视频脚本编写

模拟促销情景，对一款饮料进行短视频营销，以吸引更多消费者购买为目的，撰写文案，介绍产品，突出特点。

（1）选择一款心仪的饮料（果汁、碳酸饮料等均可）进行短视频推销，如图 6-41 所示，整理饮料的详细信息。

（2）根据搜集到的信息与亲身体验，编写短视频脚本与文案，短视频预估时间在 1～3 分钟，完成表 6-11。

图 6-41 饮料合集

表 6-11 饮料短视频脚本

段 落	文 案	备 注
开场介绍		
……		
产品介绍		
……		
促销介绍		
……		

（3）教师点评，每组对短视频脚本进行修改完善。

 如何通过内容营销打造口碑产品

对于品牌而言，如何运用今天的"内容流量"思维，布局媒体平台来打造一款口碑单品呢？首先，挖掘产品自身的特性是内容传播的重中之重，然后以该特性作为内容生产策划的中心，同时注重渠道的适配性和玩法，这是是否产生爆款短视频的关键，下面将围绕这三点展开叙述。

1. 内容的原生力是产品自身

产品本身的特性和优势是打造后续内容传播的原点，也是实现后续用户共创、打造口碑的记忆点。寻找产品原点有许多角度：外观、颜色等物理和化学的表征等，也可以是一种主观的使用感受，关键点在于它和产品的强联结（表征性），并具备传播的潜力使之可以从海量的产品信息中脱颖而出，为产品增加吸引力。

2. 内容形式驱动转化和传播

当找到产品的原点之后，围绕它有策略地规划内容生产类型是品牌要去完成的第二阶段。这需要以消费者的需求为出发点，模拟消费者购物决策路径。在利用原点引起用户兴趣，使消费者想深入了解一款产品和品牌信息时，教育展示型的沟通形式必不可少。以测评教程类为代表，从 KOL 使用感受，到产品成分特性的科普，满足消费者从简易科普到专业测评等不同维度对产品信息的诉求，教育展示类内容构建的信息池可进一步加深用户对产品的兴趣，为爆款产品的生成做准备。图 6-42 所示为美妆博主的短视频测评。

3. 产品内容、意见领袖和渠道的共创

产品原点和内容形式的有机组合不断根据适配渠道而发生改动，品牌信息、渠道和意见领袖自然融合的内容共创才能发挥出最大的感染力。

以力士洗发水为例，通过微信、微博、小红书这三大内容平台，"浅种草"和"深种草"两个阶段来进行内容布局。在"浅种草"阶段，通过微博和微信的时尚、生活达人植入产品信息，传递产品"香"和"美"的两大特性；进入"深种草"阶段，力士选择了小红书作为投放平台，进一步讲解"香"——"香有出处"和"美"——"使用完头发特别闪"，垂直领袖的心得分享进一步转化了用户兴趣，如图 6-43 所示。

图 6-42　美妆博主的短视频测评

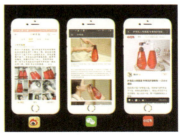

图 6-43　微信、微博、小红书这三大内容平台

4. 总结

"内容流量模型"即建立在今天的创新型内容生产之上，任何人和物都可能成为触点，任何时间和地点都可能被触及。通过将品牌核心信息和媒体、自媒体、KOL、其他品牌等触点自然有机融合，创意找到"土壤"共创表达，才能激发出单一渠道无法创出的优势，用高感染力和消费者建立情感联结，刺激主动搜索。图 6-44 所示为"内容流量模型"。

图 6-44　内容流量模型

6.6 短视频的拍摄

这是一个社交媒体时代、一个网络红人兴起的时代、一个移动互联技术爆炸的时代、一个为优质内容付费的时代。任何人都能够通过学习拍摄、剪辑等技术，制作自己的短视频。

6.6.1 任务描述——拍摄设备的基础配置

抖音短视频的火爆，将短视频行业推向了风口，市场上更是出现了大量短视频社交App——微视、秒拍等纷纷登场。当然，这些短视频平台也捧红了大量的网红以及自媒体创作者。作为早期进入短视频行业的创作者，乘着短视频红利也是赚得盆满钵满，又吸引了大量自媒体人不断投身短视频自媒体。

那么，新手入行拍摄短视频需要准备哪些器材呢？下面我们一起来了解一下新手刚进入短视频自媒体行业时需要准备的拍摄器材与工具。

1. 手机或者单反

很多新手在刚开始拍摄短视频的时候，总觉得应该选择单反或者摄像机才能做出好的视频作品。其实对于新手来说，很多拍摄的技巧都不娴熟，所以建议选择手机进行拍摄。可能很多人会觉得用手机拍摄不够专业，但实际上手机能够帮助我们解决很多短视频的拍摄问题，而且现在智能手机的照相和拍摄功能也是非常棒的，其清晰度、色彩呈现等方面的效果不输专业相机。

此外，使用手机拍摄的时候还有很多其他的优点。比如，我们直接用手机上的短视频App拍摄好的视频，可以直接在App上发布。使用手机做短视频还有一个非常好的地方就是，现在有很多手机视频剪辑App，我们可以将手机拍摄的视频直接导入到App中进行后期处理，如切换镜头、添加转场、添加字幕、配背景音乐等，可以一气呵成，非常方便。

当然了，对于有一定拍摄经验的人来说，专业单反相机还是最优选择。有些领域使用单反拍摄的效果会更好，比如我们常见的美食领域，很多都是用单反拍摄的。图6-45所示为手机与单反相机。

2. 音频器材

音频器材是我们常说的收音器材，一般来说是指麦克风。音频器材大致可以分三种：自录设备、小蜜蜂、录音机。其实我们用的拍摄器材一般都会自带收音功能，但是自带的收音功能通常比较差，经常会有爆音或噪声出现，收音效果并不是很好。因此，对于刚入门的新手来说，建议选择一个普通款的收音设备，比如小蜜蜂，如图6-46所示。

图6-45　手机与单反相机

图6-46　小蜜蜂收音器

> **小技巧**：小蜜蜂是安装电池的，所以外出拍摄采访的时候提前充满电或者准备好电池，防止没电。

如果说你做的短视频作品对于音频要求比较高的话，可以选择一些比较好的收音设备，比如专业录音机，不过使用前一定要设置好参数，否则录音效果也会大打折扣。但是总体来说，用录音机的效果一定会更好。

通常，为了更好地保证收声效果，如果相机具备耳机接口，尽可能使用监听耳机进行监听，保证声音的正确。另外，室外拍摄时，风声是对收声最大的障碍，所以我们在室外拍摄时，一定要用防风罩降低风噪。

3. 灯光设备

灯光设备对于视频拍摄同样非常重要，因为视频拍摄是以人物为主体的。但是灯光设备并不算日常视频录制的必备器材，如果想要获得更好的视频画质，建议灯光必不可少。

为了保证画面的亮度，我们在拍摄视频的时候一般都会用到补光灯。预算低的话，使用反光板就可以搞定，缺点就是携带不方便。如果可以，建议使用补光灯，价格不高，可以手持，也可以直接组装在拍摄设备上，非常方便。图6-47所示为补光灯。

4. 稳定设备

视频拍摄对于稳定设备的要求非常高。首先视频拍摄并不能一直手持拍摄，必须要借助于独脚架、三脚架或者稳定器。图6-48所示为三脚架与手持稳定器。

图6-47 补光灯

图6-48 三脚架与手持稳定器

如果要求不高，大部分摄影用的独脚架和三脚架是可以胜任的。现在稳定器非常多，大致可以分为手机稳定器、微单稳定器和单反稳定器（大承重稳定器）。

对于稳定器来说，还需要考虑两个因素：一个是稳定器和我们使用的相机型号能否进行机身电子跟焦，如果不能，需要考虑购买跟焦器；另一个是稳定器使用时，必须进行调平，虽然有些稳定器可以模糊调平，但是使用严格调平更高效。

6.6.2 技术引进——短视频的拍摄技巧

短视频拍摄是需要实操练习的活动，涉及很多操作类技巧，需要结合具体的场景才能更好地掌握。拍摄团队可以根据场景需要选择适用的拍摄技巧。

1. 短视频拍摄技巧

1）重心左移

画面构图要尊重屏幕构图基础。以抖音为例，点赞、评论、转发和头像都集中在屏幕的右侧，屏幕的下方也有内容制作者的账号ID和标题，这就要求创作者在拍摄时尽量把画面重心往屏幕的左上方移动，避免影响画面的完整表达。图6-49所示为抖音视频截图。

2）竖屏拍摄

竖屏的优势在于能够把画面聚焦于人物，也符

图6-49 抖音视频截图

合用户的观看习惯。

3）拍摄构图

拍摄构图法包括黄金分割法、中心构图法、对角线构图法和三角形构图法等。以黄金分割法为例，被摄主体置于画面中的三分线上，能够使画面更加灵活，富有空间感。图6-50所示为九宫格构图。

4）网格功能

构图时建议启用网格功能，以便于把握整个画面的结构。图6-51所示为手机网格功能。

图6-50　九宫格构图

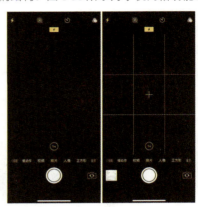

图6-51　手机网格功能

5）光线布局

摄影是光影的艺术，好的光线布局可以有效提高画面质量。室内拍摄时，可以通过灯光的组合来实现最佳的拍摄光线，室外拍摄时，除非特殊拍摄需要，尽量选择顺光拍摄，如果光线不够清晰，可以手动打光。

6）背景和角度

拍摄时可以尝试多种灵活的拍摄角度，如从远处将镜头拉近、从近处拉远、斜着拍、逆光拍摄或者倒转镜头，让视频画面更加生动、丰富。

7）画面色彩

拍摄时，为了突出核心人物，要避免杂乱的背景对人物造成的干扰。

小技巧：建议选取干净整洁的背景，人物服饰的颜色也尽量与背景相协调。

2. 光线使用技巧

拍视频时的"光线"一般能够分为人工光、自然光，电影拍摄中会运用很多人工光以呈现更好的效果。光对于视频拍摄非常重要，它也影响着视频的明晰程度，假如没有光画面就会漆黑一片；假如光线缺乏，即便拍摄设备像素极高，也无法拍出明晰画面。

那些优异的短视频，通常都是在光线充足的环境中拍摄完成的。

1）主光

主光源是一个场景中最基本的光源，其他的灯光在场景中都是起辅助作用。一般来讲，摄影现场所用的主光通常是由柔光灯箱发出的。

这种光线较均匀，方便控制，它常被用作照亮对象的轮廓。用主光进行拍摄时，要尽可能避免摄影机靠近主光源，否则将导致拍摄出来的人物以及整体的画面过于普通，没有层次感以及想象空间。

2）辅助光

辅助光源很容易创建，比如手机闪光灯就可以作为辅助光源。辅助光所起的作用就是对主光源带来的未覆盖的阴影进行补充照明，从而使阴影变得浅淡。因此，辅助光源一般都放置在主光源相反的一面，亮度比主光源小。一般来讲，为了操作方便，辅助光的光源很多固定在天花板或墙上，然后通过调整输出功率的方式来控制阴影的深浅。

辅助光与主光的最佳光比，则需要靠现场拍摄人员反复地试验获得。

3）背光

大多数情况下，被摄者都与背景拉开一定的距离。背景比被拍摄者距离光源更远，所以背景的亮度要比被拍摄者暗许多。

如果按照这样的情况直接进行拍摄，结果就是被摄者融入黑暗的背景之中。而如果有了背光，你的主体就能够被完美勾勒出来，显得更加立体。拍摄过程中直射的太阳光源经常会强硬地照亮被摄主体，所以一般可以把太阳光作为背光源，从而让被摄主体更加突出。

4）侧光

侧光就是来自被摄对象平行两侧的光。

利用侧光拍摄可以让被拍摄主体产生明显的明暗对比，被拍摄主体的受光面会表现得很清晰，同时背光面会产生明显的阴影效果，所以，侧光非常适合营造戏剧般的心情和明暗对比的灯光。

 学习不同的构图方法

对于拍摄短视频来说，构图是表现作品内容的重要因素，它组织元素以产生和谐的画面。学习构图就像是学习一门语言，一旦你学会一门语言，它便成了你下意识的一种行为，这种行为会助你创造出更出色的画面。

根据下面介绍的构图方式，参考示例图片，进行构图拍摄练习。

1. 三分法

三分法是最常见也是最基本的构图方法。在摄影三分法中，摄影师需要将场景用两条竖线和两条横线分割，就如同是书写中文的"井"字。这样就可以得到4个交叉点，然后再将需要表现的重点放置在4个交叉点中的一个即可。这种构图表现鲜明，画面简练，它适合应用于各种拍摄题材，最常使用的就是风景、人物等。

图6-52所示为三分法构图的示例图片。

2. 水平线构图

水平线构图又称二等分构图，就是把画面分成相等的两半。水平线构图的主导线形是向画面的左右方向发展的，所以经常在横拍中使

图6-52 三分法构图的示例图片

用。水平线构图的方法可以使照片增强稳定感与阔度，适合表现宏阔、宽敞的大场面，如拍摄河湖平面、日出、草原放牧、层峦叠嶂的远山、大型会议合影等。这种分法可以为画面营造出广阔和横向延伸的氛围，同时也会因水平线位置的不同，表达出不一样的画面情趣。图6-53所示为水平线构图法的示例图片。

3. 垂直线构图

垂直线构图是利用垂直线的延伸感使画面更加紧凑，而且合理地利用这种构图方式，可以使画面富有节奏感。图 6-54 所示为垂直线构图法的示例图片。

图 6-53　水平线构图法的示例图片

图 6-54　垂直线构图法的示例图片

4. 斜线构图

斜线构图有助于为画面营造出富有活力和节奏的动感，是存在画面中的一条斜线。当然，如果还想表现山峦远近的空间感也是可以选用此构图方法的。图 6-55 所示为斜线构图法的示例图片。

5. 对称构图

对称的图形本身就具有稳定视线的效果，在摄影的构图中，这种构图方式同样能够给人以稳重和沉静的感觉。利用河水的倒影复制天空。以水平面为平分线，将广阔的天、气势的云、平静的水都表现得淋漓尽致。图 6-56 所示为对称构图法的示例图片。

图 6-55　斜线构图法的示例图片　　图 6-56　对称构图法的示例图片

6. 中央构图

这是一种具有集中力，能提高拍摄对象存在感的构图方法。将被摄主体置于画面的正中间，依靠光影、色彩等手法加以渲染，可以得到具有视觉冲击力，又很有意思的照片。图 6-57 所示为中央构图法的示例图片。

7. 透视牵引构图

学过绘画的人都知道，近大远小是基本的透视规律，对于摄影也是如此。

我们平时看物体时，也是近处的物体大一点，远处的小一点，近大远小的透视效果可以有效地牵引视线走向，并起到强调画面空间立体感的作用。图 6-58 所示为透视牵引构图法的示例图片。

图 6-57　中央构图法的示例图片　　图 6-58　透视牵引构图法的示例图片

6.6.3 任务实施——拍摄命题短视频

（1）将"6.5 短视频文案写作"中的饮料短视频脚本进行完善和修改。
- 开场介绍。
- 产品介绍。
- 促销介绍。

（2）设计并安排拍摄计划。

项目预算清单，完成表 6-12。

表 6-12 短视频制作报价单

短视频制作报价单				
片名				
拍摄地		规格	微视频	
制作周期		摄影棚拍摄 / 天		
交片日期		外景地拍摄 / 天		
片长		后期制作 / 天		
影视预算			人民币	
A. 前期准备作业				
B. 制作技术费				
C. 制作器材费				
D. 场景制作费				
E. 道具及服装费				
F. 后期制作费				
G. 交通食宿费				
H. 演员费				
I. 紧急备用金				
			合计 RMB--	

拍摄进度计划表，填写表 6-13。

表 6-13 拍摄进度计划表

拍摄进度计划表				
日 期	内 容	地 点	负 责 人	备 注

（3）完成脚本的拍摄。
（4）集中播放短视频，同学互评，老师点评。

了解运动相机

运动相机可以应用于徒步、登山、攀岩、骑行、滑翔、滑雪、游泳、潜水等运动环境下拍摄，也可应用于普通家用拍摄或监控等，其优点是丰富的配件可以彻底解放拍摄者的双手，轻松将运动相机固定在头上、手臂上、背包上、头盔上、自行车或汽车挡风玻璃上等。并且拥有多种测光模式和拍摄模式，还可以支持手机 WiFi 遥控，集优质与便携性于一体，拥有丰富的标配配件和选配配件。

1. 运动相机王者：GoPro Hero8 Black

特点：一流的数字稳定、省时的拍摄预设、内置安装臂、改进的麦克风

缺点：弱光性能差

GoPro 开始了运动相机这个领域，并继续引领潮流。Hero8 Black 是自 Hero5 Black 以来的第一个物理重新设计，其内置的固定架可让你放弃框架或盒子。这样可以更快、更轻松地进行设置，同时还可以在相机安装到其他物体上时更换电池和存储卡。相机整体也更薄，因此更便于携带。图 6-59 所示为 GoPro Hero8 Black。

2. GoPro Hero7 Black

特点：出色的 4K 视频和图像质量，HyperSmooth 非常有效

缺点：语音命令不太灵、屏幕有时无响应

尽管它可能与它所替代的 Hero6 Black 规格差不多，但 Hero7 Black 进行了许多重大改进。其中最重要的是增加了 GoPro 的全新 HyperSmooth 图像稳定技术。本质上是稳定的延时拍摄，而用户界面已经过全面改进，可带给用户更好的体验。图 6-60 所示为 GoPro Hero7 Black。

图 6-59　GoPro Hero8 Black　　　　　　图 6-60　GoPro Hero7 Black

3. 大疆 Osmo Action 灵眸运动相机

特点：具有前向彩色监视器、良好的运动稳定性、色彩还原丰富

缺点：HDR 视频没有运动稳定和直播功能

Osmo Action 有两个 LCD 屏幕，一个在背面，一个在正面，正面配有彩色屏幕。两个屏幕是 vlogger 的绝佳选择，并且具有相当不错的图像稳定性。背面屏幕，具有真正的 16：9 纵横比和比 GoPro 更好的分辨率。在拍摄 HDR 视频时，运动稳定功能不可用，也无法从相机进行实时播放。

另一项创新功能是支持旋转式镜头滤镜。如果需要添加潜水滤镜，偏光镜或中性密度，只需拧开默认的保护玻璃并用滤镜替换即可。这是标准的螺纹尺寸，也就是有很多第三方供应商的产品。图 6-61 所示为大疆 Osmo Action 灵眸运动相机。

4. 小蚁 4K+

特点：清晰的 4K / 60fps 视频、彩色 JPEG 和 RAW 照片

缺点：没有 GPS 标记的位置、包装盒内无支架

如果需要水中作业，或者需要确切地知道自己的位置以及拍摄视频时的速度，请购买 GoPro 系列。但是可以增加外壳来防水。如果你预算不多，场景要求并不复杂，那么小蚁 4K+ 运动相机是非常好的备选。图 6-62 所示为小蚁 4K+。

图 6-61　大疆 Osmo Action 灵眸运动相机

图 6-62　小蚁 4K+

6.7　短视频的剪辑

剪辑，即将所拍摄的素材，经过选择、取舍、分解与组接，最终完成一个连贯流畅、含义明确、主题鲜明并有艺术感染力的作品。从美国导演格里菲斯开始，采用了分镜头拍摄的方法，然后再把这些镜头组接起来，因而产生了剪辑艺术。剪辑既是影片制作工艺过程中一项必不可少的工作，也是影片艺术创作过程中所进行的最后一次再创作。

6.7.1　任务描述——认识剪辑软件

剪辑短视频最基本的四个要素就是画面、声音、字幕、转场，很多剪辑软件都可以实现。接下来推荐几款口碑比较好的剪辑软件。

1. iMovie

iMovie 是一款由苹果出品的剪辑软件，支持 Mac 和 iOS 设备，界面非常简洁，大多数操作通过基本的点击和拖曳就可以实现。iMovie 11 的新增功能包括影片预告、全新音频编辑、一步特效、人物查找器、运动与新闻主题、全球首映等。图 6-63 所示为 iMovie 的 Logo 与操作界面。

2. 爱剪辑

《爱剪辑》是一款剪辑软件，支持 iOS、安卓、计算机端设备，用户不需要理解"时间线"等专业词汇就能实现零基础剪辑，完全根据国人的使用习惯、功能需求与审美特点进行全新设计，许多创新功能都颇具独创性——丰富的滤镜功能、炫酷转场、MTV 字幕、去水印等功能外，《爱剪辑》官网还提供了强大的学习教程。图 6-64 所示为《爱剪辑》的片尾标示。

图 6-63　iMovie 的 Logo 与操作界面　　　　图 6-64　《爱剪辑》的片尾标示

3. VUE

VUE 是 iOS 和 Android 平台上的一款 Vlog 社区与编辑工具，允许用户通过简单的操作实现 Vlog 的拍摄、剪辑、细调和发布，记录与分享生活。还可以在社区直接浏览他人发布的

Vlog，与 Vloggers 互动。录制时间为 10 秒，支持分段拍摄和剪辑，可以穿插基本的转场效果，支持快动作和慢动作两种拍摄速度，可以添加音乐和贴画，同时提供多种滤镜。图 6-65 所示为 VUE 的 Logo 和操作界面。

4. 快剪辑

《快剪辑》是 360 公司推出的剪辑软件，支持 iOS、安卓设备，操作简单。导入视频素材后可以看到，无论是横屏还是竖屏素材，配比都很舒服，这款软件综合了拍摄、剪辑、后期特效等多重功能，能满足大部分的剪辑要求。有炫酷的"快字幕"功能，录视频时自动出现字幕，准确率高，个别不准确的词组可以自己编辑调整。

图 6-65　VUE 的 Logo 和操作界面

作为一款功能齐全、操作简捷、可以在线边看边剪的计算机端视频剪辑软件，《快剪辑》的推出将大大降低短视频制作门槛，提高用户视频制作效率，简单快速完成并分享自己的作品。图 6-66 所示为《快剪辑》的 Logo 与操作界面。

5. Premiere

Premiere 由 Adobe 公司开发，是一款常用的视频编辑软件，功能齐全。Premiere 提供了采集、剪辑、调色、美化音频、字幕添加、输出、DVD 刻录的一整套流程，还能对视频素材进行各种特技处理，包括切换、过滤、叠加、运动以及变形等处理。它的兼容性强，能和 Adobe 公司推出的其他软件相互协作，如 After Effect、Photoshop 等。

但是，Premiere 也有局限性，因为专业度高，操作难度比较大，需要多学习运用。

图 6-67 所示为 Premiere 的 Logo 与操作界面。

图 6-66　《快剪辑》的 Logo 与操作界面

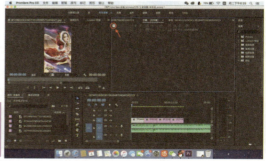

图 6-67　Premiere 的 Logo 与操作界面

6.7.2　技术引进——短视频的剪辑技巧

剪辑就是借助视频剪辑软件进行镜头的连接，使镜头的逻辑顺序和结构更加严密，生成具有不同表现力的新视频。

1. 剪辑六要素

好的剪辑要让用户注意不到剪辑的痕迹。剪辑有六个要素，分别为信息、动机、镜头构图、摄影机角度、连贯和声音。

1）信息

信息就是通过镜头呈现给用户的内容，分为视觉信息和听觉信息。

2）动机

镜头之间的切换、转场一定是有动机的。例如，画面中的被摄对象陷入了回忆，此时的镜头应该切换到回忆的画面。

3）镜头构图

通过调整被摄主体、周边对象和背景的关系，来达到最佳的构图。

4）摄影机角度

摄影师和剪辑师一定要考虑几个重要问题：摄影机该放在什么位置，画面中有几个人物，拍摄的主要对象是谁，如何展现人物的特点。通过一系列的角度设置，获得最佳的效果。

5）连贯

好的剪辑能够实现平稳连贯的效果，给观众留下行云流水的感觉。

6）声音

对声音的剪辑有两个重要概念：对接剪辑和拆分剪辑。对接剪辑就是画面和声音的剪辑点一致，拆分剪辑是指画面先于声音被转换，保证画面切换更自然。

2. 视频转场

转场就是场景或者段落之间的切换。纯熟的转场能增加短视频的连贯性。

1）淡入淡出

淡入淡出转场即上一个镜头的画面由明转暗，直至黑场，下一个镜头的画面由暗转明，逐渐显现直至正常的亮度。

2）叠化转场

叠化指前一个镜头的画面与后一个镜头的画面相叠加，前一个镜头的画面逐渐暗淡隐去，后一个镜头的画面逐渐显现并清晰的过程。

3）划像转场

划像是指两个画面之间的渐变过渡，分为划出与划入，划出指的是前一画面从某一方向退出屏幕，划入指下一个画面从某一方向进入屏幕。

4）相同主体转换

相同主体的转换有以下 3 种类型：

一是上下两个相接镜头中的主体相同，通过主体的运动、主体的出画入画，或者是摄像机跟随主体移动，从一个场合进入另一个场合，以完成空间的转换；

二是上下两个镜头之间的主体是同一类物体，但并不是同一个，假如上一个镜头主体是一只玻璃杯，下一个镜头的主体是一只保温杯，这两个镜头相接，可以实现时间或者是空间的转换，也可以同时实现时空的转换；

三是利用上下镜头中主体在外形上的相似完成转场的任务。比如前一个镜头落在一轮月亮上，后一个镜头落在一个圆镜上，完成相似主体的转场。

5）声音转场

声音转场是用音乐、音响、解说词、对白等和画面的配合实现转场，是转场的惯用方式。

声音转场的主要作用是利用声音过渡的和谐性自然转换到下一画面，其中，主要方式是声音的延续、声音的提前进入、前后画面声音相似部分的叠化。

6）遮挡镜头转场

遮挡镜头转场是指在上一个镜头接近结束时，被摄主体挪近以至挡黑摄像机的镜头，下一个画面主体又从摄像机镜头前走开,以实现场合的转换。上下两个相接镜头的主体可以相同,也可以不同。

 视频转场练习

观看 2010 年以后上映的 MV 或电影、专题片并做分析。

找出三种以上的转场镜头,说明这样组接的优点,填写图 6-68。

图 6-68　视频转场练习任务单

6.7.3　任务实施——命题短视频后期制作

使用"6.6 短视频的拍摄"任务中所拍摄的素材,根据前期脚本,完成剪辑工作。

1. 剪辑前准备工作

1)熟悉素材及本期拍摄主题。我们只有明确了这期拍摄的主题,才能更好地去完成剪辑的任务。同时对于素材的管理更加方便,知道哪个素材在哪个储存卡里,也会大大节省我们的剪辑时间。

2)准备设备。

3)与有关人员进行协商。

4)整理素材

对素材进行管理,重命名我们需要剪辑的素材。可将素材按照视频进展的时间整理归纳。

2. 短视频剪辑流程

1)查看素材。

2)找适合的音乐

比如现在的短视频基本时长都比较短,我们在剪辑时,就需要配以节奏较快的音乐来加快我们视频的节奏。

3)初剪。

4)精剪。

5)加视频特效。

6)配字幕及花字。

3. 检查阶段

1)检查画面

主要需要查看哪个地方的画面搭配不合适,是否有重复的片段。查看视频末尾是否有空白出现,检查视频是否出现丢帧的情况,检查字幕是否有错别字等。

2）检查声音

从观众的角度出发，看看声音音量是否会给观众带来不舒适。

4. 转换格式，上传视频

 剪辑技巧高阶练习

查阅资料学习更多的剪辑技巧，尝试对影视片段进行新的组接，讲述新的故事。

6.8 短视频平台营销实战之"快手"

在"快手"上，用户可以用照片和短视频记录自己的生活点滴，也可以通过直播与"粉丝"实时互动。截至目前，"快手"累计注册用户超过 7 亿，日平均活跃用户超过 2 亿。

6.8.1 任务描述——走进"快手"平台

"快手"是北京快手科技有限公司旗下的产品，最初是一款处理图片和视频的工具，后来转型为一个短视频社区，其创始人名为宿华。"快手"强调人人平等，不打扰用户，是个面向所有普通用户的产品。图 6-69 所示为快手 App 的宣传海报。"快手"平台的发展历程大致如下。

图 6-69　快手 App 的宣传海报

2011 年 3 月，快手诞生，当时叫 GIF 快手，是一款用来制作、分享 GIF 图片的手机应用。

2012 年 11 月，GIF 快手转型，它将制作的内容存储为视频，只有在用户分享到其他平台（如微博）时才能转换成 GIF 图片。

2013 年 10 月，确定平台的短视频社交属性，强化其社交能力。

2014 年 11 月，正式改名为"快手"。同年，快手在 App Store 的下载量连续 4 个月排名居前 50。

2015 年 6 月，快手总用户数量突破 1 亿，完成 C 轮融资，估值 20 亿美元。

2016 年 10 月，快手总用户数量达 3 亿。

2017 年 3 月，快手获得腾讯 3.5 亿美元的融资。

2018 年 6 月，快手全资收购网站 AcFun。

在用户数量增长期间，快手在产品推广上没有刻意地策划事件和活动，一直依靠短视频社区自身的用户和内容运营，聚焦于社区文化氛围的打造上，并依靠社区内容的自发传播，在对社区用户和内容的运营上也没有表现出特别的方法和手段。

1. "快手"平台运营定位

在"快手"推出之后，短视频市场相继推出了美拍、小咖秀等短视频社区应用。短视频社区应用满足了用户分享、评论的自我满足和娱乐消遣的需求。在每天都有新奇事情发生的今天，人们的注意力越来越稀缺。图 6-70 所示为美拍与小咖秀。

图 6-70　美拍与小咖秀

在这种情况下，"快手"依然能保持用户的高黏性和高复用率，并异军突起，主要因为其在运营方面的以下三个定位。

- "快手"满足了被主流媒体和主流创业者所忽略的人群——普通人,而非"网红"的需求。在当下互联网巨头垄断达到前所未有程度的时代,快手更早地突破了这层边界,成为一个为普通人提供记录和分享生活机会的平台。
- "快手"坚持不对某一特定人群进行运营,不与明星和"网红"主播签订合作条约,也不对短视频内容进行栏目分类或对创作者进行分门别类。
- 从"快手"创始人宿华对快手的定位:"强调人人平等,不打扰用户,是一个面向所有普通人的产品"可以看到,快手是一个用短视频的形态记录和分享生活的视频平台,用户主要用它来记录生活中有意思的人和事,并开放给所有人。

人们常常会将快手和抖音放在一起对比。我们可以看一下在平台运营定位上两个平台的不同之处。表6-14所示为快手和抖音的对比表。

表6-14 快手和抖音的对比表

对比项目	快 手	抖 音
产品定位	记录、分享和发现生活	音乐、创意和社交
目标用户	三四线城市和农村用户居多	一二线城市和年轻用户居多
人群特征	自我展现意愿强,好奇心强	碎片化时间多,对音乐有兴趣
运营模式	规范社区、内容把控	注重推广、扩大影响

2. "快手"平台特色玩法

"快手"平台的主要玩法有以下三类。

- 拍摄作品

进入快手页面后首先显示"发现栏",定位是将最新发表的短视频个性化地推荐给用户。"个性化"的意义在于让用户能以最低的成本接触到感兴趣的内容。"最新"的意义在于生产内容的用户可以曝光最新录制的视频,而观看的用户会接收没看过的、感兴趣的内容。对于观看用户而言,"热度 + 个性化"是他们更为在意的。图6-71所示为快手主界面。

- 直播和对决

快手目前对所有用户均开放直播功能,官方每天送出20个免费关注名额,100个亮心,鼓励大家多开直播。在直播的同时,快手还有主播对决小游戏和观众投票环节,每一次对决的时间是4分50秒,对决失败的一方要接受惩罚,如真心话大冒险。图6-72所示为快手App的对决小游戏。

图6-71 快手主界面 　　　　图6-72 快手App的对决小游戏

- 同城推荐

用户在首页点击"同城"可以看到同城的快手短视频制作者或直播博主的推荐,并且会显示距离,增强了互动性。快手平台也流行一些不同主题的音乐或短视频风格,不同的用户可以彼此模仿和根据主题拍摄短视频。

6.8.2 技术引进——"快手"平台营销技巧

"快手"作为知名短视频平台,拥有众多红人,这些红人的带货能力不容小觑,下面我们来分析一下快手平台。

1. "快手"红人带货能力强的原因

1)草根身份,易建立信任感

信任感产生的基础是认同感和归属感。"快手"红人不同于其他短视频平台的光鲜亮丽的美女帅哥,他们是生活中的普通人,他们做的内容生活气息浓厚,亲和力更强,就像观众身边的乐于分享的热心好友。更接地气的内容特质,拉近了观众和这些红人的距离,观众通过互动,得到了认同感和归属感,进而一步步建立起信任感。在信任感的基础上,观众很容易做出消费决策,既满足了自己的购物需求,也可以支持喜欢的红人。图6-73所示为快手上草根拍摄的视频。

图6-73 快手上草根拍摄的视频

2)大数据精准匹配用户和内容

去中心化是快手的一个显著特点,头部红人非常少,大量用户集中在腰部。由于快手上的内容多为对生活的记录,所以腰部各行各业用户的生活记录构成了内容的主体。内容越细分,越容易实现精准营销。在大数据的协助下,用户更容易看到匹配度高的内容。

3)观众的从众心理

长期以来,直播是快手的重要收入来源,观众很大一部分消费行为发生在红人的直播间,无论是给红人打赏,还是买货,都是在群体狂欢的情境下做出的选择。在这个过程中,红人的言语鼓动和其他观众的消费行为,都会在一定程度上影响消费者的决策。

2. "快手"平台内容定位

1)有趣的生活记录

与其他短视频平台不同,快手的内容更偏生活化,例如做饭、做木工,或一些有趣的生活情景剧改编,都更容易让观众产生认同感和归属感。

2)创意性内容

模仿、拍同款并不是快手的主要玩法,快手用户对内容的创意性要求较高。此外,创意性高的内容在内容门槛方面有较大优势,创意性这种硬实力有利于提升内容整体竞争力,走得更远。例如快手头部红人"手工耿",因为出色的手工、改装技术和魔性的视频风格,受到很多快手用户的喜欢,尤其是年轻观众。所以,在"手工耿"入驻B站后,依旧能凭借创意性高的内容找到自己的一席之地,目前他在B站的粉丝量已高达58万。

3)引发情感共鸣的内容

草根群体通常很难有话语权,但他们有表达的欲望。短视频的兴起为草根群体发声提供了有利条件。所以,观众想释放自己的表达欲,也希望听到帮自己说出心声的观点。这就需要红人在创作内容时,直击观众痛点,引发观众共鸣,升华内容。输出价值观,引发情感共鸣是很大一部分内容创作者常用的创作方法,对于快手红人来说,也不例外。图6-74所示为快手的短视频。

值得注意的是，由于视频时长限制、观众理解接受程度参差不齐，要想快速获得关注，观点需要直白、鲜明。

图 6-74　快手的短视频

课堂练习　注册"快手"账号

"快手"账号的注册方法可以分为计算机端与手机端两种。

1. 注册快手账号（计算机端）

1）打开计算机，找到百度搜索，单击并进入主页面，如图 6-75 所示。

2）搜索"快手官网"，单击并进入，如图 6-76 所示。

图 6-75　百度搜索界面

图 6-76　"快手"官网链接

3）进入之后，选择"快手直播"，进入下一页面，如图 6-77 所示。

4）进入之后，单击图示位置的"注册"，进入下一页面，如图 6-78 所示。

图 6-77　快手首页界面　　　　　　　　图 6-78　快手页面注册选项

5）进入之后，输入手机号码、验证码，以及要设置的账号密码，单击"注册"即可，如图 6-79 所示。

2. 注册"快手"账号（手机端）

下载快手软件并单击它。进入之后，单击"登录"，输入手机号，填写验证码，设置密码。注册过程如图 6-80 所示。

图 6-79　计算机端注册界面　　　　　　　图 6-80　注册过程

6.8.3　任务实施——命题任务考核：洗发水短视频拍摄

依据命题任务，首先完成产品调研，其次拍摄营销短视频，最后上传至快手平台，检查营销效果。

（1）挑选一款洗发水（或其他日用清洁产品），如图 6-81 所示，并详细了解其使用方法、功效等信息。

图 6-81　天猫上展示的洗发水商品

（2）根据产品的详细信息，参考课堂学习的知识，用手机拍摄短视频（1 分钟左右）对该产品进行推广介绍。

（3）将学员们的短视频上传至快手，接受公众检验。

①打开手机快手 App，登录后单击右上角的摄像头图标，如图 6-82 所示。

图 6-82　快手首页摄像头图标

②此时点击手机屏幕下方的"相册"选项，然后根据需要选择素材，如图 6-83 所示。以图片为例，可将多张照片拼在一起，点击"下一步"修饰作品即可发布成功。

③对作品进行编辑，包括封面、介绍等，如图 6-84 所示，点击"发布"即可发布作品到快手。

电子商务新媒体营销

图 6-83　手机屏幕下方的"相册"选项

图 6-84　编辑界面

（4）根据短视频在快手平台投放的效果，进行经验总结。

- 点赞量。
- 评论量。
- @你。
- 播放量。

图 6-85 所示为快手后台消息界面。

图 6-85　快手后台消息界面

"快手"平台经典营销案例

1. 游戏不再拘泥于老套路："QQ 飞车"新版本上线玩出新花样

2019 年年初，腾讯"QQ 飞车"手游上线了新版本，为了扩大游戏的曝光度，品牌主欲通过短视频进行推广，以激发更多新老玩家参与，推广方选取了七位"搞笑""情感""原创"等泛娱乐型的快手达人参与传播。通过不同达人的粉丝流量，强势触达，精准覆盖粉丝群体。图 6-86 所示为"QQ 飞车"在快手的推广视频。

图 6-86　"QQ 飞车"在快手的推广视频

达人围绕"QQ 飞车"新版本的游戏操作，分别在产品上市后的 3 天内，原创优质视频，内容类型涉及搞笑、情感、教程、穿越、脱口秀、解说等多种形式。

比如，某达人借势李雪琴体，将"QQ 飞车"手游的优势巧妙植入其中，并重点呈现"飞车漂移"等游戏玩法，突出游戏的极速互动体验；还有一位红人通过原创"改变邂逅，变得精致"的生活方式的短视频，自然植入游戏，影响潜在玩家；更有一位达人以第一视角设问"是否动心男闺蜜，谁知男闺蜜为了打游戏忽略了自己的一片痴心，反向突出"QQ 飞车"的沉浸感。

最终，在传播期间，七位达人原创的视频获得超千万的播放量，超 20 万的粉丝积极参与评论点赞转发，有效引导用户下载"QQ 飞车"游戏。图 6-87 所示为游戏海报。

2. 京东官方发布话题：头部账号发声，中腰部达人引爆圈层

2019年春节之际，京东推出了#红的故事#系列广告第三季《红的寄托》广告短片，并同步在各大社交平台发起相关话题活动#年是什么颜色#。

2位头部短视频达人，4位中腰部短视频达人，16个微信达人图文同步发声，接力"红色"的年。比如，某短视频达人以一片单薄的红窗花，承载非凡的母爱。从知道小宝爱红窗花到母亲上街卖窗花，再到母亲年老，红色窗花将母子紧紧连在了一起。

还有一位视频达人创作了一个故事，老公晚上有应酬，却接连收到疑似老婆的恐吓信，原已放弃出门意愿，却得到老婆的笑脸相送，同时惊喜地发现老婆为其准备的应酬红包，惊吓变成惊喜，寓意鲜明，立意积极。图6-88所示为快手短视频截图。

图6-87 游戏海报

图6-88 快手短视频截图

该轮传播先是由京东官方账号发布《红的寄托》做第一波预热推广，其次大V账号根据宣传片主题原生创作有故事的短视频，进一步拉动热度，紧接着中腰部账号多角度创意发散，集中爆发，产出优质内容，升温京东话题活动，激发UGC用户参与。达人分阶段发布内容，有效提升活动曝光度和品牌影响力。最终，视频曝光人次达到5292万，总播放量达458万，活动深入人心，成功奠定了京东在三四线城市的口碑，俘获了大批用户的注意力。

3. "双12"大促期间：迷迭香洗发水多角度全网种草

2018年"双12"期间，某知名品牌欲推广旗下Herbal Essences摩洛哥修复染烫损伤洗发水产品，锁定抖音、快手、微博等平台，进行了一系列短视频营销操作——11位流量、原创图文及短视频达人参与传播。达人分别围绕"双12"节点促销，分阶段预埋话题，深挖产品信息，引爆品牌口碑。图6-89所示为迷迭香在抖音和快手的推广视频。

传播过程中，先是某微博种草达人率先发声，通过原创图文内容，曝光产品，引发粉丝关注，众多微博流量达人持续发声，深挖产品特性，通过转发原创图文，激发粉丝强烈兴趣。紧接着，某快手达人通过抛出用户遇到的痛点问题，

图6-89 迷迭香在抖音和快手的推广视频

引发产品的突出优势，并以产品试用展示和口播促销的方式，引爆品牌口碑，拉升产品销量。最后，由某抖音达人进行深度种草，微博达人加持发声，引发长尾效应，带动销量。

6.9 短视频平台营销实战之"抖音"

抖音所属北京字节跳动科技有限公司，是一款可以拍短视频的音乐创意短视频社交软件。抖音目前已经成为品牌进行短视频内容生产、实现用户沟通、促进销售转化的新阵地。

6.9.1 任务描述——走进"抖音"平台

抖音软件于 2016 年 9 月上线，是一个专注年轻人音乐短视频社区的平台。用户可以通过该平台选择歌曲，拍摄音乐短视频，形成自己的作品。抖音背靠擅长机器算法的科技公司——今日头条，抖音团队做抖音的时候，其目标是做一个适合年轻人的音乐短视频社区产品，让年轻人喜欢玩，能轻松表达自己。抖音自 2016 年 9 月上线以来发展迅速。图 6-90 所示为今日头条 Logo。

抖音在最初邀请了一批中国音乐短视频玩家入驻平台，吸收了一批关键意见领袖所带来的流量。2017 年 3 月 13 日，某相声演员在自己千万粉丝的微博上转发了一条他的模仿者的短视频，称其为"这是我见过最像的"，视频下面是抖音的 Logo。第二天，抖音的百度指数就蹿升 2000 多。随后，抖音和很多音乐人合作，以赞助商的身份进入某音乐选秀节目。

2017 年 8 月，抖音短视频国际版"Tik Tok"上线。2017 年 11 月，今日头条收购北美音乐短视频社交平台"Musical.ly"与抖音合并。

截至 2018 年 6 月，抖音短视频的日活跃用户数量已经超过 1.5 亿人，月活跃用户数量已经超过 3 亿人。图 6-91 所示为抖音和抖音海外版 TikTok 的 Logo。

图 6-90 今日头条 Logo

图 6-91 抖音和抖音海外版 TikTok 的 Logo

1. "抖音"平台运营定位

抖音主要的运营定位为年轻人的音乐短视频社区，其主要用户可以分为以下三类：内容生产者、内容次生产者以及内容消费者。

- 内容生产者

这类用户是我们通常所说的"网红"用户，他们处在每个 App 的前端。在抖音，这样的用户群体在音乐和短视频制作上都有很高的热情和专业度，会打造个人品牌甚至商业矩阵，也会花精力运营粉丝和社群。

- 内容次生产者

这类用户追随内容生产者，通过模仿制作出自己的作品。抖音提供平台，让该人群有机会表达自我，让更多人看到。

- 内容消费者

这类用户没有很强烈的意愿表达自我，只是在平台看精彩的作品，填补自己的碎片时间，或在这个过程中对自己有所启发和收获，给生活增添乐趣。

据粗略统计，大部分的 UGC 产品（平台），内容生产者与消费者的比例大概是 1:100。

表 6-15 所示为三类用户的特点和目的。

表 6-15 三类用户的特点和目的

用户分类	特　　点	目　　标
内容生产者	热情、专业	个人品牌、商业矩阵
内容次生产者	模仿、渴望表达	增加知名度
内容消费者	表达意愿低	填补碎片时间

根据对这三类用户的特点与目标的了解，抖音短视频主要打造：首页的推荐，系统根据用户的喜好或好友名单自动推荐的内容；同城内容推荐，用户可以看到周边同城用户的推荐；关注页，汇聚了账号关注的抖音号，用户可以看到关注的账号按时间发布的作品；消息页，有粉丝、收到的赞、提到自己的人及对作品的评论个人页，用户可以看到自己的主页、粉丝量和作品栏。

> **拓展**：在设计中，抖音还有三个特点：第一，抖音采取霸屏阅读模式，注意力被打断的概率降低；第二，抖音几乎没有任何时间提示，让用户忽略时间流逝；第三，抖音所有的按钮设计都尽量不让用户跳转出主界面。

2. "抖音"平台特色玩法

抖音的主要玩法有以下三类：

- 拍摄作品和故事

抖音在 2018 年 6 月更新了拍摄作品界面，并增加了更多特效，使新手更容易上手。用户在首页点击拍摄入口可直接跳转到拍摄页面，选择音乐拍摄、上传视频几个主要功能放置于底部栏。抖音是一个短视频音乐平台，更多复杂功能会倾向于短视频的制作，而拍摄故事主要是长视频。"长视频——故事类"和"短视频——作品类"是分开的，推荐视频更多的是基于短视频推荐算法，长视频还没有很大的推广，这也是符合其定位的。

- 直播

抖音的直播功能主要用于培养更多知识产权。同时，直播是基于推荐算法的，用户会只看到自己关注的 IP 直播和经常看其短视频内容的人的直播。

- 热搜和热门话题

用户在首页点击顶部的搜索栏，就可以看到抖音热搜和热门话题。

6.9.2　技术引进——"抖音"平台带货技巧

抖音营销短视频分为几种类型进行卖货：①主打性价比的工厂货。②主打价格类型种草类的视频。③主打产品功能展示测评类的视频。但是，随着短视频营销活动的不断创新，"组合类"短视频成为抖音的带货翘楚。

1. 性价比＋价格＋痛点

以牛肉哥、曹小派这类主打价格的带货抖音达人为主，他们接的品牌大多为知名度很高的大牌，即俗称硬通货的品牌和产品，依靠品牌自带的流量为自己涨粉和增加公信力。

2. 效果＋产品＋直播

头部红人自然不必多说，还有更多新晋的网络红人。他们一般不会强调价格优势，而是直接使用产品，给粉丝直观地看产品效果。推广的商品都由 MCN 机构下的选品团队或由代运营机构提供，收取的费用往往为广告费与佣金。该类短视频凭借达人自身的公信力，只要粉丝看到效果好就进行消费。

3. 种草类 + 主打产品功能 + 便宜大

这类视频以无人设种草为主，通常文案是"把你家的 xx 扔了吧"等，通过直接展示某种现有产品的使用痛点，然后带入自己广告产品解决这个痛点，再加上价格便宜等因素，可以轻松让用户下单。

4. 测评类 + 测评打假

这类视频的达人通过吐槽一些网红产品，客观地说出这些产品的缺点，帮用户拔草，然后引起粉丝的赞扬和信任，之后再推自己要卖的产品。

5. 剧情 + 活动 + 接广告 + 爆

目前剧情类 IP 大多都是专业机构完成的，通过短剧的形式来卖货。有的是纯段子，有的是广告。比如某个品牌的新品广告，通过段子的形式将这个产品带入，从而实现卖货或者展现。这类视频的制作成本较高，场景、文案、剧情、拍摄都麻烦，由于品牌是付了广告费的，所以往往要拍好几遍以符合品牌调性。

6. 连续剧 + 商品植入 + 轻广告

为了解决剧情类转化不高的问题，现在剧情类 IP 开始流行拍连续剧的模式，此中不乏制作精良的脚本。但只要留有承上启下的悬疑点，就能吸引更多的粉丝关注，增加账号的黏性，加大视频曝光量。

7. 明星 + 粉丝群体

明星有天然的流量，上镜就有人看，通过他们在抖音的粉丝画像，来定制出产品，通过剧情形式卖货。

课堂练习 注册"抖音"账号

"抖音"账号的注册方法可以分为计算机端与手机端两种。

1. 注册"抖音"账号（计算机端）

1）打开计算机，找到百度搜索，单击并进入主页面，如图 6-92 所示。

2）搜索"抖音官网"，单击并进入，如图 6-93 所示。

| 图 6-92 百度搜索界面 | 图 6-93 抖音官网链接 |

3）选择"创作服务平台"，进入下一页面，如图 6-94 所示。

4）进入之后，单击"登录"中的"创作者登录"，进入下一页面，如图 6-95 所示。

图 6-94 创作服务平台　　　　　　　　图 6-95 单击"登录"中的"创作者登录"

5）进入之后，可以选择扫码登录或者手机号登录，如图 6-96 所示，按提示完成操作即可。

2. 注册"抖音"账号（手机端）

1）下载抖音 App，点击首页下方的"我"，如图 6-97 所示。

图 6-96　计算机端登录界面　　　　　　图 6-97　抖音界面

2）输入手机号，填写验证码，如图 6-98 所示。

3）完善资料，包括头像、昵称、生日和性别，最后查看个人主页，如图 6-99 所示。

图 6-98　注册界面　　　　　图 6-99　完善资料与个人主页

6.9.3　任务实施——命题任务考核：美食短视频拍摄

依据命题任务，首先完成产品调研，然后拍摄营销短视频，最后上传至抖音平台，检查营销效果。

1）挑选一款你喜欢的美食，参考课堂学习的知识，用手机拍摄短视频（1 分钟左右）对该产品进行推广介绍。图 6-100 所示为美食图片。

2）将学员们的短视频上传至抖音，接受公众检验。

图 6-100　美食图片

（1）点击抖音程序，系统会加载一个抖音的主界面，如图 6-101 所示，我们可以看到下方中间位置有个加号，这个加号就是用来上传抖音文件或是拍摄用的。

（2）点击加号，系统会跳转到另外一个界面，而后在下方有一个上传图标，如图 6-102 所示，点击"上传"后就可以看到手机里面拍摄的图片和视频。

图 6-101 "点击开拍"界面

图 6-102 抖音界面"上传"

（3）选择好手机里面拍摄的视频文件，而后点击"下一步"，可以进入文件的一个预览状态，在这里我们可以选择视频的截取片段，因为默认上传的视频，只能是 15 秒。图 6-103 所示为素材选择与预览界面。

（4）选中好视频大小，而后点击"下一步"，就进入了视频的编辑页面，可以选择配乐、特效、文字和贴纸，也可以选择滤镜、画质增强、变声以及自动字幕等，如图 6-104 所示。

图 6-103 抖音界面"上传"　　　　　　　　图 6-104 视频的编辑页面

（5）在标题编辑页面，输入标题文字，输入完成后，如图 6-105 所示，点击右下角的"发布"，就将视频文件发布到抖音上了。

3）根据短视频在抖音平台投放的效果，进行经验总结。

- 点赞量。
- 评论量。
- @你。
- 播放量。

图 6-106 所示为抖音后台消息界面。

图 6-105 标题编辑页面　　　　　　　　图 6-106 抖音后台消息界面

"抖音"平台经典营销案例

1. 必胜客

必胜客在推出黑比萨之际,联手抖音上线了一个挑战主题:#DOU出黑,才够WOW#,并邀请知名音乐人宋秉洋制作挑战赛主题曲 *Black Magic*。

除知名音乐人的倾力加盟,抖音人气达人如"小土豆"与"小安妮大太阳",率先使用 *Black Magic* 进行视频录制,收获超过百万的播放量,引发网友挑战热情。据统计,现已收到超过2.8万的视频投稿量。图6-107所示为必胜客与抖音的合作海报。

2. 海底捞

说到抖音美食界的"大佬",当然非海底捞莫属。抖音上流行的海底捞"鸡蛋虾滑油面筋"的吃法,让不少吃货为之流口水。而后陆续出现的"番茄牛肉饭""最好吃的蘸料"等海底捞网红吃法,更是刷爆了抖音,更有网友吃海底捞就是为了体验抖音吃法。

抖音让海底捞又火了一把,一年客流量超过了1.03亿人次,而海底捞也根据抖音网红吃法,打造出了新菜单,让不少吃货惊喜不已。图6-108所示为海底捞四宫格火锅。

图6-107 必胜客与抖音的合作海报

图6-108 海底捞四宫格火锅

3. 答案茶

答案茶还没有实体店的时候,就已经是抖音上的一枚"红人"了。2018年1月,一条主角是一杯会"占卜"的答案奶茶的短视频,在抖音上大为流行,这一条视频收获了883万的播放量,获赞24万。而在当时,答案茶联合创始人和她的合伙人还未运营实体店,在看到抖音上答案茶的火爆时,迅速决定开店,如今答案茶已遍布全国。图6-109所示为答案茶。

4. COCO奶茶

当你去买COCO奶茶时,是否也会习惯性上网搜一搜隐藏配方?在抖音短视频中,一个介绍COCO奶茶隐藏配方的短视频获得了二十多万点赞量,不少网友前往COCO门店下单同款,由此,COCO奶茶销量有所上升。

在抖音的助力下,COCO奶茶也迅速做出回应,将网红款奶茶作为一个单独的品目,设置在外卖点单的目录上,当顾客前来线下门店购买时,也会询问是否需要抖音同款。COCO的积极回应,无疑也是看到了抖音带来的巨大流量和红利。图6-110所示为COCO奶茶。

5. 绝地求生

大吉大利,今晚吃鸡!自从吃鸡游戏火了之后,其用户量增长迅猛,截至2017年10月,全国《绝地求生》端游月活超1500万,月启动次数达1亿次。但是,因为玩家的口诛笔伐,《绝地求生》热度有所下降。

而在近日,在一场#吃鸡#的挑战活动的推动下,吃鸡游戏重回steam排行榜榜首。吃鸡玩家纷纷在抖音上上演《绝地求生》新姿势,将近8万抖音用户争相参与挑战。

图 6-109 答案茶

图 6-110 COCO 奶茶

6. 携程旅游

十一黄金周选择外出旅游的人群越来越多。2018 年十一黄金周，携程旅游瞄准了这一旅游季的火热，联手抖音打造了基于"旅行"内容的垂直 IP "FUN 肆趣旅游抖一下"。

显然，携程此次营销活动并不只是单纯地依托抖音的巨大流量，而是利用"国庆出游"这一人们习以为常的生活习惯，以旅行中的美好记录与抖音短视频形成的符号记忆，来激发用户的口碑效应。截至 2018 年 10 月 8 日，抖音挑战赛＃携程 FUN 肆之旅＃播放数量突破 32 亿、参与人数突破 35.5 万。图 6-111 所示为携程旅行与抖音的合作海报。

6.10 本章小结

本章着重介绍了网络视频营销模式，针对网络视频营销的概述、活动以及经典案例进行讲解。同时，根据行业情况与热点，聚焦了时下最流行的网络视频形式——短视频，通过讲解相关知识，还设计了 5 个任务——3 个短视频制作任务和 2 个短视频平台的实训任务，有针对性地开展实训活动。

图 6-111 携程旅行与抖音的合作海报

完成任务，可以使读者充分理解并掌握短视频营销的相关知识与操作技巧，同时课后习题可以帮助读者巩固并加深对基础知识的理解。

答案

6.11 课后习题

完成本章内容学习后，接下来通过几道课后习题，测验读者对网络视频营销模式的学习效果，同时加深对所学知识的理解。

6.11.1 选择题

1. 网络视频营销是指主要基于（　　）为核心的网络平台，以内容为核心、创意为导向，利用精细策划的（　　）实现产品营销与品牌传播的目的。

　　A. 社交网站，视频内容　　　　　　　　B. 视频网站，视频内容
　　C. 视频网站，图文内容　　　　　　　　D. 社群网站，图文内容

2. 网络视频制作的正确流程是（　　）。

A. 构思内容→剧本设计→视频拍摄→角色选择→剪辑制作
B. 视频拍摄→构思内容→剧本设计→角色选择→剪辑制作
C. 剪辑制作→视频拍摄→构思内容→剧本设计→角色选择
D. 构思内容→剧本设计→角色选择→视频拍摄→剪辑制作

3. 下列选项中不属于短视频脚本的分类的是（　　）。

A. 拍摄提纲　　　B. 分镜头脚本　　　C. 文学脚本　　　D. 分场脚本

4. 下列选项中对抖音和快手两个平台的运营定位描述不正确的是（　　）。

A. 快手的人群特征是碎片化时间多，对音乐有兴趣；抖音的人群特征则是自我展现意愿强，好奇心强

B. 快手旨在记录、分享和发现生活；抖音则旨在音乐、创意和社交

C. 快手的目标用户以三四线城市和农村用户居多；抖音的目标用户以一二线城市和年轻用户居多

D. 快手的运营模式是规范社区、内容把控；抖音的运营模式是注重推广与扩大影响

5. 抖音主要的运营定位为年轻人的音乐短视频社区，以下分类人群不属于其主要用户的是（　　）。

A. 内容生产者　　　B. 内容次消费者　　　C. 内容次生产者　　　D. 内容消费者

6.11.2　填空题

1. 网络视频营销的特点包括_____、_____、_____、_____和_____5个方面。

2. 现在比较常见的网络视频表现形式包括_____、_____、_____、_____和_____等类型。

3. 网络视频连锁传播营销策略分为_____和_____。

4. 拍摄短视频需要准备的器材有：_____、_____、_____和_____。

5. 剪辑六要素分别是：_____、_____、_____、_____、_____和_____。

6.12　创新实操

短视频制作是一项"实践大于理论"的技能，因此需要在理论知识的指导上，利用业余时间多加尝试、反复练习。

根据本章节所学内容，选择自己感兴趣的产品，为其设计、拍摄并剪辑用于营销的短视频，将制作好的营销短视频投放在各类新媒体平台，听取意见，不断改进。

图 6-112 所示为手机拍摄视频。

图 6-112　手机拍摄视频

第 7 章
直播营销

中国新媒体营销市场规模持续扩大，网络视频与直播将成为营销的主流形式。随着直播营销产业的持续发展，产业链上下游合作冷升级，购物渠道将被打通，科技的进步也将围绕在图像识别和语音识别上，为直播营销带来更多的可能性。

本章聚焦直播营销模式，重点讲解直播营销概述、直播营销活动、直播营销与电商运营的关系分析，充分了解直播营销，为今后的直播活动和工作提供借鉴。

7.1 直播营销概述

直播营销是目前的主流营销方式，掌握其操作方法可以帮助企业更加灵活地进行各种营销方案的策划与实施。

7.1.1 直播营销的概念

电视或广播等传统媒体平台的现场直播是最早的直播形式，如体育比赛直播、新闻直播等。随着移动互联网和智能手机技术的快速发展，网络直播等新兴的直播方式开始兴起，其通过在互联网设备上安装直播软件来进行直播，达到展示信息的目的。图 7-1 所示为某主播在进行户外直播。

直播营销以直播平台为载体，通过现场展示的方式来传递企业品牌或产品信息，形式主要有两种：一种是通过计算机端直播，另一种是通过手机摄像头对各种信息进行实时呈现，以方便其他网络用户观看并进行互动。

图 7-1 某主播在进行户外直播

7.1.2 直播营销四要素

直播营销包括场景、人物、产品和创意 4 个要素，图 7-2 所示。场景是指直播营造出的气氛，让观众有身临其境之感；人物是指直播的主角，可以是主播或直播嘉宾，以展示内容的方式与观众互动；产品通常以软广告植入的方式达到营销的目的，同时建议与直播中的互动有关；创意则是优化直播效果、吸引观众观看的方式，如弹幕抽奖、互动提问等简单的形式，这种形式往往比表演更加吸引观众。

图 7-2 直播营销四要素

7.1.3 直播营销的特点与优势

随着互联网的发展，直播营销以即时事件、常用媒介、直达受众等特点，广受企业营销的青睐。表 7-1 所示为直播营销特点的汇总表格。

表 7-1　直播营销的特点

直播营销的特点	
即时事件	直播可以同步看到事件的发生、发展与结果，通过视频画面与声音第一时间反映现场的情况，为观众了解信息提供了直观、即时的信息获取方式。特别是对于比赛、发布会等形式的直播来说，主播可以在介绍最新进展的同时，邀请观众参与互动
常用媒介	直播营销的设备非常简单，常见的手机、计算机等终端都支持直播。基于互联网的直播营销，可以直接通过手机进行，营销的传播速度越快、范围越广，营销效果也越明显
直达受众	直播营销无法对直播内容进行剪辑和加工，观众所看到的内容就是播出的内容，二者完全一致。鉴于此，要注重直播流程与设备的维护，避免出现直播失误而给观众留下不好的印象

在传统营销模式下，企业主要通过户外广告、新闻报道和线下活动等方式来进行销售，而互联网环境下的直播营销则通过更低的营销成本、更广的营销覆盖、更直接的营销效果和更有效的营销反馈来达到更佳的营销效果。表 7-2 所示直播营销的优势。

表 7-2　直播营销的优势

直播营销的优势	
更低的营销成本	电视、广播、展位等是传统营销的主要渠道，投放成本从几千元到上百万元不等，对于资产并不雄厚的中小企业来说并没有吸引力。而就直播营销而言，直播设备简单，直播场景构建方便，是目前成本较低的营销方式之一。尤其是对于个人电商，仅靠一部手机就可以完成一次直播营销活动
更广的营销覆盖	一般的营销方式，观众在查看信息的同时需要自己在脑海中构建场景，而直播营销可以直接展现产品的形态、使用过程等信息，将观众带入营销的场景，达到更好的营销效果
更直接的销售效果	不管是哪种营销方式，目的都是为了获得更好的销售效果。直播营销中，主播可以通过言语来传递各种优惠信息，直截了当与观众互动。这种营销方式极大地刺激了观众的消费热情，提高了营销的效果
更有效的营销反馈	在确定目标产品的前提下，展现产品的价值、实现盈利是企业开展营销活动的目的。在这个过程中，企业需要不断优化产品营销策略，对产品进行升级改进，使营销效果最大化。而直播营销拥有强有力的双向互动特点，可以在直播的同时，接收观众的反馈信息，如弹幕、评论等。这些反馈中不仅包括产品信息的反馈，还有观众的现场表现，这也为企业下一次的直播营销活动提供改进借鉴

7.1.4　直播营销模式新趋势

电商时代风起云涌，内容营销已成为大趋势，更是商家运营的重中之重。以淘宝平台为例，其风口已由图文内容转移到短视频、直播等新形势，又由网红直播转移到店铺直播上来。原有直播营销平台模式主要以打赏为主，现有直播营销更多往短视频探店、带货转变，从明星经济概念，走向真正的商业闭环。

1．"直播+电商"成为下一个风口

2016 年 4 月，淘宝直播开始正式运营。2018 年 9 月 17 日，淘宝直播号召全网最强十大农产品带货主播义务助阵丰收节晚会，4 小时内销售额超过 1000 万元；2019 年 3 月，淘宝直播独立 App 正式上线。短短几年的时间，淘宝直播实现了对传统秀场直播的"边缘创新"，以"直播+电商"的模式杀出重围。

以淘宝某知名女主播为例，解释当下的直播带货能力，在淘宝直播举办的"村播"活动中，该主播进行了一场 2 小时的农产品直播，成交订单超过 14 万笔，引导销售成交额近 600 万元；宽城板栗 10 秒被抢光，内丘富岗苹果销售额超过 20 万元，安心鸡蛋销售超过 40 万枚。通过直播平台，卖家可以直观地展示产品以及产品的相关信息，消费者可以将其需求快速地与产品供给进行匹配。图7-3所示为淘宝某知名女主播直播现场。

除了淘宝直播平台外，还有众多的引流直播平台，抖音、快手以及哔哩哔哩视频网站也成为淘宝销售的引流平台。电商平台的巨大利益蛋糕刺激着越来越多的主播、电商企业入局，同时，用户也被培养出"直播+电商"的娱乐和消费习惯。

2. 用直播提升流量转化率

直播是引导流量的主要方式之一。目前消费群体以80后、90后为主，并呈现扩大的趋势。在研究该群体获取信息的途径和手段的过程中，发现直播是这一消费群体获得信息最广泛的方式之一。以淘宝为例，淘宝直播对于店铺吸引新的流量和顾客有非常大的作用。淘宝直播使店铺和粉丝之间建立起了一定的联系，通过直播实时互动，可以打造火热的抢货氛围。反复的产品推介和咨询抢购氛围，能够迅速让粉丝相信店家推荐的商品，从而转化形成销量。流量转化成销量的过程中，产品的影响力会逐渐扩大，对部分不再活跃的老会员进行激活，进而可以提升留存度。图7-4所示为主播们推荐的产品。

图7-3　淘宝某知名女主播直播现场　　　　图7-4　主播们推荐的产品

3. 用直播提升销售效率

传统的电商平台一般以图文为主，为了呈现更加良好的效果，很多商品图都经过了修饰和调整，商品的真实感和还原度大打折扣。直播呈现了更加真实的购物场景，尤其适用于服装、美妆等类型的产品。通过直播的方式，可以更加详细地展示商品，例如服装的细节、彩妆的上妆效果等，避免了图文展示时出现的过度修图、色彩失真等现象。真实的商品呈现，减少了消费者的顾虑，实时的互动与交流则提升了购物体验，电商们通过直播的方式，无疑更加有利于促成交易。

7.2　直播营销活动

直播营销活动是指在现场随着事件的发生、发展同时播出的营销方式，该营销活动以直播平台为载体，以达到企业获得品牌提升或是销量增长为目的。

7.2.1　直播营销的常用活动方式

直播营销的活动方式在很大程度上决定着直播效果，要根据营销的目的、前期策划来选择合适的营销方式。

1. 颜值营销

颜值营销对主播的形象要求较高，女主播要求可爱靓丽，男主播则要求英俊帅气。通过高颜值的容貌外形，吸引大量观众观看直播，并进行打赏，这种方式能够带来大量的流量，是进行前期引流的有效手段。图7-5所示为斗鱼颜值区主播界面。

图 7-5 斗鱼颜值区主播界面

2. 明星营销

明星本身就带有流量与话题，通过明星进行营销，可以充分调动明星自身的粉丝群体。这些粉丝数量庞大，互动力强，可以为直播带来较高的热度。但邀请明星需要一定的资金，需要在充足的预算下选择与自身品牌形象相符的明星。图 7-6 所示为某明星做客主播直播间。

图 7-6 某明星做客主播直播间

3. 利他营销

利他营销主要是通过分享知识或生活技能，在提高观众技能的同时，借助主播或嘉宾的分享来推广产品，如护肤步骤直播、化妆技巧直播等。

4. 对比营销

对比营销是指通过与其他同类型的产品进行对比，展现所营销产品的差异化、优势，以增强说服力。

> **小技巧**：对比营销方法适合于产品性能测评直播，但不建议在直播中诋毁被对比的产品。

5. 采访营销

采访营销是指主播站在第三方的角度阐述观点和看法，如采访专家、路人等，以第三方的身份客观介绍产品，增加产品信息的可信度。这种直播方式切忌作假，在没有专家和嘉宾的情况下可选择采访路人，以拉近与观众的距离。

7.2.2 直播活动的内容安排

与简单的对着摄像头聊天和计算机屏幕分享等直播不同，企业直播营销需要在营销目的、目标用户的基础上进行设计，策划专门的营销活动执行方案，并根据方案来执行。一般来说，直播营销活动可以分为：直播开场，即吸引观众观看直播；直播过程，引起观众的兴趣；直播结尾，推动观众接受营销的内容。每个阶段的内容安排都不同，具体信息如图 7-7 所示。

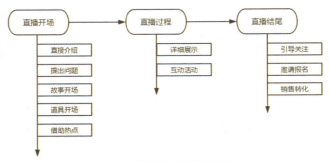

图 7-7 直播活动的内容安排

7.2.3 直播活动的互动设计

在直播过程中开展各种互动,可以在增加观众兴趣的同时引出活动高潮,常见的直播活动互动设计主要有弹幕互动、参与剧情、直播红包、发起任务等形式,下面分别进行介绍。

1. 弹幕互动

弹幕是以字幕形式出现的评论,它按照发送顺序飘在屏幕中,主播要关注弹幕的内容并挑选一些弹幕与观众互动,特别是观众的提问、建议等内容,如"主播身高体重是多少?"等,如图 7-8 所示。

2. 参与剧情

参与剧情适用于户外直播,加强观众的参与感,同时还能借助观众的创意增加直播的趣味性。若采纳了观众的意见,可以给参与的观众一些奖励,提高观众的积极性。例如,2016 年在里约热内卢奥运会期间,咪咕直播与凤凰网联合推出的"走着!看里约"的直播活动,通过采纳网友的意见,采访里约热内卢街头不同国家不同肤色的奥运观赛人群。

3. 直播红包

观看直播的观众可以通过直播平台打赏主播,如赠送"游艇""跑车"等虚拟礼物。同样,主播也可以以发红包或赠送礼物等方式来回馈观众,增加直播间的人气。主播发放红包时要提前告知观众发放的时间,如"今晚八点半给大家准备了红包""一大波红包马上就来"等,这是为了让观众知道抢红包的时间,在做好准备的同时还可以邀请更多人进入直播间等待红包,提高直播的人气。图 7-9 所示为直播间正在发红包。

图 7-8 直播弹幕互动 　　　　　　　　　图 7-9 直播间正在发红包

> **拓展**：直播红包可以直接通过直播平台发放，也可以通过微博、微信等第三方平台发放，为站外平台引流，便于直播结束后的效果发酵。

7.3 直播营销与电商运营的关系

阐述直播营销与电商运营的关系，离不开电子商务、直播营销的企业价值和顾客价值，以及直播营销在电商领域的运用等知识。

7.3.1 电子商务的概述

电子商务（Electronic Business）是指利用计算机技术、网络技术和远程通信技术，实现面对面看着网上琳琅满目的商品信息，（买卖）中电子化、数字化和网络化的过程。电子商务交易过程中，人们不再面对面看着实实在在的货物、依靠纸介质单据（包括现金）进行买卖交易，而是通过网络、完善的物流配送系统和方便安全的资金结算系统进行交易（买卖），是简单便利、快捷、低成本的交易方式，在买卖双方不见面的情况下进行的商务和贸易活动。图7-10所示为电子商务概念图。

移动电子商务是利用手机、掌上电脑等无线终端进行的电子商务活动。它将互联网、移动通信技术、短距离技术及其他信息处理

图7-10 电子商务概念图

技术进行完美结合，使人们可以随时随地进行各种商贸活动，包括线上与线下的购物交易活动、在线电子支付活动、商务活动、金融活动和相关的综合服务活动等。

1. 电子商务的特点

电子商务与传统的商务活动相比，具有以下几个特点，如图7-11所示。

2. 电子商务的基本特征

从电子商务的含义以及发展历程可以看出电子商务具有如下特征，如图7-12所示。

图7-11 电子商务的特点　　　　图7-12 电子商务的基本特征

7.3.2 电商运营中直播营销的企业价值与顾客价值

商业模式的本质是以价值为核心，研究顾客、企业、伙伴与产品之间的关系，商业模式构成要素包括企业价值、顾客价值、价值体系三个方面。

1. 电商运营中直播营销的企业价值

1）带来强大的流量

流量对于电商平台是非常重要的，而直播活动可以利用主播的颜值迅速吸引粉丝群体，成为新的流量入口。

2）降低成本

为了提高购物体验，人们一直致力于解决各种网购问题。针对缺少详细的商品讲解、商品实际情况的呈现等问题，各大电商平台陆续推出部分解决方案：在线 3D 试衣间、VR 增强现实设备等，但是这些方案都面临着更高的人力成本与技术成本，实际的效果也不够理想。而利用直播活动，主播可以扮演导购角色，一对多为顾客详细地讲解产品，解答各种问题，从其投入和效果而言，直播电商能较好地降低成本。

3）刺激消费

刺激用户消费主要有两种可能：一种是在信息多样化、真实性、信任感增强的情况下，降低或打消了用户的顾虑，促成消费；另一种是主播作为"意见领袖"，以自身的魅力打动了观众，刺激用户消费。

2. 电商运营中直播营销的顾客价值

1）解决信息不对称

影响用户消费决策的重要因素之一就是商品信息不完善，人们无法非常直观了解到产品的好处，实际的穿搭效果等，而直播相比于原来的图文描述，显著的优势就是包含了更多的信息，能够较好地解决信息不对称的问题，帮助用户决策。图 7-13 所示为主播试穿大衣。

2）增加内容真实性，构建信任基础

"网上假货泛滥"在国民心中已经是不争的事实，对于顾客而言，这件衣服的材质与颜色到底好不好看？这个护肤品真的像评论区里说得那么好用吗？这个进口产品是正品吗？这些问题都让用户陷入犹豫，不敢购买，而直播恰好能够真实地还原产品属性，增加内容的真实性，构建用户与产品之间、用户与品牌之间的信任。

3）即时互动，还原真实购物场景

直播是及时互动的，可以通过弹幕互相交流，除了内容属性外还具备社交属性，能很好地提高用户的参与感。同时直播具备社群属性，它集中了相同兴趣或需求的用户一起购物，能够创造一种"陪逛街"或团购氛围，这是传统电商平台无法做到的。图 7-14 为直播现场。

图 7-13　主播试穿大衣　　　　　　　　图 7-14　直播现场

7.3.3　直播营销在电商领域的应用

直播领域一直被认为是千亿市场的"新蓝海"。相比较图文和视频，直播间的互动感更强，也更容易引发即时消费行为。

1. 店铺直播模式

主播一款一款地介绍在售产品，或由观众留言，告诉主播要看哪款产品，直播内容就是直播间的各个款式。这种模式的竞争力来源于在播商品,依靠购物袋中的商品引起观众互动。图 7-15 所示为淘宝店铺直播。

> 小贴士:店铺直播要注意全面展示直播间的各个款式,并保持与观众互动。

2. 国外代购直播模式

主播在国外给粉丝带货,时常因为镜头只对着部分商品,所以模式辨识度不是非常高;有一定的价格差,时常一家店里库存较少,容易形成好卖的商品被哄抢的情况;商品随着镜头的画面变化而变化。图 7-16 所示为国外代购直播。

图 7-15　淘宝店铺直播

图 7-16　国外代购直播

> 小贴士:国外代购要多展示购物环境,例如商场、商品以及购物的外国人等,增加代购的可信度。

3. 定制模式

所有的产品,主播自己找款,找工厂做。主播根据粉丝的需求推出特有的款式,同时也保证了品质。在购物车里,特有的商品首图和标题能让观众有较好的辨识度,成交的冲动性主要来自粉丝对主播的信任以及对款式的认同,粉丝对上新的内容有期待,这种模式是操作难度最大,门槛最高的。

> 小贴士:定制模式要注重在直播中对新品进行预告和展示,吸引观众。

4. 基地走播模式

供应链构建直播基地,主播在各个直播基地做直播,一般提前到基地选好货,等基地做好准备,主播在线开播;一般基地的装修和直播设备都比较高档,画质都比较好,内容辨识度较好;基地往往会为协助主播"演双簧",采用好款惜售的模式,容易造成冲动下单,同时也造成了售后退货率。一场直播往往有较多的款式,而这些款式经过主播筛选后,会比较符合粉丝的需求,内容值得期待。图 7-17 所示为晋江直播基地选品中心。

图 7-17　晋江直播基地选品中心

> 小贴士：基地走播模式，主播要注意展现基地的具体情况，包括环境、员工、货物等，让观众更近距离感受供应链一线、了解商品，将观众成功转化为消费者。

5. 秒杀模式

主播和品牌商合作帮品牌商带销量，同时给粉丝谋福利。这个模式容易形成马太效应，主播带货能力越强越受商家亲睐，拿到的折扣也越低，而主播的收益来自"占位费"与销售返佣。图 7-18 所示为某主播直播间商品秒杀。

> 小贴士：秒杀直播中主播可以着重讲解价格优势，计算出具体的优惠数据进行比对，吸引观众。

6. 砍价模式

主播拿到货主的商品后，把商品的优缺点分析给粉丝听，同时也告诉粉丝商品大概的价值，征询有意向购买的粉丝。

在这个基础上，货主报价，主播砍价，价格协商一致后三方成交。主播赚取粉丝的代购费和货主的佣金。这种模式下，一货一品，容易哄抢，但观众也喜欢围观砍价和成交过程，也不免是一个好的方法。图 7-19 所示为某玉石市场的直播现场。

图 7-18 某主播直播间商品秒杀

图 7-19 某玉石市场的直播现场

7. 达人模式

在一个领域有非常深厚的专业认识，对该领域的商品了如指掌，成为该领域的消费意见领袖，邀请该意见领袖作为主播或者嘉宾进行直播。通过这种模式获取的粉丝，对主播的信任度较高，转化率有不错的表现。图 7-20 为母婴达人直播现场。

8. 产地直播模式

无论是自产自销还是产地直销，这种模式性价比最高，比如卖水果、卖海鲜等。模式简单易懂，但直播内容每天都一样。图 7-21 所示为"天府特产"柑橘热卖现场。

图 7-20 母婴达人直播现场

图 7-21 "天府特产"柑橘热卖现场

> **拓展：** 相较于网红群体，一亩田产地主播更接地气、更接近产地，不需要"才艺表演""喊麦唱歌"，作为朴实的新农人，他们用镜头展示着每天的日常生活，收货、打包、装车、分拣，甚至是茶余饭后的闲聊，都是在一亩田地里发生。

总结：①直播+电商成功的本质在于以一种新形式给顾客和电商平台带来了价值。②直播的成功反向证明了原来的网上购物模式存在诸多痛点且到了体验升级的时候，所以通过各种维度来提升用户体验，寻找新的价值缺口是目前的重要趋势。

7.4 熟悉直播平台的运作法则

近几年，在互联网的大力普及下，网络直播行业火热。一些投资者看到直播市场的潜力之后，迫不及待投身其中。在短短几年内，网络直播便突飞猛进，呈现一片繁荣的景象。但不可否认，在繁荣的背后，网络直播也一直广受争议。

7.4.1 任务描述——了解直播平台的运作法则

移动互联网时代使得网络直播异军突起，直播行业成为各企业争相角逐的盈利风口，直播背后巨大的商业价值使得网络直播遍地开花。高收益刺激着大众的"敏感神经"，网络直播无疑成为移动互联网时代新的创业风口。

1．熟悉规则

网络直播数据备受争议，直播平台数据普遍都有水分。某主播在斗鱼平台直播游戏《英雄联盟》时，直播期间的观看人数竟然超过了13亿人。2016年，某游戏主播的直播首秀，实时观众数量竟然达到了59亿人。直播平台的数据造假成为行业公开的秘密。虚高的数据往往能带给主播和平台丰厚的经济利益，形成一种欺骗性的引导消费。图7-22所示为凤凰网新闻。

国家新闻出版广电总局下发的《关于加强网络视听节目直播服务管理有关问题的通知》对网络直播的内容再一次进行了规范，对于网络主播也提出了一些新的要求，直播行业的准入规则越来越精细化、制度化。图7-23所示为《关于加强网络视听节目直播服务管理有关问题的通知》。

图7-22　凤凰网新闻

图7-23　《关于加强网络视听节目直播服务管理有关问题的通知》

1）网络主播上岗实名制

上海市所有网络直播平台在2016年10月之前都落实了主播的认证工作，约有45万名主播进行了实名认证，并对未进行实名认证的1000余名主播进行了注销处理。这也就意味着，每位想成为主播的个人，在进行注册时都必须上传本人持身份证或者有效证件的清晰头像图片，平台审核完成之后才能开通直播。网民想要成为网络直播平台的注册用户，也必须通过一定的验证方式，审核完成后才可以开播。网络主播实名制，不仅能有效约束网络主播的行为，也便于相关部门进行管理和备查。图7-24所示为网络直播行业接受监管的漫画。

2）直播内容需符合标准

直播的内容不能涉黄、涉暴、涉毒，直播的节目应该坚持健康的格调品味，不得含有国家法律法规规定所禁止的内容，并自觉抵制内容低俗、过度娱乐化、宣扬拜金主义和崇尚奢华等元素。

2016 年 7 月，文化部公布了互联网违法违规文化活动查处名单，此次查处名单涉及 23 家网络文化经营单位共 26 个网络表演平台。其中为人熟知的斗鱼直播、熊猫直播、六间房直播等 12 家经营单位，也因提供含有淫秽、暴力、教唆犯罪和危害社会公德等违法违规内容而被要求整改，并依法给予罚款及没收违法所得等行政处罚。对于直播的内容，国家是大力严查的。图 7-25 所示为网络直播新规的新闻。

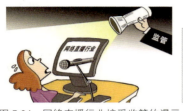

图 7-24　网络直播行业接受监管的漫画

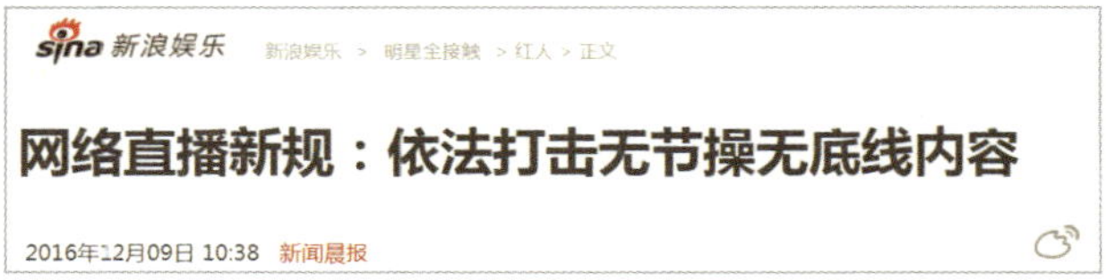

图 7-25　网络直播新规的新闻

3）直播活动要接受管理

未经许可，主播不可擅自从事网络表演等违法违规经营活动。2016 年，文化部下发了《文化部关于加强网络表演管理工作的通知》，如图 7-26 所示。通知明确规定，将对网络直播实行随机抽查，如果出现违法违规的内容，表演者将对其开展的网络表演承担直接责任，对事件负责。并且采取黑名单制度，表演者一旦上黑名单则将在全国禁演，具体时限根据违法情节轻重程度确定。

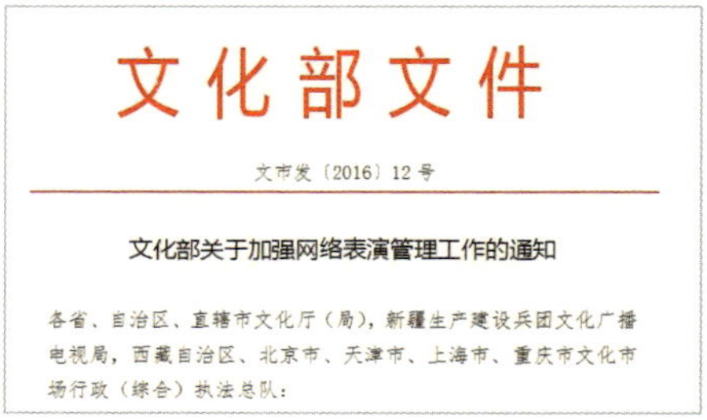

文化部文件

文市发〔2016〕12 号

文化部关于加强网络表演管理工作的通知

各省、自治区、直辖市文化厅（局），新疆生产建设兵团文化广播电视局，西藏自治区、北京市、天津市、上海市、重庆市文化市场行政（综合）执法总队：

图 7-26　《文化部关于加强网络表演管理工作的通知》

4）对粉丝和用户负责

主播并不是随意选择一个平台，创建一个账号，就能开始网络直播的。而是要经过充分的市场调查，以数据为依据，从观众身上找到进入直播行业的机会，输出符合观众品味的内容，销售观众喜爱的产品。直播是以用户为核心的双向交流，因此必须对用户负责。

7.4.2　技术引进——主播的基本职业素养

从事主播工作，要具有基本的职业素养，其中包括直播礼仪、禁播与封杀尺度须知两个方面。

1. 直播礼仪

直播礼仪有助于为主播吸引粉丝，收获路人缘，助力直播活动更上一层楼。

1）尊重他人成果

直播内容宽泛，但并不意味着什么内容都可以进行直播。一些有版权的影视作品等内容还是要在获得相应的授权之后才能直播。虽然现今很容易就能通过一些手段获得一些其他的影视资源，但直播有版权的内容要经过授权是对他人劳动成果最起码的尊重。

2）注重社交礼仪

在直播的时候，一些不雅的行为方式和谈吐很容易引起用户反感，一些尺度过大的行为也很有可能导致直播间和账号被禁封，甚至触犯法律。因此，作为一名专业的网络直播人员，一

定要塑造良好的个人形象，符合基本的社交礼仪规范。作为主播，还要维持直播间的和谐气氛，避免出现观众互相辱骂的情况。

3）实时和用户互动

对于用户的评论主播一定要及时回复，对于观众送的礼物要及时地表示感谢，都是基本的主播礼仪。礼仪是一个人素养的潜在表现，这些都体现在主播的职业意识之上。

图 7-27 所示为正在直播的主播。

图 7-27　在直播的主播

> **小技巧**：注重直播中的社交礼仪，是主播在工作当中必不可少的环节，关乎主播的公众形象，对主播发展格外重要。

2. 禁播与封杀尺度须知

为了严厉打击直播过程中出现的各种涉黄、涉暴等违法内容，一些直播平台除了发布一些相关的新规则，从源头上对内容进行把关之外，同时也发布了一系列的惩罚制度，对严重违法违纪的主播进行禁播或者封杀的处理。此外，对平台也存在一定的惩罚措施。图 7-28 所示为"斗鱼直播首推主播扣分制营造健康直播环境"新闻。

图 7-28　"斗鱼直播首推主播扣分制营造健康直播环境"新闻

1）主播积分与禁播

斗鱼直播就曾经被推到了舆论的风口，而后斗鱼直播也发布公告对违反规定的主播进行严查，上线一套扣分系统。当主播直播间的分数低于 4 分时，系统将关闭该直播间的礼物、酬勤系统；而当直播间的分数为 0 分时，则将永久封停该直播间。图 7-29 所示为斗鱼直播内容规定（2019 修订）总则内容。

图 7-29　斗鱼直播内容规定（2019 修订）总则内容

2）平台惩戒与整改

2016年8月27日，中央电视台以"网络直播的'黄'与'黑'"为主题进行了长达15分钟的新闻专题报道。随着文化部的介入，网络直播已然到了一个朝着职业化发展的阶段。为了严惩网络直播乱象，规划直播平台，国家下发了一些重要通知，职业化、持证上岗、照章办事成了如今网络直播的标配。图7-30所示为网络直播持证上岗的政策漫画。

2016年9月14日，新闻出版广电总局下发了《关于加强网络视听节目直播服务管理有关问题的通知》（以下简称《通知》）。根据《通知》，个人或者机构开展网络视听节目直播服务必须要具有相应的资质，即直播平台必须持有《信息网络传播视听节目许可证》。未取得许可证的个人或者机构均不能通过互联网开展相

图7-30　网络直播持证上岗的政策漫画

关活动、事件的视音频直播服务，不得利用网络直播平台开办新闻、综艺、体育、访谈、评论等各类视听节目，不得开办视听节目直播频道。另外，以后各大直播平台，如熊猫、斗鱼、虎牙等若要开展网络直播业务，还需要从监管部门获取《网络文化经营许可证》，持证营业。而一些网络平台，如优酷土豆等，已经取得了该许可证，直播不再是简单架设平台就能够开展活动了。图7-31所示为《信息网络传播视听节目许可证》与《网络文化经营许可证》。

图7-31　《信息网络传播视听节目许可证》和《网络文化经营许可证》

3）直播前景可期

在经历体育直播、游戏直播的发展与推广后，直播行业如今已经广为人知。随着移动客户端技术的不断改进与发展，随时随地的直播方式让更多人开始加入直播，进行直播，直播的全民时代已然到来。

在全民直播时代，主播们可以在任何地点任何时间拿起手机进行直播，而且直播也更加随性，更加接地气。主播们一改以往精致的妆容，纷纷淡妆出镜，就地取材，直播内容也是随机应变，有直播工作的、有直播学习的，甚至直播睡觉的。直播时长也更加随意，从短短几分钟到几个小时不等。

不难看出，以直播为手段的传播形式已经开启了高速发展的模式，随着网速带宽的提高，相关资费成本的降低，全民直播时代发展更为迅速，只有想不到的，没有做不到的。想玩直播，想通过直播闯出自己的一片天地，就更需要了解相关平台的实力和特点，直播需要的设备、布置、妆容和礼仪，也更需要提前准备和设计，对直播内容做好定位，规划好今后的发展方向等。

 **判断直播活动的性质**

以下哪些直播，属于有营销目的的直播？为什么？

- 某教授直播卖书。
- 游戏主播直播打游戏。
- 美妆博主直播使用某品牌化妆品。
- 户外主播直播户外探险。
- 家庭主妇直播做菜。

7.4.3　任务实施——直播平台法则场景实例考核

（1）根据课堂所学相关知识，分小组讨论以下哪些内容或物料在直播过程中会有违法或者违规风险，为什么？并填写任务表格，如表 7-3 所示。

表 7-3　任务表格

直播平台法则考核		
序　号	情景模拟判断	说　明
1	企业生产的服装	
2	竞争对手的产品	
3	在百度搜索到的图片	
4	企业官方店铺网址	
5	未授权的卡通玩偶	

（2）小组推选同学上台进行阐述，同学可以进行补充，老师点评。

> **拓展**：①用户观看直播的审美因素；②用户观看直播的好奇因素；③用户观看直播的需求因素。

 了解主播的基本分类

主播千千万万，种类也不会少，如果把主播选择直播类型比作大学挑选专业，那大热的专业一定有这样三类：唱歌跳舞的秀场类、通关杀敌的游戏类、走进生活的户外类。不过大热的专业并不一定是最好的，但一定是竞争最激烈的。

1．知识技能型主播

知识付费早已不再是一种口号，经过市场教育，已成为继版权付费后的下一场变革。知识类直播也慢慢被人接受了，并且某些知识类主播用户黏性非常高，他们所提供的专业价值和专业的技能具有不可替代性。在遍地唱歌跳舞的环境中，知识技能型主播的未来也许更加稳定。图 7-32 所示为斗鱼科技教育板块。

图 7-32　斗鱼科技教育板块

而根据众多平台调查数据显示,用户对于直播内容认知需求上,能够学到东西占比高达68%,而对于主播的吸引特质评价上,才艺/技能好占比高达60%,凸显了用户对于直播的知识技能价值传递的需求。

2. 电商主播

直播除了成为游戏推广的一大利器外,也逐渐成为电商销货的新宠。淘宝直播的成绩大家也是有目共睹的,2017年淘宝直播盛典,活动期间至少吸引了千万用户观看,互动人次达到3亿次,"双11"交易额更是高达1682亿元。最新达人收入排行版"淘布斯"中,某32岁的女主播以年收入3000万元,"带货"销售额7亿元居榜首。不同于传统直播的打赏盈利模式,电商主播主要依靠带货能力而获得相应的收入,对比于依靠土豪青睐打赏的方式显得更有底气,不少电商主播表示自己在这个卖货过程中越做越有干劲和希望。

3. 脱口秀主播

都说直播是一个人的脱口秀,是一群人的狂欢。粉丝希望得到的除了陪伴,就是忘记现实生活中的烦恼,来直播的世界寻找开心。

每当主播们有些搞笑瞬间或者精彩的梗时,弹幕一定是最热闹的,而脱口秀直播则是一趟笑声不会停的快车,将所有笑点经过策划、编排汇聚呈现在一场短短的直播里,而且用户不仅是观看者,还能互动创造更多话题。图7-33所示为YY脱口秀板块位于首页推荐位。

图7-33　YY脱口秀板块位于首页推荐位

4. 全平台覆盖主播

全平台覆盖是指将自己的直播内容或其他产出内容,发布在除了直播平台外的其他平台,例如微博、内涵段子、抖音等,在其他平台也同样拥有着超高流量、超多粉丝。这种全平台覆盖的主播能够拥有如此成绩离不开专业的内容策划团队,单打独斗已经不适合目前激烈的竞争,主播所呈现的内容都是团队精心运营的产物,而直播与视频之间形成天然的互补,互动性和传播性都得到了保证。

5. 艺人

主播和艺人之间似乎并没有明显的界线,只不过是将主播从直播这个相对独立的世界推向了主流世界,走向大众的视野内。

最典型的例子就是现在红得发紫的冯姓女主播,接连参加《快乐大本营》《天天向上》《异口同声》等综艺节目,随后接连代言终结者2手游、东南DX7 prime等广告业务,百度指数随着节目的造势大幅提高,同样提高的还有冯姓女主播的广告出场费,有消息透露目前出场费高达百万以上,直逼当红明星。图7-34所示为人气女主播进军娱乐圈。

图7-34　人气女主播进军娱乐圈

7.5　直播前期准备之硬件配置

智能手机的普及和宽带WiFi的降费普及,也极大推动和激发了用户对视频内容的消费需求。智能手机和各种视频点播、直播平台App的流行和高度覆盖,使电商直播有了硬件和软件的支撑基础。

7.5.1 任务描述——直播间的整体布置

在进行直播之前,主播对于直播间的包装是非常重要的。人们在很大程度上是属于视觉优先的,对周围的感知方式也主要是通过视觉来完成的。让人赏心悦目的直播间,也能在最短的时间俘获网友们的视线,不管是素颜还是华丽直播间,必须有自己的风格。

1. 干净整洁是最低要求

网络直播间的布置花样繁多,豪华大气的贵族风、温暖清新的自然风以及粉红可爱的少女风等。主播对于直播间场地的选择也不尽相同,一些主播的直播间是一个独立的小房间,但绝大部分的主播还是选择把家作为直播的场所。无论选用哪种风格,无论把哪里作为直播场所,干净整洁是对直播间的第一大要求。

直播间的场地一般很小,书桌、椅子、计算机以及一些必备的直播设备就成了直播间的全部配置。有时为了让网友们对空间产生错觉,一些主播也会在背景墙上涂上一些花纹,或者选用一些带有简单图案的壁纸进行装饰。图 7-35 所示为干净整洁的直播间。

一些讲究个性的主播,尤其是年轻主播,会把直播间布置得带有个人印记,即在直播间里摆放一些个人喜欢的物件反映个人爱好,如乐器、书籍等。但无论摆放什么,怎么摆放,都要遵循一个原则——整洁明快,再配上柔和的灯光,便能达到良好的视觉效果。图 7-36 所示为主播正在直播。

图 7-35　干净整洁的直播间

图 7-36　主播正在直播

2. 用小配饰彰显主播特色

直播间就像主播的第二张脸,往往能呈现出更多主播的信息内容,一些网友也会从直播间的布置采猜测主播的喜好从而了解主播。

通过道具暗示主播的个性,比如一个二次元爱好者的主播可以通过在直播间里摆放二次元人物的海报、周边产品等道具来表明自己的爱好;喜欢玩游戏的主播则可以摆放一些有关游戏的道具,让网友知道其对于某款游戏的喜爱;喜欢化妆的主播也可以在直播间里摆放一些化妆品等,总之要突出自己的个性。图 7-37 所示为主播直播间布置情况。

图 7-37　主播直播间布置情况

> **小技巧**:道具暗示对于突出主播的个性特征非常有用,在直播间整体规划好之后,不妨从道具入手,直接向网友传达你的喜好。

3. 用背景板降低布置成本

许多看起来很美的直播间,其实有可能是利用视觉误差由壁纸支撑起来的,节约成本进行布置。我们在直播画面中看到的直播间充满温馨,画面唯美,可能就是一个很小的房间。

相对于实际装修的费时费力，直接购买直播专用的背景布要简单方便得多，而且成本也低，因为一般专用直播幕布在 30～100 元，再购买一个固定背景布的专用背景架就可以投入使用。一些带有 3D 效果的背景布在灯光的作用下往往能带来以假乱真的效果。图 7-38 所示为淘宝售卖的背景板。

图 7-38　淘宝售卖的背景板

> **小技巧**：有了背景布，主播可以对直播间进行再布置，并随时更换直播间的风格。

7.5.2　技术引进——直播的硬件设备

主播的硬件设备包括网速、摄像头、布光以及麦克风四个部分。

1. 网速

不论是室内还是室外都需要网络，高网速是直播必不可少的条件。如果网速慢到"1 秒 1 卡"的地步，那直播也就失去了意义。就室内来说，网速自然是越快越好。

建议根据所在地的具体情况选择网络套餐，因为在不同的地区，移动、联通甚至其他各大服务商的网络稳定状况不尽相同。不能一味地讲实惠，更要考虑到实际情况，多咨询其他用户的情况作为参考。虽然网速越快越好，但是还是要考虑成本。一般来说 8MB 至 10MB 的宽带可以保障一般用户的直播需求。

而对于游戏主播，尤其是玩《英雄联盟》等网络竞技游戏的主播，因为直播软件和游戏软件同时占用网速，很容易造成卡顿情况发生，不论是节目效果还是观看体验都会下降，这个时候我们需要适当提速，20MB 以上的光宽带理论上是足够的。

另外值得一提的是，如果有室友和家人同住，建议采用单独的网络通道，避免抢网速的情况出现。针对蹭网问题，主播可以采用 360 宽带测速进行检测，再使用防蹭网技术解决问题。图 7-39 所示为 360 宽带测速工具。

在室外，我们一般只能选用无线网络，而现在的国内 WiFi 覆盖率并不高，除了一些大型商场之外，很难有免费的 WiFi 信号。即便有信号的大型商场，因为人员众多，网速也极不稳定。所以手机流量是主播们上网的首选，但是直播流量的消耗是巨大的。

无线网卡和随身 WiFi 是首选，这类产品很多主播根据当地运营商的具体情况进行选择，毕竟信号稳定才是需要解决的问题，时断时续的信号很有可能造成一次直播事故，掉粉无数。图 7-40 所示为无线网卡与随身 WiFi。

> **小技巧**：无线网卡和随身 WiFi 的选择很重要，尽量选择品牌产品，质量有保障。

图 7-39　360 宽带测速工具

图 7-40　无线网卡与随身 WiFi

2. 摄像头

以淘宝高清直播为例，需要注意以下四点：

（1）可以用淘宝计算机端的直播软件；
（2）选择合适的直播设备；
（3）淘宝高清直播对灯光要求也很高；
（4）上传网速要求 4MB。

在此，主要推荐几款网络直播时使用的计算机摄像头。

- 罗技 C920，拥有 1500 万像素（1920×1080px 的分辨率，78°可视角），这个配置足够绝大多数主播使用了，这款主播摄像头性价比非常高。
- 罗技 C922Pro，支持 1080P 全高清画面录制，支持背景更换和精确调节的自动对焦功能，能够时刻保证画面的清晰，能够自动校正光线不足的情况；其双麦克风的设计，拥有更好的收音效果，支持立体声音效。

图 7-41 所示为罗技 C920 和罗技 C922Pro。

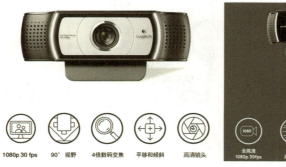

图 7-41　罗技 C920 和罗技 C922Pro

- 如果需要室外直播，还可以选用稳定器加手机的组合，能够在保证画面质量稳定的同时，也能够比较简便地将画面推流至直播平台。

图 7-42 所示为大疆手持稳定器与该稳定器优势。

图 7-42　大疆手持稳定器与该稳定器优势

> **小贴士**：目前市面上稳定器的品牌选择有大疆、智云等，可以根据自身需求进行购买。

3. 布光

一个好的直播间除了适当的装饰和合理的布局外，最重要的就是布光，为什么有的主播看上去白皙透亮，而有的主播看上去却是暗淡无光呢？这些都是因为布光造成的。

1）光源

光源有以下三种，如表 7-4 所示。

表 7-4　光源的种类

光源的种类	
自 然 光	自然光又称为"天然光"，是太阳照射至地球上的光线，以及月光和星光
环 境 光	人造光源的一种，如室内的照明灯、室外的路灯、霓虹灯、车灯等
人 造 光	专用的灯光，它与环境光的区别在于，它是可以被我们控制的

2）光质

光质是指拍摄所用光线的软硬性质，可分为硬质光和软质光。

（1）硬光（直射光）

硬光即是强烈的直射光，如没有云彩遮挡的太阳光，或直接照射在人或物体上的人造光，如闪光灯、照明灯光等。

（2）软光（散射光）

软光也称为柔光，是一种漫散射的光，没有明确的方向性，不留明显的阴影。反差较小，明暗过渡比较柔和，表现层次变化细腻，色调层次丰富。软光比较柔和细腻。

图 7-43 所示为主播直播间的灯具。

图 7-43　主播直播间的灯具

> **小技巧**：辅光采用 LED 可调瓦数越大越好的暖光灯，辅光照在你正脸面对的墙上。有条件的可以再备上一个暖光灯或者反光板效果更好。

3）光位

（1）顺光

顺光是最常使用的光位，是从被摄体正面照射过来的光线。它的特点是能把被摄体的形态和颜色表现得非常到位。但顺光拍摄时不容易产生阴影，缺乏立体感，画面会显得平淡。

（2）侧光

从左右侧面45°～90°打来的光线，泛称为侧光。侧光千变万化，稍微改变光源角度，就能为整张脸营造出截然不同的效果，增添戏剧性。适合应用在表现质感、轮廓、形状和纹理，或是用来强调甚至夸大脸部的立体感。

图7-44所示为顺光拍摄，图7-45所示为侧光拍摄。

图7-44　顺光拍摄

图7-45　侧光拍摄

（3）逆光

从后方照射过来的光线。轮廓光显得非常明亮，光辉很漂亮。最具戏剧张力的用光方式，可以创造富有戏剧感或意境的影像，妥善运用，可以增添更多细节，例如表现轻柔的发丝、还可以用反光板进行正面补光，平衡画面曝光。

（4）顶光

顶光即从顶部往下照射的光线。人物的鼻下人中处和脖子处容易产生阴影，很容易产生黑眼袋，显得不怎么好看，一般来说，运用顶光是不容易进行拍摄的。

图7-46所示为逆光拍摄，图7-47所示为顶光拍摄。

图7-46　逆光拍摄

图7-47　顶光拍摄

（5）底光

从人的脚下垂直照上来的光线，往往会使主体显得阴森、恐怖和刻板。底光更多出现在舞台戏剧照明中，而在人像拍摄中较少用到，但低角度的反光板、地灯、地面的反光等也带有底光的性质，可作为补光效果。图7-48所示为底光拍摄。

（6）伦勃朗光（主播常用之一）

伦勃朗光是一种专门用于拍摄人像的特殊用光。脸部阴影一侧对着镜头，灯光照亮脸部的四分之三，其中脸部的任意一侧呈现出倒三角形的亮区，因此也被称为三角光。立体感强，层次丰富，更重要的是阴影边的眼睛可以保持炯炯有神的面貌，并具戏剧感。图7-49所示为伦勃朗光拍摄图与伦勃朗光布光图。

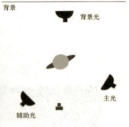

图7-48 底光拍摄　　　　图7-49 伦勃朗光拍摄图与伦勃朗光布光图

> **小技巧**：变瘦脸，让五官更立体的方法。可以采用斜上光源的方式。斜上光是从主播头顶左右两边45°的斜上方打下的光线，在调试灯光的过程中主播可以注意自己眼睛下方出现一块明亮的三角形光斑，这就是非常有名的伦勃朗布光法。

（7）蝴蝶光（主播常用之一）

蝴蝶光也叫派拉蒙光，由于鼻下所呈现出的影子为蝴蝶形，因此被称为蝴蝶光。它是好莱坞电影厂早期在影片或剧照中拍摄影星惯用的布光法。蝴蝶光的光源设定在人脸的正斜上方，这样会制造出面颊与下巴的阴影，让面孔看起来更瘦、下巴更尖，能提升对象的魅力。不过需要注意的是，有时需要使用反光板在人脸底下补光，消除掉较重的阴影。图7-50所示为蝴蝶光拍摄图与蝴蝶光布光图。

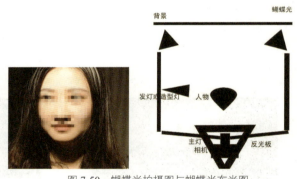

图7-50 蝴蝶光拍摄图与蝴蝶光布光图

（8）环形光（主播常用之一）

是在蝴蝶光基础上稍加改动，非常适合拍摄常见的椭圆形面孔。能够让鼻子在面颊上投下一些阴影，光源要稍稍高于眼睛和镜头的平面30°～40°。主要强调人物轮廓和立体感。图7-51所示为主播们常用的直播环形灯。

主播在直播时要根据实际情况，不同角度和不同组合搭配都会创造出不同的光影效果，如图7-52所示。

4. 麦克风

1）可以充当麦克风的耳机麦

耳机麦克风是主播最常见的选择，如图7-53所示。耳机麦克风听说一体，节约空间，同时也是最能够接近声源（主播的嘴）的麦克风了。可调节的麦克风一定程度上

图7-51 主播们常用的直播环形灯

解决了音源远近造成的音量过大或过小的问题。自带的麦克风护罩，也能对喷麦起到一定的防止作用。

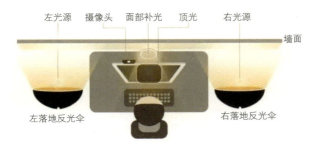

图 7-52　主播直播时的组合灯

图 7-53　耳机麦克风

拓展：常见的一体式耳麦，价格区别极大。从 40 元到 400 元不等，有的甚至能够达到四位数。职业常用的耳麦品牌，大致有魔音、Beats by Dre、森海塞尔、漫步者等。

但是耳麦也有一些坏处，对于秀场主播来说，头戴耳机会对自己的发型和面部的整体观感有影响，破坏舞台造型，尤其对于美女主播。再者，耳麦的专业声音收集能力比高端的独立麦克风还是有所不足。

2）无线长距离动圈麦克风

最常见的动圈麦可以使声音极其清晰，尤其对高音的还原度是电容麦克风无法比拟的，其独有的网头防滑环设计也使得手持变得舒适。常见的动圈麦品牌有 AIX 和 Singplay 等，平均价格在 300 元到 600 元不等。图 7-54 所示为无线长距离动圈麦克风。大多数的无线动圈麦都能支持苹果及安卓的无线、有线连接，是户外主播与室内主播不错的选择。由于设计问题，动圈麦克风对声音的灵敏度不是太好，音质虽然清晰，但饱满度显得不足。

3）带支架的电容麦克风

电容麦虽然受设计限制，导致工作距离不会太远，但也许是更适合主播的选择。其声音收集能力极强，灵敏度极高，声音效果让人极为舒适，不会产生高音尖锐带来的突兀感。只需要一节五号电池供电，就能保障多次的直播流畅。图 7-55 所示为带支架的电容麦克风。

图 7-54　无线长距离动圈麦克风

图 7-55　带支架的电容麦克风

小技巧：电容麦克风需要定期更换电池，避免直播发生意外。

当然，对于直播设备的选择，是否采用这些高大上的配置，还是要根据主播的职业、直播内容以及财力而定,不要一味求贵、求好。

> **小技巧**:直播设备的选择,没有最好,只有最合适。

 直播环境改造计划

打造直播间不用巨大的空间,准备一个小房间或者是房子的某一个角落就可以。因为直播看到的空间范围也不是很大。

改造个人直播环境分为直播场地、直播间的背景墙纸以及房间细节布置。

1. 直播场地的选择

直播间的规划是极其重要的,一般的主播场地起码在十五平方以上,美妆主播则最少五平方。不建议使用白墙,因为灯光不好把控,反光强,容易过度曝光。

2. 直播间的背景墙纸

如果你的直播间背景是白花花的墙壁,或是脏兮兮的贴纸,就会显得直播间整体十分单调且脏乱。那观众进入直播间后,就没有兴趣看下去了,更没有机会成为你的粉丝。

选择有特色的墙纸能够鲜明的突出主播的风格。可根据主播喜好选购墙纸,切记不要选过于个性或花哨的墙纸,贴这样的墙纸会降低主播的气质。一张好看的墙纸可以瞬间让你的直播间高大上起来,彻底让你的直播间不再单调。

3. 主播房间细节布置

细节处往往能看出一个人的状态,不起眼的某一处角落的设计,说不定就是吸引粉丝的地方。回想一下自己在生活中感兴趣的物件或是装饰的创意,将其还原到真实的房间布置中。

毛绒玩偶、绿色植物、特色摆件都会增加房间的活力,同时也会让观众对你多些了解,找到更多话题,但切勿放置过多,以免让人眼花缭乱。书架上整齐的图书,窗台上一盆绿植,床头枕边的可爱玩偶,都是不错的选择。

不同的主播也会有不同的直播环境设计。

- 女性主播带货直播间:背景墙就用白天或夜间的城市大全景图作为虚拟背景图,增加了直播间的纵深感、空间感和高级感。
- 男性主播带货直播间:陈列货架。
- 服饰类的直播间内可以放衣架或者衣柜,但不能乱七八糟摆放。如果衣架或者衣柜的摆放做不到整齐,就不要让衣架出现在镜头里,不能让用户一眼望去一堆衣服在衣架上,要整洁干净。

依据上述步骤,设计个人直播间的环境,完成表 7-5。

表 7-5 直播间环境改造计划

直播间总体风格:		
种　　类	选择理由	参考图片
背景: 窗帘、壁纸、背景布等		

续表

直播间总体风格：		
种　　类	选择理由	参考图片
直播间的装饰： 绿色直播盆栽、特色摆件挂件、 高脚玻璃桌、高脚凳等		

7.5.3 任务实施——配置一套直播设备

结合个人具体情况，为自己的直播活动配置一套直播设备。

（1）根据课堂所学知识，查阅相关资料，为自己配备一套直播设备，要求同时满足室内与户外直播的需求。

（2）根据自己配置的直播设备，完成任务表格，参考表 7-6 所示。

表 7-6　任务表格

直播设备购置表			
序　　号	设备名称与型号	价　　格	选择理由
1			
2			
3			
4			
…			

举一反三　户外直播高阶技巧：便携与防抖

在室外直播会比室内直播需要考虑的问题多，因为开放的环境下，不确定的因素实在太多了，画面的稳定性、风声信号、体力等都需要考虑进来。

1. 无线网与直播卡的使用

行走在路上的职业主播，往往背后付出了巨大的努力，或者有一个庞大的团队作为支撑。户外直播依靠的无线网络，除了随身 WiFi 与手机的搭配之外，带直播卡的设置装备也是一个不错的选择，直播卡学名叫流媒体采集卡，可以直接在购买设备时要求加装。

图 7-56 所示为直播卡与 DV 设备。

图 7-56　直播卡与 DV 设备

2. 手机做直播独具优势

只要是性能中高端，续航能力较强的智能手机，再搭配上相应平台的 App 就能够组成一个简单的直播设备。尤其是户外直播和大众直播，手机直播是最主流的方式。图 7-57 所示为户外直播的主播们。

单反和 DV 也是许多主播的选择，但其实很少有人用作单独的直播设备，而是连接计算机，甚至手机当作户外临时直播摄像头。图 7-58 所示为单反和 DV 设备。

图 7-57　户外直播的主播们

图 7-58　单反和 DV 设备

3. 穿戴式的蓝牙麦克风

手机直播中，由于需要把镜头拉远，通常手机自带的麦克风显然距离太远。此时，蓝牙耳麦就成了行走直播的不二选择。与普通的蓝牙耳机不同，为了使得采集的声音更加清晰，采集范围更广，有单独延伸出来的话筒。图 7-59 所示为蓝牙耳麦。

4. 防抖支架与防风罩

手机支架是户外直播的选择，带蓝牙遥控按钮键以及防抖功能的手机支架，价格从 20 元到 300 元不等，至于品牌不必太过在意，可以去淘宝、京东搜索销量较高和排名靠前的品牌和店铺，如图 7-60 所示。一般来说，支持数码相机的支架也能支持手机。

图 7-59　蓝牙耳麦

图 7-60　淘宝售卖的防抖支架

防风罩一般是在外接的蓝牙麦克风后才能用上的设备，简单的防风罩不到 10 元就能在网上买到，而专业的防风套装可能价格要成百上千元。图 7-61 所示为淘宝售卖的防风罩。

图 7-61　淘宝售卖的防风罩

7.6　直播前期准备之职业优化

作为"眼球经济"的典型代表，直播自然而然对主播的外在形象有一定的要求。无论是哪种外形风格，都需要主播通过恰到好处的修饰并展现出来。经过精心修饰的容貌还可以掩饰主播在外形上的缺点，起到扬长避短的作用。所以，广大主播要想获得观众对自己的"第一眼好感"就必须重视对自身外在形象的管理。

7.6.1　任务描述——直播的前期准备工作

直播活动开始前，还需要对直播进行其他准备工作，包括软件准备、主播形象、直播时间、内容准备等。

1. 软件准备

检查直播软件是否更新至最新版本，并且熟悉App内的相关功能，如分享直播间、发布直播红包等。

熟悉一下用户看到的直播界面里关注按钮、商品按钮等的分布情况，方便直播时引导用户关注、分享、购买。

2. 主播形象

在直播的时候，要注意自己的形象和精神外貌，直播时候搭配什么样的服装，是否需要对发型稍微整理，女性是否需要化妆，以什么样的风格出现在观众的视野，这都需要主播提前做好准备。

3. 直播时间

直播虽然不分任何时间地点都可以开始，但是在不同的时间段直播效果肯定不同。若是时间充裕精力旺盛的话，可以一整天都直播。

但是大部分主播都需要选择一个自己的直播时间段。周末休息日的话，可以从下午两三点开始直播到晚上，若是工作日的话，可以从八点或者八点半开始然后直播到晚上。一般直播时间为两个小时最佳，根据需要也可以延长到五个小时甚至更长。

4. 内容准备

1）封面图片

提前准备好直播的封面图，最佳直播封面尺寸是750×750px。个人照、本店商品的模特照、本店商品的宣传图，直播封面图片凸显直播主题，封面图片呼应直播的内容。

比如在红豆角直播平台，如果你的直播封面出现模糊不清、其他平台信息、不雅内容、带有自行添加的文字、类型不符等情况，都会被红豆角官方降权扣分，影响直播店铺的浮现排名。

每次直播都可以更换一下直播的封面，展示出每场直播不同的侧重点，否则会导致粉丝认为你一直在做同样的直播。

> **小技巧：** 直播封面图片最好颜色比较突出，采用大面积的白色背景会不够吸引人。

2）直播标题

直播的标题比较简单，只需要说明直播的主题即可，也可插入相关的话题，类似微博的写法。但同样也要注意不要违反红豆角的相关规则。

3）设置直播预告

直播预告的意思就是可以提前预热下一次的直播，在每次的直播中以及在店铺的简介里都可以多多曝光下一次直播的时间。

7.6.2　技术引进——打造个人形象的方法

主播应该有一个好的形象气质，不论是在直播室还是生活中。好的主播应该塑造好的个人形象和公众形象。

1. 选择合适的妆容

大方得体是对主播形象最基本的要求，对绝大部分女主播来说，精致的妆容往往能够让更多的人直接转粉，因此，在直播前不妨花些时间打造一个符合自己的妆容，无论是眼妆还是唇妆，都要精心对待。尤其是现代社会，为了直播效果，也为了尊重观众，男主播也应该注重妆容部分，但不是花枝招展，而是使用化妆弥补自己的面部不足，更加上镜、好看。

相信很多读者已经接触了化妆，并且网络上也有许多化妆教程，这里我们不对化妆的基础知识进行讲解，而是重点分析主播上镜妆容的雷区，以避免错误为前提让妆容为直播加分。

1）上下眼线一样浓

不考虑眼睛的大小形状就使用眼线笔上下描一圈，眼睛小的越发显小，眼睛大的则显得生硬，尤其是把下眼线弄的又浓又重，给观众脏兮兮的感觉。

建议：眼睛小的温柔型的下眼睑化得尽量淡一点，或者不化。把眼妆重点放在上眼睑，眼线更是如此，越往眼尾方向，眼线越要化得明显，眼角处的眼线向下延伸一点效果更好。图 7-62 所示为眼线错误画法示范。

2）下睫毛过长

有些主播喜欢将上下睫毛都弄得较长，这会使眼角皱纹和黑眼圈看上去更加明显，给人感觉严重透支体力。

建议：用最黑的睫毛膏刷在上睫毛上或者带自然款的假睫毛，下睫毛用眼线笔描一下。这样做的好处是让你的眼白看上去更白、更清澈、更显年轻，而且清晰持久。图 7-63 所示为下眼睫毛错误画法。

图 7-62　眼线错误画法示范

图 7-63　下眼睫毛错误画法

3）厚重的底妆

很多人自认为厚一点能掩盖皱纹、斑点等问题。其实不然，这样做只会让人看上去没有血色，极不真实，镜头下可能更显老态。

建议：选择轻薄透气的粉底液或润色乳液均匀涂在脸部，再利用遮瑕膏将点点藏起来。用点抹方式，再用大刷子刷一层散粉将多余的粉底液除去，让皮肤保持湿润，并营造出适度的光泽感。

4）超闪的眼影

带闪的眼影容易造成两个极端：妖艳与不伦不类，这是因为闪光的眼影不好过渡。

建议：尽量少用超闪，任何颜色只要记住冷色系适合厚眼皮，暖色系适合薄眼皮，从浅到深选浓度，只要保证深浅有层次，夸张的颜色也可以调和在一起。闪粉还是尽量避免在外眼角使用。图 7-64 所示为眼影的错误画法。

5）明显的腮红

用颜色造型明显的腮红会让所有人把注意力集中在脸蛋上，给人搞笑和滑稽的印象，如果不是刻意这么包装，会让瘦人显得更瘦，变得苍老、憔悴，胖人则会显得像小丑。

建议：用最大号的腮红刷以45°斜上往外的方向把腮红轻轻刷开，自然过渡。尽量选择中性的玫瑰色，它让所有人都会看上去年轻、健康、有活力。图7-65所示为腮红的错误画法。

图7-64 眼影的错误画法　　　　　　　图7-65 腮红的错误画法

2. 选择合适的服装

1）女主播穿搭

（1）长短脖子穿搭

脖子长的主播不建议穿无领或低领装，可以选择百褶领、立领等，围巾方巾搭配短粗项链也是不错的选择，减少视觉拉伸感。脖子短的主播建议选择低领领形，圆领、V字领等都是可以从视觉上拉长脖子，显得人更有气质。图7-66所示为长脖子和短脖子人群穿搭。

图7-66 长脖子和短脖子人群穿搭

（2）宽窄肩穿搭

宽肩的人建议选择领口开阔的上衣或裙装，削肩、外翻领等款式也是不错的选择，但是切忌穿着垫肩的衣服。

对于窄肩的人来说，理想的方法之一就是借助服装来增加上部宽度。对此，可选择一字领款式的服装，该领型会产生一条横越双肩的水平线，视觉上增加肩部宽度。

图7-67所示为宽窄肩人群穿搭。

图7-67 宽窄肩人群穿搭

（3）细手臂穿搭

大臂有肌肉或者肥肉的主播们，整个人看起来会很臃肿，因此需要挑选一些合适的袖子进行遮挡。例如，泡泡袖、蝙蝠袖都有隐藏赘肉，纤瘦手臂的效果。同时V领蝙蝠袖上衣、七分袖都能让主播穿出淑女气质的同时成功地盖住粗手臂。图7-68所示为细手臂穿搭。

2）男主播穿搭

（1）善用纯色

纯色系的衣服算是服装占比很大的，它可以让身体的一大部分呈现单一色调，这有助于烘托出一种干净的穿衣。纯色系还能衬托肤色，让上镜效果显得更好。图 7-69 所示为男性纯色穿搭。

图 7-68　细手臂穿搭

图 7-69　男性纯色穿搭

（2）三色原则

指全身上下的衣服颜色不要超过三种，这样给人视觉感也会非常清爽。三色原则在穿搭中的应用并不是绝对的，不过这适合于大部分的穿搭。图 7-70 所示为三色原则穿搭实例。

（3）拒绝奇装异服

不要尝试一些造型过于夸张的服装，这不会显得你很潮很酷。时代潮流 T 台上的服装，那些只适合舞台。穿衣在一定程度上也要匹配你的外部环境，不然会显得格格不入。

3. 恰当的姿势和举动

1）腿的姿势

原则上主播双腿应该闭而不分，双肘要尽量下垂不要敞开，双肩自然下沉，下颌微收。这样看起来不但姿态优美，同时也有收紧肌肉的效果。人们总是对举止优雅的主播格外有好印象，懂礼节的主播最会让粉丝感动。图 7-71 所示为某知名主持人的坐姿。

图 7-70　三色原则穿搭实例

图 7-71　某知名主持人的坐姿

> **小贴士**：主播在直播的过程中可以参考电视节目主持人或访谈嘉宾的言行举止，但是要根据实际情况进行调整，不拘泥于一种表现形式。

2）细节动作

嘟嘟嘴、剪刀手之类的细节动作，适合走可爱路线的主播，在直播过程中可以拉近与观众的距离。

> 小贴士：嘟嘟嘴、剪刀手是很多可爱类型主播在直播时常用的姿势，但是要注意使用的场合、时间以及频率，不可过于集中给观众带来不适感。

3）摇动头部

摇头晃脑在日常生活中不是什么好举动，但在直播时摇摇脑袋却能起到活跃现场气氛的作用，并显得主播有灵气，其实观众看直播需要的就是轻松和简单，正襟危坐地表达并不适合网络主播。

> 小贴士：主播在讲解产品时，适当加入一些比较夸张的语言动作等，表达个人感受，更具戏剧感、可看性，可以拉近与观众的距离。

 **直播平台调研**

目前而言，直播是一个前景广阔的市场，专业和内容需要花更多的心思去设计，尤其是直播平台的选择——更大的平台流量、更好的平台政策和更多的用户关注。

1. 平台流量

平台流量分为网站排名以及用户的关注度。

网站排名和平台的宣传是开发新用户开拓市场的一种手段，对于大多数进入直播行业看直播的用户而言这不是选择平台的绝对参考数据，很多观看直播的用户都会有自己长期关注的主播和平台。

直播行业，没有流量和粉丝是致命的伤害。根据自身直播的特点选择适合自己的平台，如果你是内容型的主播，走心的，专心做内容的，建议你选择带社交类型的直播平台，或者有内容可做的直播平台，方便自己作品的传播，便于自己受到更多人的关注。那么如果你是一个实力型的主播，适合带动现场，又有一定的技能，那么大平台必然是一个很好的选择。

2. 平台收入

平台收入主要是分为新人扶持政策以及平台收入分成两个部分（礼物打赏）。

很多平台都有新人政策，例如直播时间达到多久奖励多少，或者粉丝达到多少奖励多少这样的福利政策。另外还有一些平台对于高质量的新主播曝光率的政策，这都是需要主播在直播之前需要重点考虑的问题，登录平台官网或者下载对应的 App 查看详细情况，了解具体的政策内容，方便自己后期设计直播计划。

另外就是平台的分成，不同平台礼物折现之后分成的具体数量是不一样的。当然不是说佣金拿的越多越好，还要考虑你能够有机会拥有大量的流量。没有流量没有粉丝，就算平台给你 100% 也是没有任何价值的，所以需要做综合考虑。

3. 综合运营能力

一个好的平台，加上好的运营就能够孕育出高质量的主播。平台的运营水平直接影响的是主播开展直播活动的效率和主播的曝光率。有经验的运营团队，会针对市场和平台的主播定制特有的活动来吸引主播和平台的用户，内容互动才是直播的长久话题，活动只是互动的润滑剂，也能够因此孕育出更多更好的主播。

结合上述学习的知识，对平台进行调研，完成表 7-7。

电子商务新媒体营销

表 7-7 直播平台对比表

平台	平台流量	平台收入	综合运营能力
斗鱼直播			
虎牙直播			
龙珠直播			
YY 直播			
淘宝直播			
抖音直播			
快手直播			
映客直播			
花椒直播			

> **小贴士**：想要做好直播工作，一定要弄清楚各个平台的特性。

7.6.3 任务实施——完成个人直播的前期准备工作

结合个人具体情况，完成直播前的准备工作。
（1）开展直播调研活动，了解市场与受众。
（2）结合调研情况，选择直播的内容。
（3）根据个人特点，设计服装、妆容、姿势与举动等，打造个人形象。
（4）选择适合的平台，尝试登录、注册、开始直播等操作。
（5）将上述准备工作绘制成文档，如图 7-8 所示，为下面的直播实操课程做准备。

表 7-8 直播前期准备工作

直播实操准备工作表		
序号	任务考核	说明
1	直播调研	
2	内容选择	
3	个人形象设计	
4	平台选择	

  找到适合自己的颜色

衣服的颜色会对主播的状态产生巨大的影响，合适的颜色可以使观众感到愉悦，而不合时宜的颜色则会瞬间降低观众对主播的好感，所以想要吸引粉丝，就要明白应该选哪些颜色、应该避免哪些颜色。

1. 确立适合自己的主色

主播在选择颜色时应当做到主次分明。对主色的选择应当依据自身的肤色来定，毕竟不是所有的颜色都适合主播。中国人虽然属于黄种人，肤色总体偏黄，但根据肤色的色彩偏向又可以细分为几种：偏白、偏黑、偏黄，图 7-72 所示为黄种人的三种皮肤颜色。根据不同的肤色倾向，应搭配不同的服装色彩，这样才有助于塑造主播的最佳形象。

图 7-72 黄种人的三种皮肤颜色

2. 选择恰到好处的点缀色

选好了主色调，接下来还应选择恰当的点缀色，只有两种颜色做到相辅相成，色彩的魔力才会显现。

1）主色为淡色应当搭配的点缀色见表 7-9。

表 7-9　主色为淡色应当搭配的点缀色

主色（淡色）	搭 配 色
白色	黑色、所有深色和鲜艳的色彩
浅米色	黑色、红色、褐色、绿色
浅灰色	褐色、红色、深绿色、深灰色
天蓝色	褐色、紫色、米色、深绿色、深红色
粉色	米色、紫色、灰色、藏青色
浅黄色	黑色、褐色、灰色、藏青色
浅紫色	褐色、深紫色、藏青色
浅绿色	红色、深绿色

2）主色为深色应当搭配的点缀色见表 7-10。

表 7-10　主色为深色应当搭配的点缀色

主色（深色）	搭 配 色
黑色	米色、白色、粉色、柠檬黄、天蓝色
褐色	白色、米色、黑色、橙红、橙绿、深绿色
深灰色	米色、黑色、所有浅色和艳色
藏青色	白色、紫色、紫红、鲜绿、柠檬黄、紫松色
深绿色	白色、米色、天蓝色、鲜红色、浅黄色
深紫色	天蓝色
深红色	褐色、米色、天蓝色

3）主色为鲜艳色应当搭配的点缀色见表 7-11。

表 7-11　主色为鲜艳色应当搭配的点缀色

主色（鲜艳色）	搭 配 色
蓝色（泛紫）	黑色、白色、鲜绿色
绿松色（蓝色泛绿）	白色、棕黄色、藏青色
绿色（偏蓝）	白色、黑色、藏青色
绿色（偏黄）	白色、米色、棕黄色
金黄色	白色、黑色、褐色
柠檬色	白色、黑色、橙色、深绿色、淡粉、藏青
橙色	白色、黑色、柠檬色、深绿色
紫红色	白色、藏青色
新红色（朱红色）	白色、褐色
紫色	白色、褐色、粉色、天蓝色、绿松色

7.7 模拟直播

网络主播与传统明星、其他模式网红不同的是全过程实时展现在受众面前，主播主要是秀真实的自己，重点在真人。这是看惯了传统节目的人们喜爱网络直播的原因之一。

成长阶段的主播人设越细化越好，在小众市场中独领风骚，占领受众心智。粉丝群体扩大后再延展原有人设，维系好忠实粉丝的情感，让更大范围的人喜欢上自己。

7.7.1 任务描述——打造直播人设

对于直播用户黏的是人本身。内容的拍摄不见得多精美，主播也不一定能唱会跳，但用户会从主播身上看到他对待世界的态度以及他的做法，然后看看能不能被自己所吸收。

1. 主播定位

在美女如云人才济济的直播行业中，主播个人风格的定位塑造将决定其未来的发展。每个主播身上都有闪光点，找到这个闪光点并大胆展示，是收获粉丝最好的途径。同时这个闪光点就是主播的优势和定位。

> **小技巧**：一定要注重自我人设的构建，在真实的基础上追求阳光、积极、向上的正能量人物表现，有利于观众记住主播，更能弘扬社会主义核心价值观。

1）主播/直播间命名

主播与直播间的名字让观众知道你是谁、你要做什么，建议采用"自身特质＋定语＋产品特性"的组合进行命名。

前期为了吸粉就应该定位越精准越好，后面人群扩大后还可以再改。

2）粉丝昵称、粉丝团昵称、粉丝群名称

目前主播在直播间都会叫粉丝"宝宝"，这会让人十分反感。建议要么就直接称呼粉丝的名字，或者就取一个属于你自己粉丝的名称。

3）自我介绍

优秀的自我介绍能让更多观众记住主播。在做直播之前，不妨先把自我介绍好好梳理一下。

首先要找到粉丝们的信任和共鸣。信任来源于专业，主播学过的专业或从事的职业都是非常好的背书。共鸣来源于主播的经历、爱好、情感和观点，这些事情都说出来，会获得不少粉丝，而且你的人设会更加立体饱满。

4）直播间介绍/欢迎语

每个直播间的定位都不一样，想让新进来的粉丝能更快速地了解你，对于直播间也要有一个不一样的定位。

直播间的特色是什么？频道栏目是什么？播出的时段是什么？今天主要讲什么内容？明天会带来什么内容？

好的主播经常会在直播间重复这些话，为了吸粉和让粉丝回访。

2. 精选商品，提前预热

直播活动中的电商选品，需要围绕对用户的深度了解。选品与用户的高度匹配，是通过"直播电商"变现的前提。

早在一些电商节开始前，许多主播都提前进行招商，标准是"产品要好，价格要低"。从知名主播的合作商来看，大多是性价比较高的品牌和产品。这样的做法有利于让公众了解主播对产品的选择标准，建立信任，同时也可以加强主播与商家的联系。

> 小技巧：主播选取产品时应遵守相应的规则，必须严守底线，针对不同的受众选择相应种类的畅销产品，必要时需要建立团队帮助主播选取产品。

7.7.2 技术引进——直播营销秘籍

直播营销活动中的销售准备、客户心理、销售技巧以及收单细节四个环节，分别有不同的营销秘籍。

1. 销售准备

当销售真正面对客户的时候，在客户面前每分每秒的每个表现，都会或多或少影响成败，带货直播同理。主播和团队的事前销售准备，同样影响直播间带货的成交率。

1）销售辅助道具的准备

这里指的是除了商品本身，用于更好表现商品卖点的道具，在销售中也叫销售工具。以某知名主播为例，当需要谈价格优势，展示打折力度大的时候，该主播的工作人员就会拿出计算器进行计算；当谈到产品是与某明星同款，工作人员会拿出准备好的照片进行展示；当需要演示如何下单购买时，工作人员也会拿出手机演示下单的步骤和界面，如图 7-73 所示。

图 7-73　销售辅助道具

事前准备则可以让销售人员完全掌控，对销售成功有正面推动的积极作用，而且能够展示产品优势的销售工具，远比仅凭一张嘴说更能让客户信服。

2）推荐重心：卖点的准备

任何产品都有很多卖点，但如果一个销售把产品的每个卖点都讲了，把在客户面前的时间平均分配了，其结果往往会是这个产品会显得很平庸，反而没有了亮点，销售结果也往往不太好。

有经验的主播在推荐产品时，往往都会提炼出一个或两个主推的亮点，用有限的几分钟把亮点讲透，用多种方法来佐证，打动观看直播的用户。

- 亲自试用；
- 展示产品的成分，讲解专业的名词；
- 讲解化妆中的问题、技巧、小知识；
- 讲故事，可能是自己或周围人的经历，也可能是商品的背景故事；
- 让团队的小助理、其他同事配合化妆或做试验；
- 用一些趣味的试验，展示商品的核心卖点。

图 7-74 所示为某主播直播间的展示方式。

图 7-74　某主播直播间的展示方式

3）主播状态

主播的状态影响直播间的气氛，也影响着观众的心情。现实中，当主播热情亢奋地讲解时，这种充满激情的卖力推荐，总会让观众更愿意多停留几分钟，有时其实并不是受到当前所售产品的吸引，仅仅是被他的激情所感染。反观，很多冷清的直播间，即使偶然进入，发现主播没精打采或者没有互动，自然是留不住人。

2. 客户心理

1）从众心态

所谓从众心理，即个体在群体的影响或压力下，放弃自己的意见或违背自己的观点使自己的言论、行为保持与群体一致的现象，称之为从众心理，即通常所说的"随大流"。而从众行为，一般指群体成员跟从群体的倾向行为。在某淘宝主播的直播间，粉丝会经常听到诸如以下的说辞：

- 这款产品，在之前我们直播间已经卖过了8万套了……
- 这款产品，是销量排名第一的……
- 这个产品月销超过一万件，实现零差评……

除了用销售推荐词引发从众心理，主播还可以用抽奖的方式黏住观众，营造直播间火爆气氛，创造更容易引发从众效应的氛围。

直播间常见的抽奖方式有两种：支付宝口令红包和直播间评论区截图。但是，除了直播于播时候会固定抽奖之外，中间抽奖的几个时间段却不固定。开始时用抽奖来吸引第一波老观众，准时来到直播间，营造一个开播就很火的氛围；中间时间不固定，防止羊毛党定时来撸羊毛。想中奖，那就安心跟着看直播吧。图 7-75 所示为直播间抽奖活动。

图 7-75 直播间抽奖活动

2）塑造意见领袖

意见领袖是在团队中构成信息和影响的重要来源，并能左右多数人态度倾向的少数人。在消费行为学中，特指为他人过滤、解释或提供信息的人，这种人因为持续关注程度高而对某类产品或服务有更多的知识和经验。很多人在下重要决定的时候，都愿意参考专家的意见，所以让用户相信主播的专业水平，更容易卖出更多的产品。

对于某美妆行业出身的知名主播来说，他精心打造了人设方向——美妆领域专家。在推荐产品时，该主播不仅会指导粉丝如何根据自己的情况选择，还会对美妆知识进行讲解：

- 每天化妆前的步骤为，洁面——爽肤——精华液——乳液——霜（含眼部）——面膜——防晒隔离等。
- 防晒化妆品上一般都标有 SPF 三个英文字母及一个阿拉伯数字。如 SPF25 是指 25 倍的防晒强度，这里"25"是倍数。倍数越大，防晒时间越长，防晒效果越好；但系数高的产品往往含有大量物理或化学防晒剂，对皮肤的刺激较大一些，容易堵塞毛孔，甚至滋生暗疮和粉刺。

诸如此类的知识性内容，恰好是观众需要，会愿意给予更多耐心聆听的。而主播在讲解此类内容的过程，就是建立在观众心智中专家形象的过程。另外在讲解时，既要有专业名词术语，这样显得专业水平高，够专业；又要能够通俗易懂，用大白话让观众听明白，问题是什么样的，应该怎么做来解决。图 7-76 所示为某主播直播间讲解活动。

3）明星效应

明星效应，从消费行为上来说卖的是一种自我实现。企业的每一种产品都应该追求市场的最大效用——需求数量的最大化,以此为目的,树立起自己的品牌形象,邀请当红明星来出席或代言自身产品,从而获得大众喜爱与支持来塑造良好的企业形象。

但是,现阶段许多主播在介绍产品时,都使用"明星同款"的话术,不少用户心理已经有了一定免疫力。某知名主播在讲到明星同款时,往往会出示证据,来佐证自己所言非虚,销售效果极好。图7-77所示为直播间展示明星同款。

图7-76 某主播直播间讲解活动　　　　图7-77 直播间展示明星同款

当播报单品是当红明星代言或是同款时,也可以第一时间向观众提到这一信息,在介绍商品时可以使用"XXX的粉丝在不在?"进一步成功引起追星族的注意。

4)主播自用款

在主播直播间,"自用款"通常是直播间最强的推荐词。"自用"的背后是压上自己的信用给产品担保,更重要的是在表明"主播自己也是这个产品的使用者"的身份。接下来的描述,观众更容易把主播看作与自己站在同一立场的消费者,更容易相信主播的描述。

当然,"自用款"这个话术也不是随便能用的。这相当于压上了主播自身的信用。随着主播知名度越来越大,粉丝越来越多,"自用款"的价值也会越来越大。

除了"自用款"的说法,在某知名主播的直播间,每晚都会看到主播在自己脸上试用产品;在团队同事脸上试用产品;甚至妹妹、妈妈也会偶尔成为试用模特,核心都是在传达主播及其团队、家人对于所售产品的信心。这种信心,会换取观众的信任,最终转化为销量。图7-78所示为某主播直播间试用活动。

3. 销售技巧

1)多种趣味实验演示

增强观众对产品的信心,也增强直播内容的可看性,各种趣味实验来展示和产

图7-78 某主播直播间试用活动

品核心卖点相关的特性也是主播们的不二选择。趣味实验,除了直观地表现产品核心卖点之外,还有就是本身的趣味性会让直播间变得活跃,直播变得好看、有趣,吸引住用户。用户停留的时间越长,越有可能产生消费。

（1）用洗面乳打泡泡，然后在打出的泡泡上放一枚硬币，泡泡不塌说明泡泡的致密细腻。

（2）在粉饼上滴一滴水，水珠不会渗入粉饼甚至不会散掉用以说明粉饼隔水性能好（不容易被汗水冲掉）。

2）善表达：讲故事，做类比，讲场景

会讲故事，做类比，讲场景，可以让主播的说辞更加有穿透力。

（1）讲故事

某主播在讲自己这次拿到了一个史无前例的低价，他会讲：我拿到这个价格之后，X产品总部（在国外）的大老板知道之后，亲自打电话给中国的总裁说，不行，你不能卖这个价格，你卖了这个价格之后，我们以后怎么办？但是中国的老板说：那没办法，我已经答应了XXX，只能是这次卖完这个价格，以后再也不卖这个价格了……

讲这样一个小故事，比起直接说："我们拿到了历史最低价"，是不是更有感染力？

（2）做类比

做类比，可以简单快速有效地让客户知道你的产品特色。

比如推荐某款高端产品时，可以说"这就是XXX中的爱马仕"，观众轻易就了解到这款产品处于同类产品的高端位置。

（3）讲场景

讲场景是描述一个商品使用的场景，把客户的思维带入到这个场景中，让客户觉得在那种情况下，有这个商品就会很方便。

例如某知名主播在售卖口红时，通常会说："这个枫叶红色真是太好看了，特别适合秋冬天使用。想象一下，落叶的街道，身着长款风衣，穿着高跟鞋，再涂上这个颜色的口红，你一定是最靓的人。"通过场景的讲述，调动了客户的想象力，促成最后的转化下单。

3）价格优势

销售都喜欢卖价格有优势的产品，因为低价产品更受消费者欢迎。但并不是所有人都知道某件商品的价格优势，价格的"低"是通过比较得出来的。主播给产品选一个参照物，以放大产品的价格优势。以某淘宝知名主播为例，卖咖啡时他会对比7-11便利店的价格；卖大牌化妆品时他会对比线下专柜的价格等，这些参照物都是同款商品在现实中价格比较贵的地方。用这些价格做对比，能够更显著地展示主播直播间的价格优势，如图7-79所示。

图7-79　主播直播间展示价格对比

4）善用销控，把握节奏

销控，是人为控制销售的节奏，营造火爆销售的场面。在淘宝直播的知名主播中，他们的直播间商品都是分批上架的。比如A商品备货可能有6000套，将会分三批进行上架。

这样的好处有两条：第一，人为营造了上架一款，短时间秒光的火爆氛围。第二，调动了用户"抢"的心态。所以，这种销控的饥饿营销屡试不爽。

小技巧：销控需要主播与工作人员进行团队协作，配合完成。

5）重复性语言恰到好处

以某淘宝知名主播为例，其重复性语言不仅成了个人标签，更为大众熟知，广泛运用于生活当中。

（1）"OMG"

"OMG"是该主播的"标识"。试色口红时，该主播总是用"Oh my god！这也太好看了吧"来称赞口红的颜色。

（2）"所有女生"

"所有女生"是该主播最新口头禅。他在直播中用"所有女生"作为统称词，一下子就抓住了观众的注意力。有网友评论说，每到这时候甚至还想喊个"到！"。此外，他还会称呼直播间观众为"MM们"，让许多观众感到舒服又亲切。

（3）其他

直播时，该主播每隔几分钟时间就会重复一次"喜欢XX可以多多关注我们的直播间"，引导观众关注。

图7-80所示为某主播的直播口头禅。

图7-81 某主播直播口头禅

4. 收单细节

1）打消下单顾虑

销售最难得时刻，恐怕就是收单的时刻。

解决买单顾虑，有个常见好用的方法，就是在消费者出现犹豫的时候，销售可以洞悉消费者的疑问，主动讲出消费者的顾虑问题，给一个让消费者放心的解答。

在某知名主播的直播间，你经常会听到："小朋友、婴儿宝宝也可以放心使用……孕妇妈妈也可以使用……"这些话的主要作用，并非是把买单用户锁定到固定人群，而是借用对于安全有特殊严格需求的群体也可使用，来说明产品安全可靠无刺激的特性，推动更多普通消费者进行购买。

在打消买单顾虑上，该主播还有一个做法，就是会劝新粉丝、不确定自己是否适用的粉丝，谨慎下单，第一次少买一点。

2）关注下单流程

在某主播直播间，每晚你都会多次听到主播或者工作人员不厌其烦地讲解和演示下单流程。图7-81所示为某主播直播间下单教学。

图7-81 某主播直播间下单教学

> **拓展**：不厌其烦地讲解与演示，其中作用有两个——一是引导下单行动，二是排除下单过程中客户不熟悉操作的隐患。

 **观看淘宝直播并完成表格**

（1）打开"手机淘宝"，在淘宝直播主页随机选择主播进行观看，如图7-82所示。

图 7-82　淘宝首页与直播界面

（2）边看边做记录，并完成任务表格，如图 7-12 所示。

表 7-12　任务表格

序　号	淘宝主播名字	直播商品	直播方式	评　价

7.7.3　任务实施——"旺旺食品"命题模拟直播

选择大众所熟知的食品品牌"旺旺"，挑选喜爱的零食进行调研，面对手机进行模拟直播并录像。

（1）在天猫搜索"旺旺食品"，进入旺旺食品天猫旗舰店，挑选一款喜欢的商品，图 7-83 所示为旺旺食品天猫旗舰店的商品。

图 7-83　旺旺食品天猫旗舰店的商品

（2）选择一款自己喜欢的产品，参考宝贝详情界面中的信息，也可以购买产品进行品尝。根据信息和个人体验，撰写直播文稿。图 7-84 所示为旺旺食品旗舰店旺旺大米饼的详情界面。

图 7-84　旺旺食品旗舰店旺旺大米饼的详情界面

（3）针对产品进行模拟直播，时间长度为 3～5 分钟（中途不暂停），使用手机进行录像，完成任务以后导出视频，交给老师。

（4）收集全班同学的模拟直播视频，集中播放，教师点评，同学互评。

 观看纪录片活动

观看腾讯新闻《星空演讲（2019-12-19 期）》中主播薇娅的演讲部分，写出自己的认识与感想，要求逻辑清晰，表达流畅。图 7-85 所示为《星空演讲》节目现场。

7.8　淘宝直播实战操作

淘宝直播是阿里巴巴推出的直播平台，定位于"消费类直播"，用户可边看边买，涵盖的范畴包括母婴、美妆、生活等多种。数据

图 7-85　《星空演讲》节目现场

显示，2019 年天猫"双 11"全天，淘宝直播带来的成交额接近 200 亿，超过 10 个直播间引导成交过亿。其中家装和消费电子行业直播引导成交同比增长均超过 400%。超过 50% 的商家都通过直播获得新增长。

7.8.1　任务描述——走进淘宝平台

淘宝于 2016 年 3 月推出淘宝直播，是一款主打直播、娱乐、互动、网购相结合的内容 + 平台型产品，成立 3 年内实现业务高速增长，在 2018 年成交额达到千亿级别。

从百度搜索指数可以看出，从 2016 年 3 月至 2019 年 6 月，指数高峰的出现与热点新闻的报道、"双 11"时间节点有关。例如，第一个高峰期 A 处于 4 月末至 5 月初，可能是受"papi 酱拍卖活动事件"的影响，拉高了淘宝直播的关注度。图 7-86 所示为 2016 年 3 月 1 日至 2019 年 6 月 1 日的"淘宝直播"百度搜索曲线图。

在 2016 年"双 11"期间，在网络上十分受欢迎的《九牛与二虎》节目在淘宝直播播出，同期热度指数大幅增长。

2016 年的 3 月 30 日，产品上线，进入试运营阶段。

2016 年 4 月 21 日，50 万人通过淘宝直播围观了 papi 酱的拍卖活动。

2016 年双 11 期间，专题节目《九牛与二虎》播出，结合直播、综艺、购物，消费者可以边看边买，节目开播 3 小时收获 1 亿 4 千万点赞。

图7-86　2016年3月1日至2019年6月1日的"淘宝直播"百度搜索曲线图

2016年"双12"期间，淘宝直播日活峰值达到千万级。

2017年2月，淘宝直播和天猫直播宣布合并，公布2017年战略：围绕人群、内容、流量、玩法、商业化五个维度进行升级。

2017年3月21日—30日，举办首届淘宝直播盛典，联合知名网红、网红孵化机构、淘宝卖家等多方参与。期间播出了5.8万场的直播，单日互动破亿。同期主播人数超过1万人，每日直播场次超过8000场。拥有120家签约机构，推出了超过70档的PGC栏目。

2017年12月，淘宝主播端App发布上线。

2018年第二季度至第四季度，进入增长爆发期，直播平台带货增速接近400%。

2018年"双11"期间，美妆博主"李佳琦"通过淘宝直播创下15分钟卖出15000支口红的记录。淘宝第一主播"薇娅"直播间的销售额在两小时内达到2.67亿元。

2019年1月29日，淘宝直播独立App发布上线。

1. 平台运营定位

（1）核心运营逻辑

淘宝直播的核心产品逻辑是通过向消费者提供与商品相关的视频内容，影响其购买决策，从而促成买卖双方的交易。

在淘宝直播的核心产品逻辑中，涉及的主要用户角色有商家、主播、消费者。

- 商家：提供商品的销售和服务，希望提高销售额和知名度。
- 主播：通过生产直播内容，帮助商家宣传商品或品牌，从而获得报酬。商家也可以自己作为主播。
- 消费者：通过观看直播内容了解商品信息，或者获得娱乐。

淘宝直播则是主播和商家合作的撮合者，内容的载体和分发者，同时服务以上三种角色。图7-87所示为淘宝直播的核心产品逻辑图。

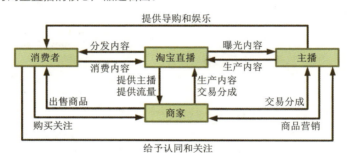

图7-87　淘宝直播的核心产品逻辑图

（2）用户属性

在淘宝官方公布的《2019淘宝直播生态发展趋势报告》中，较为详细地描述了其用户属性和发展趋势：

- 淘宝直播的核心用户数量一直在快速增长，直播核心用户的黏性很高。
- 淘宝直播在一二线城市最受欢迎，五六线城市的核心用户占比更高。淘宝直播核心用户的超级会员产比很高。
- 淘宝直播培育了大量的头腰部专业主播。
- 淘宝主播的女性占比极高，整体超过80%，城市线级分布上，二线城市占比最高。
- 淘宝主播的年龄跨度非常大，从60后到00后都有。相对来说，90后的占比最高。

2. 淘宝直播

直播间是淘宝直播的核心功能，是观看内容、参与互动、触达优惠、购物入口等多个重要场景的汇集地。

1）直播互动

（1）弹幕、动态、点赞、打赏

主要目的是利用群体趋同心理，营造热闹的直播和购物氛围，功能设计与市面上的其他直播产品类似。

（2）关注主播

关注主播是为了建立用户与主播之间的稳定联系。使得用户更容易触达自己感兴趣的内容，提高黏性。对于主播而言，可以在不依赖平台曝光的情况下获得来自粉丝们的流量。

（3）亲密度、每日任务

亲密度和每日任务构成了用户权益和激励体系。

用户可以通过在直播间完成点赞、分享、评论、加购、查看商品详情、购买商品等任务来提高亲密度等级，并获得对应等级的特权（购物优惠、特殊身份等）。用户等级在直播间会被公开展示，即通过"获得利益"和"虚荣心"双线驱动用户来完成产品希望他们做的事情。图7-88所示为亲密度、用户权益和激励体系。

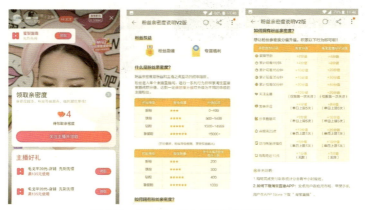

图7-88 亲密度、用户权益和激励体系

2）购物

购物入口在交互上用弹层菜单展示直播间链接的商品列表，支持直接加购，用户可以边看边挑选。

直播商品相关的领券入口在节目中以主动弹窗的形式展示。这种设计提高了优惠券的发放效率,强化了用户在直播间的获得感。图 7-89 所示为购物入口与弹窗优惠券。

图 7-89　购物入口与弹窗优惠券

3)主播个人主页

主播个人主页主要包括关注主播、进入直播、直播预告和精彩回放(历史直播)。

在主播结束直播场次后,可以将直播内容保存并永久发布到平台,成为"精彩回放内容"。用户在观看精彩回放时,同样可以购买相关商品。这个功能让直播内容具备了复用性,有利于平台沉淀内容池。图 7-90 所示为某服装品牌的淘宝直播预告与回放界面。

图 7-90　某服装品牌的淘宝直播预告与回放界面

7.8.2　技术引进——直播"带货"高阶技巧

如今,"互联网+"已成为中国创新发展的新标志,而网红直播卖货也已经成了新媒体营销的新热潮,更成了时代发展下的一种电商文化。

1. 计划性开展直播活动

有计划性开展直播活动,是为了培养用户的收看习惯。

- 直播日期固定,例如周一、周三和周五,辅助节假日等随机直播。
- 每天定点直播,例如晚上八点或七点半,利于观众在吃完晚饭后的空闲时段准时开播。
- 直播时长基本在固定范围内,例如每次 2—8 个小时,过长观众会感到枯燥;过短则达不到直播效果。

> **拓展**：小主播通常在2—4个小时，知名主播则会根据具体情况延长直播实践，例如淘宝头部主播在每年"双11"前夕，因为货品数量多，内容丰富，所以直播时长都会达到8小时以上。

2. 维护好粉丝

粉丝的数量通常决定了主播的价值，因此如何吸引更多的粉丝，维护粉丝与粉丝之间的关系，是所有主播面临的问题。

- 给粉丝专属的昵称，可以建立起一种亲密关系。例如淘宝某知名女主播称呼其粉丝为"XX的女人"。
- 多与粉丝展开互动，有效拉近与粉丝的距离，在无形之中提升粉丝的好感度与忠诚度。例如可以在直播间多进行问答交流、发放福利等活动。

3. 打造直播间的秘诀

直播间是主播们开展营销活动的关键场地，这个虚拟的空间和路边的饭店、摊位一样，都需要精心设计，有效地吸引路人进店，促成交易。

- 直播标题要抓人眼球。大部分用户有"便宜抢好货""选择高性价比"的心理，因此直播标题可以使用"抽奖""全网最低"等字眼，吸引顾客注意。
- 直播间的封面也要吸睛。人类是视觉动物，好看的东西往往会让人多看几眼，因此要选择好看靓丽、抓人眼球的直播间封面，例如漂亮的主播照片等。

4. 抽奖的诀窍

直播间的抽奖活动往往能吸引观众的目光，将直播间的氛围预热或是推向高潮。

- 开场抽奖，简单直接地对直播间进行预热，快速吸引观众。
- 直播中随机时间抽奖，有助于维系观众留在直播间内，不轻易离开。
- 抽奖的奖品不能吝啬，建议在百元以上，大气的主播往往会给观众留下好印象。
- 输口令进行抽奖，口令内容包括商品名称、活动时间等，有助于帮助观众记忆产品和活动时间，相当于宣传手段，推动后续的营销活动。

5. 预告直播产品

对于直播间活动与消费者来说，信息的不对等是让人沮丧的，稍不留神可能就与优惠产品擦肩而过。因此，提前告知消费者直播产品的简要信息是非常重要的，方便一些不能一直坚守在直播间的粉丝购买，或者吸引一些粉丝前来购买。

- 至少提前一场放出商品预告信息。例如一些主播会在直播间强调，"某产品史无前例最低价格已经谈好了，千万记得下周三晚上来XX的直播间！"在小红书、微博等一些平台上，有一些账号也会专注"剧透"某些头部的直播产品信息。
- 开场预告。开场活动结束后，马上对整场直播中要出现的产品进行预告，简单介绍产品信息、优惠信息以及上架时间段等。

6. 直播解说很重要

解说是一种解释说明事物、事理的表述法。直播营销的解说，通常关系营销效果的成败。

- 主播的普通话不要求如播音员般标准，但是要清晰明确，让观众听得懂每一个字的意思。
- 主播的语音语调建议低沉、稳重，解说仪态正常，不能给观众刺耳、尖锐等不适之感。
- 主播在讲解产品时，要循环渐进、不紧不慢，为观众介绍充分。
- 善用小助理。一些头部主播们，直播间往往会安排两个人出镜——主播与助理，主播负责整体讲解，助理则负责补充讲解，二人配合进行直播活动。

7. 分工合作，协同直播

直播活动看似是主播一个人在镜头前讲解，实则其背后拥有一个默契的团队。

- 直播前准备工作。选品、场景搭建、商业洽谈、策划安排等工作，都有专人负责，大家分工合作，协同完成直播营销活动。
- 直播时场内的工作人员，有辅助解说产品、引导下单的助理；也有负责整理产品的助手；还有负责"上货"等其他事宜的工作人员。
- 直播的后续工作。例如直播信息复盘工作、直播间产品售后工作等，都需要主播的同事进行完成。正是这每一个环节中，团队成员的辛苦付出，才有直播营销活动的大获成功。

8. 考究的出镜内容

直播营销活动中，通常使用手机作为摄像工具，画面不如计算机屏幕大，因此出现在屏幕中的每一个元素都值得斟酌。

- 展现主播特点的物品。例如淘宝某知名美妆男主播，直播间背景就是一整面口红墙。
- 展示近期要卖，或者正在卖的物品，给观众预告。
- 直播中，主播在讲解产品时，背后的大屏幕放映相应的图片或视频，或者助理将产品相关信息，放到直播屏幕的边上，辅助主播的解说内容。

9. 分享真实反馈

直播营销中，"信任"是主播与粉丝至关重要的纽带。就像淘宝购物时，大家乐于参考商品的"好评""中评"以及"差评"数量，进一步了解产品的质量。

- 选品严格。主播及团队挑选产品时，要提前进行试用，充分了解产品。
- 展示订单记录。主播在直播中可以展示自己的购买记录，以使用人的身份证明产品值得购买。
- 分享真实反馈。主播个人或者邀请其他人员，结合亲身经历，为观众分享使用体验。

10. 引发从众心理

从众心理指个人受到外界人群行为的影响，而在自己的知觉、判断、认识上表现出符合于公众舆论或多数人的行为方式。这就像我们在市场中看见一个摊位前围满了人，不禁也想凑上去看看大家在购买什么。在直播中要利用消费者的从众心理，开展营销活动。

- 营造产品销售火热的场景。例如，主播可以介绍说："直播间的 XX 工作人员都已经打开页面，准备抢购这一款商品了！"
- 反复强调产品的火爆。例如，产品卖完时，主播会用惊叹的声音说："天呐！XX 万套全都卖完了！真的没有货了！买到就是赚到了。"

 **直播活动策划**

对直播活动进行安排，包括三个步骤：直播前的策划、直播中的准备以及直播后的复盘。

1. 直播前的策划

直播前要做好硬件设施准备和直播内容以及场景策划安排，保证常规直播不要有差错。具体包括直播手机电量、直播内容、脚本策划都要有一个很详细的策划，什么时间段进行发放福利、一款产品介绍的时间，前期都要做到心里有数。

2. 直播中的准备

直播过程中互动环节很重要，可以做直播间游戏活动、截屏抽奖，要不断地刺激粉丝带动直播间节奏感,不然很难拉动气氛造成直播间人气很低。

3. 直播后的复盘

直播后一定要做复盘,总结经验以助于提升下次直播效果,做好下次直播时间安排和产品规划,提前做好脚本核对,及时更正问题,做到细心安排,提升自己业务能力。

- 观看人数。
- 成交情况。
- 新增会员情况。

7.8.3 任务实施——直播技巧实战

结合某知名主播的 2019 年"双 11"活动的直播清单,查阅产品资料,对解说词进行策划、安排直播内容,在淘宝直播平台完成直播实战。

(1)根据某主播直播间 2019 年"双 11"活动的部分购物清单,如表 7-13 所示。选取 3～5 款感兴趣的产品,查找产品的详细优惠活动内容(包括价格、赠品等,不清楚的部分可以适当进行虚构)。

表 7-13 主播直播间 2019 年"双 11"活动的部分购物清单

序号	产品	优惠方式	产品介绍	直播解说策划
1	兰蔻粉水	400ml,送正装补水面膜,再送 50ml 粉水,化妆包		
2	3ce 唇釉两支	独家老番茄色,送唇刷,小样唇釉,圆包		
3	欧莱雅紫熨斗眼霜	买 30ml 送 30ml		
4	淘宝心选多功能电热锅	直降 20 元,拍下再减 20 元		
5	飞利浦五合一造型梳	领 110 元券,送炫彩包		
6	Mac 九色眼影	下单备注薇娅送眼影刷		
7	炭久咖啡饮料 ×6 罐	第一件 49.4 元,第二件 29.7 元,第三件 0 元,领 10 元券		
8	悦木之源菌菇水	送王一博台历		
9	滴露消毒液 1.2L×2	领 70 元券,拍二发八样		
10	三只松鼠夏威夷果	拍一发两袋,领 3 元券		
11	蓓昂斯卸妆水	拍两件,领 5 元券,93 元两瓶		
12	雀巢咖啡 1+2 微研磨	领 15 元券,送杯子		
13	赣南脐橙 9 斤	下单立减 5 元,24 个左右		
14	谷雨氨基酸洁面	领 20 元券,拍一发六样		
15	心相印卷纸	第一件 56.9 元,第二件 34.9 元,领 30 元券		

(2)搜集并填写商品的详情介绍,策划直播解说词,填写表格。

(3)在淘宝直播开设账号,进行直播活动。

(4)邀请朋友同学进行观看并点评,完成直播结束后的复盘工作。

  直播营销技巧的反思与总结

结合本章节学习的相关知识,通过查找直播营销案例,观看淘宝直播,进一步思考并总结直播营销的技巧。

7.9 本章小结

本章着重介绍了直播营销模式,针对直播营销、直播营销活动、直播营销与电商运营的关系等知识点进行了讲解,同时结合直播营销的活动流程设计了5个任务,循环渐进开展实训活动。

完成任务,可以使读者充分理解并掌握直播营销的相关知识与操作技巧,同时课后习题可以帮助读者巩固并加深对基础知识的理解。

7.10 课后习题

完成本章内容学习后,接下来通过几道课后习题,测验读者对直播营销模式的学习效果,同时加深对所学知识的理解。

答案

7.10.1 选择题

1. 下列选项中不属于直播营销特点的是（　　）。
   A. 更直接的销售效果　　　　　　　B. 即时事件
   C. 常用媒介　　　　　　　　　　　D. 直达受众
2. 下列选项中对直播规则陈述不正确的是（　　）。
   A. 网络主播上岗无须实名制　　　　B. 直播内容需符合标准
   C. 直播活动要接受管理　　　　　　D. 对粉丝和用户负责
3. 无论选用哪种风格,无论把哪里作为直播场所,（　　）是对直播间的第一大要求。
   A. 温暖清新　　B. 讲究个性　　C. 豪华大气　　D. 干净整洁
4. （　　）是在蝴蝶光基础上稍加改动,非常适合拍摄常见的椭圆形面孔,能够让鼻子在面颊上投下一些阴影,主要强调人物轮廓和立体感。
   A. 顶光　　　　B. 伦勃朗光　　C. 顺光　　　　D. 环形光
5. 下列选项中对主播个人形象描述不正确的是（　　）。
   A. 选择合适的妆容　　　　　　　　B. 选择恰当的姿势和举动
   C. 选择色彩多样的衣服　　　　　　D. 找到适合自己身形的服装搭配

7.10.2 填空题

1. 直播营销以_____为载体,通过_____的方式来传递企业品牌或产品信息,形式主要有两种:_____和_____。
2. 直播营销包括_____、_____、_____和_____4个要素。
3. 电子商务是指利用计算机技术、网络技术和远程通信技术,实现面对面看着实实在在网上琳琅满目的商品信息,（买卖）中_____、_____和_____的过程。
4. 直播礼仪包括_____、_____与_____等内容。
5. 在室外,主播会采用手机流量上网,因此会携带_____和_____。

7.11 创新实操

根据本章节所学内容,结合个人具体情况,定位直播内容,选择直播平台,坚持并有规律地进行直播活动。

图7-91所示为虎牙直播、斗鱼直播与映客直播的Logo。

图7-91　虎牙直播、斗鱼直播与映客直播的Logo